짱워 중국중경시관광명소

이수헌 편저

中友

 **머리말**

　총칭(重庆)은 쓰촨분지(四川盆地) 동쪽쯤의 한 도시로만 알고 있었다. 총칭(重庆) 여행을 준비하기 전까지는 그랬다. 그러나 준비과정을 통해 총칭직할시(重庆直辖市)가 남한의 80%나 되는 너른 면적에 역사·지리·문화적으로 자기만의 색채를 지니고 있는 매력적인 지역으로 다가오면서 출행이 설레게까지 되었다.

　총칭직할시(重庆直辖市)는 지리적으로 쓰촨분지(四川盆地)의 동남부 평야지역과 쓰촨분지(四川盆地) 동쪽의 고산준령지대, 그리고 윈꾸이고원(云贵高原)의 서북단지역에 걸쳐있다. 이 지역에서 쓰촨분지로 흘러든 칭짱고원(青藏高原)의 물과 윈꾸이고원(云贵高原)의 물, 그리고 다빠샨(大巴山)산맥 남쪽 기슭의 물이 총집결하여 챵쟝(长江)의 물이 되고, 그 물이 총칭시 동북부의 고산협곡을 통로로 삼아 분지 밖으로 빠져나가는 것이다. 따라서 이 지역은 물이 풍족하여 수운(水运)이 발달하고, 풍광이 아름다운 챵쟝싼샤(长江三峡)는 중국의 10대 관광지 중 한 곳으로 되어있다.

충칭직할시(重庆直辖市)는 문화적으로 그 기반이 두터운 지역이다. 동북부와 동남부 지역은 투쟈족(土家族)과 먀오족(苗族)을 비롯한 여러 소수민족이 모여살고 있으며, 외진 교통으로 말미암아 그들의 다채로운 문화가 상당부분 옛 모습 그대로 보전돼오고 있다. 또한 이 지역에는 역사적으로 삼국시대(三国时代, AD220~280) 때 유비(刘备)의 초(楚)나라와 손권(孙权)의 오(吴)나라가 챵쟝(长江)의 물길을 통해 싸우고 내왕했던 유적들이 남아있으며, 불교석각예술이 온전하게 보전돼오고 있는 지역이기도 하다.

충칭(重庆)의 자연경관과 인문경관은 대체적으로 규모가 듬직한데다가 그 느낌이 소녀의 갓 씻은 맨얼굴 같기도 하여 관광의 진수가 이런 것이려니 하는 생각을 하게도 된다. 장막에 가려진 듯한 충칭(重庆)의 그러한 볼거리들을 하나 둘 보아나가는 가운데 도시로만 알고 있던 충칭(重庆)이 어느새 넓고 아름답게 펼쳐진 충칭직할시(重庆直辖市)로 머리에 자리를 잡는다. 이 책을 출판하면서 충칭(重庆)의 그러한 정서가 보는이에게도 전해지기를 소망 해본다.

2012. 4. 저자 씀

Contents

2부 권역별 관광

제1장 1권지역 관광
1. 주성구지역
    (1) 위쭝구 ………… 23
    (2) 장뻬이구 ………… 25
    (3) 난안구 ………… 25
    (4) 지유롱포어구 ………… 29
    (5) 다두코우구 ………… 30
    (6) 바난구 ………… 31
    (7) 베이뻬이구 ………… 34
    (8) 위뻬이구 ………… 38
    (9) 샤핑빠구 ………… 39

2. 주성구외지역
  가. 319번 국도 연변
    주성구 서쪽지역
      (1) 비샨현 ………… 45
      (2) 통량현 ………… 48
      (3) 통난현 ………… 50
    주성구 동쪽지역
      (4) 창쑈우구 ………… 54
      (5) 푸링구 ………… 60
      (6) 우롱현 ………… 63
  나. 212번 국도 연변
    (1) 허촨구 ………… 71
  다. 성유선 철도 연변
    (1) 쟝진구 ………… 77
    (2) 용촨구 ………… 88
    (3) 쑹챠오구 ………… 90
    (4) 다쭈현 ………… 92
    (5) 롱창현 ………… 101
  라. 천검선 · 삼만선 · 만남선 철도 연변
    (1) 치쟝현 ………… 104
    (2) 완성구 ………… 106
    (3) 난촨시 ………… 109

1부 관광지식

제1장 전체모습 ………… 8
제2장 자연과 지리 ………… 11
제3장 역사와 문화 ………… 13
제4장 교통 ………… 15

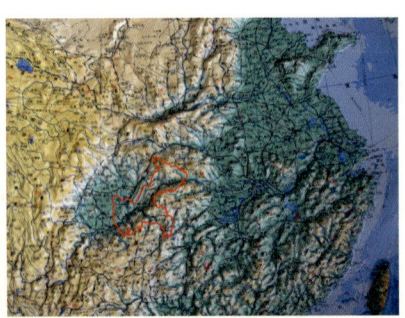

제2장 위동뻬이지역 관광
1. 북부산간지역
 (1) 량핑현 ·················· 120
 (2) 카이현 ··················· 121
 (3) 청코우현 ················ 125
 (4) 우씨현 ··················· 130
2. 남부챵쟝지역
 (5) 쫑현 ······················· 135
 (6) 완쪼우구 ················ 138
 (7) 윈양현 ··················· 141
 (8) 펑지에현 ················ 147
 (9) 우샨현 ··················· 155
3. 소삼협·소소삼협·대창고진
 소삼협 ························· 159
 소소삼협 ······················ 165
 대창고진 ······················ 167

제3장 위동난지역 관광
1. 챵쟝팡도우샨지역
 (1) 펑두현 ···················· 172
 (2) 쉬쮸투쟈족자치현 ······ 182
2. 319번 국도변 지역
 (3) 펑슈이먀오족투쟈족자치현
 ··································· 188
 (4) 치앤쟝구 ················· 194
 (5) 요우양투쟈족먀오족자치현
 ··································· 198
 (6) 씨유샨투쟈족먀오족자치현
 ··································· 214

3부 부록

부록1_챵쟝싼샤
제1장 여행지식
 1. 챵쟝 개요 ················ 223
 2. 챵쟝 물길의 지형 ····· 228
 3. 문화와 유적 ············ 232
제2장 샨샤수상관광
 1. 승선 ······················ 242
 2. 여정 ······················ 245
 3. 관광 ······················ 245
  씨링샤 ··················· 245
  우샤 ······················ 266
  취탕샤 ··················· 272
  펑두꾸이청 ············ 280
제3장 마무리 ··············· 297

부록2_총칭시 전철및 버스노선
전철
 1. 노선도 ···················· 299
 2. 노선 내역 ················ 300
시내버스
 1. 롱토우스공쟈오쳐쫑짠 버스노선
 ··································· 301
 2. 차이위옌빠공쟈오쳐쫑짠 버스노선
 ··································· 303
시외버스

부록3_주요볼거리 목록 ···· 305

부록4_중국 고유명사의 표기 규준
 ··································· 308

1부 관광지식

1 전체모습

총칭직할시(重庆直辖市)는 베이징(北京)·티앤진(天津)·샹하이(上海)와 더불어 중국의 4대 직할시 중 하나이다. 중국 내륙의 서남부에 위치한 총칭직할시(重庆直辖市)는 쓰촨성(四川省)과 더불어 칭짱고원(青藏高原)과 창장중하류평원(长江中下流平原)이 연결되는 지역이며, 그 한 자락은 윈꾸이고원(高原)으로 이어진다. 전체적인 모양새가 시옷(ㅅ)자 형인 총칭직할시(重庆直辖市)는 동서 간의 폭이 470km에 남북길이 450km이며, 면적으로는 8만2,400km²(남한의 82%)의 크기이다.

총칭시(重庆市)에 대하여는 그 지역이 갖는 특성을 함축하여 ①창장(장江) 상류지역의 경제·금융 중심, ②내륙 수출상품의 가공기지, ③창장 상류지역의 과학기술연구성과 산업화기지, ④국가첨단기술 산업화기지, ⑤창장 상류지역의 수상관광

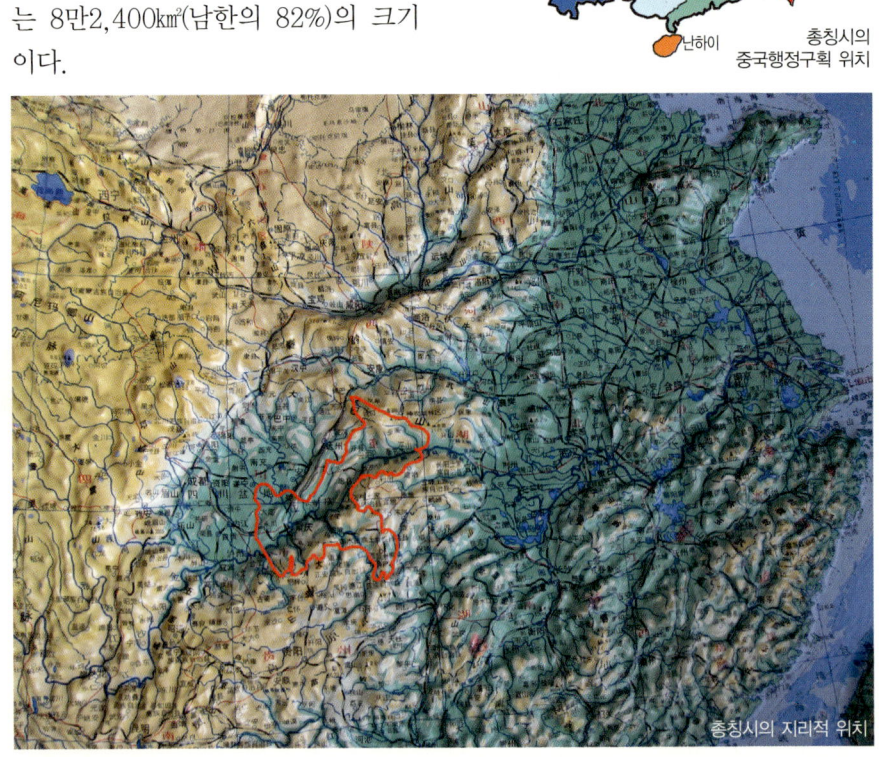

총칭시의 중국행정구획 위치

총칭시의 지리적 위치

중심, ⑥중국서남지구 종합교통의 거점 등으로 부른다. 또한 충칭시에는 산이 많아 "산성(山城)"이라 하기도 하며, 안개가 많이 끼어 "무도(霧都)"라 하기도 하고, 여름철에는 기후가 찌는 듯 무덥다하여 "화로(火炉)"라고도 한다.

충칭시(重庆市)에는 3,276만 명의 인구가 살고 있으며, 행정상으로는 40구현(区县)으로 나뉘어 있다. 그 대체적인 현황은 다음과 같다.

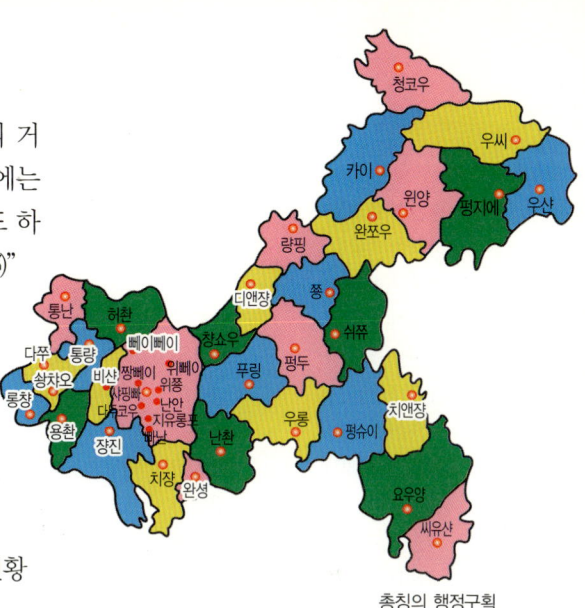

충칭의 행정구획

(표) 충칭시의 행정구획

구현별	면적 (km²)	인구 (만명)	인구밀도 (인/km²)	정부소재지
위쭝구(渝中区)	23	59	25,652.2	치씽강(七星岗)
다두코우구(大渡口区)	103	23	2,233.0	신샨춘(新山村)
쨩뻬이구(江北区)	221	54	2,443.4	춘탄(寸滩)
샤핑빠구(沙坪坝区)	396	77	1,944.4	탄쟈강(覃家岗)
지우롱포구(九龙坡区)	431	81	1,879.4	양쟈핑(杨家坪)
난안구(南岸区)	262	58	2,213.7	난핑(南坪)
뻬이뻬이구(北北区)	751	64	852.2	뻬이원취앤(北温泉)
완성구(万盛区)	561	27	481.3	완성(万盛)
쑹챠오구(双桥区)	42	5	1,190.5	쑹루(双路)
위뻬이구(渝北区)	1,457	98	672.6	쑹펑(双凤)
빠난구(巴南区)	1,283	87	477.2	롱쪼우완(龙洲湾)
완쪼우구(万洲区)	3,453	173	501.0	천쟈빠(陈家坝)
푸링구(涪陵区)	2,941	115	391.0	리쯔(荔枝)
창쑈우구(长寿区)	1,421	90	633.4	펑청(凤城)
치앤쟝구(黔江区)	2,390	53	221.8	청씨(城西)
쟝진구(江津区)	3,216	149	463.3	지쟝(几江)
허촨구(合川区)	2,343	154	657.3	난진지에(南津街)
용촨구(永川区)	1,579	110	696.6	쭝샨루(中山路)
난촨구(南川区)	2,589	66	254.9	동청(东城)
치쟝현(綦江县)	2,185	95	434.8	지난(吉男)

구현별	면적(km²)	인구(만명)	인구밀도(인/km²)	정부소재지
퉁난현(潼南县)	1,585	93	586.8	꾸이린(桂林)
퉁량현(铜梁县)	1,341	83	618.9	빠촨(巴川)
다쭈구(大足区)	1,391	96	690.2	탕썅(棠香)
롱창현(荣昌县)	1,077	83	770.7	챵위엔(昌元)
비샨현(璧山县)	915	63	688.5	비청(璧城)
디앤쟝현(垫江县)	1,517	94	619.6	꾸이씨(桂溪)
우롱현(武隆县)	2,892	41	141.8	항코우(巷口)
펑두현(丰都县)	2,899	82	282.9	싼허(三合)
청코우현(城口县)	3,289	24	73.0	거청(葛城)
량핑현(梁平县)	1,888	91	482.0	량산(梁山)
카이현(开县)	3,964	162	408.7	한펑(汉丰)
우씨현(巫溪县)	4,015	54	134.5	보어챵(柏杨)
우샨현(巫山县)	2,955	63	213.2	우샤(巫峡)
펑지에현(奉节县)	4,098	106	258.7	용안(永安)
윈양현(云阳县)	3,636	134	368.5	솽쟝(双江)
쫑현(忠县)	2,187	100	457.2	쫑쪼우(忠州)
쉬쮸현(石柱县)*	3,014	54	179.2	난빈(南宾)
펑슈이현(彭水县)*	3,897	68	174.5	한쟈(汉葭)
요우양현(酉阳县)*	5,168	82	158.7	타오화위엔(桃花源)
씨유샨현(秀山县)*	2,453	65	265.0	쫑허(中和)

*石柱土家族自治县, 彭水苗族土家族自治县, 酉阳土家族苗族自治县, 秀山土家族自

충칭시의 지도에 주성구(主城区) 또는 시구(市区)로 표시되는 지역이 있다. 이 지역은 명칭 그대로 충칭시(重庆市)의 중심시가지이며, 위쫑(渝中)·쟝뻬이(江北)·난안(南岸)·지유롱포오(九偷龙坡)·다두코우(大渡口)·샤핑빠(沙坪坝)·위뻬이(渝北)·베이뻬이(北碚)·빠난(巴南)의 9구(区)가 포괄된다.

여기서 잠깐   충칭량쟝신구(重庆两江新区)

량쟝(两江, 양강)은 지리적으로 챵쟝(长江)과 쟈링쟝(嘉陵江)을 지칭하는 것이고, 신구(新区)는 그 두 강과 접하는 지역에 새로 설치하는 구(区)를 말하는 것이다. 중국 국무원은 2009년에 부성급(副省级)의 행정구역인 량쟝신구(两江新区)의 설치를 발표하고, 2020년까지 완성하기로 하였다. 그 면적은 1,200km²(제주도 면적의 65%)로 기존의 쟝뻬이(江北)·위뻬이(渝北)·베이뻬이(北碚) 등 세 구(区)에서 떼어내며, 신설되는 량쟝신구의 위상은 기존의 푸똥신구(浦东新区, 上海)나 하이빈신구(海滨新区, 天津)와 같을 것이라고 하였다.

충칭시 지명의 유래에 관하여 다음과 같은 이야기가 전해온다.

송(宋, 960~1279)나라의 10대 임금 효종(孝宗, 1162~1189)이 1189년 2월에 셋째 아들에게 왕위를 물려주니 그가 11대 임금 광종(光宗, 1189~1194)이다. 광종은 왕자 시절에 봉건제후인 공왕(恭王)으로 책봉됐고, 그에게 주어졌던 봉토(封土)는 공주(恭州)라는 곳이었다.

송(宋)나라의 제도로는 봉건제후가 임금이 되면 그가 살던 집은 잠저(潜邸, 임금이 즉위하기 전에 살던 집)라 하고, 그 봉읍(封邑)을 부(府)로 승격시켰는데, 이에 따라 공주(恭州)가 충칭부(重庆府)가 되었다.

충칭(重庆)이라는 이름이 붙여진 데에는 세 가지 설이 있다.

송(宋)나라 효종의 셋째 아들이 봉건제후로 봉해진 것이 첫 번째 경사로 1경(一庆)이고, 또 다시 임금 자리에 오르니 이것이 두 번째 경사인 2경(二庆)인 것이며, 이렇듯 경사(庆事)가 중첩(重叠)되니 중경(重庆)이라 했다는 것이다.

두 번째 설은 광종(光宗)이 즉위했을 때, 그의 부친인 효종이 태상황(太上皇)으로 있고, 부친 효종의 모친이자 광종의 조모인 헌성자열황후(宪圣慈烈皇后)가 아직 생존해 있어 수성황태후(寿圣皇太后)라고 불렸는데, 이렇듯 "두 어른"이 광종의 즉위를 보는 기쁨을 누렸다 해서 이를 일러 첩경사라 했고, 그래서 중경(重庆)이라고 했다는 것이다.

세 번째 설은 명(明, 1368~1644)나라 때의 "촉중광기(蜀中广记)"에 적혀있는 내용으로 공주(恭州)가 북쪽의 선칭부(顺庆府)와 남쪽의 샤오칭부(绍庆府) 사이에 들어 있다 해서 중경(重庆)이라 했다는 것이다.

2 자연과 지리

충칭직할시(重庆直辖市) 지역 전체의 생김새는 시옷(ㅅ)자 모양이다. 시옷(ㅅ)의 첫 획 머리 부분인 충칭시(重庆市)의 동북부는 분동평행령곡구(盆东平行岭谷区)에 위치하는데, 그 모양이 마치 용의 머리와 같다. 첫 획의 아랫부분은 쓰촨분지의 동남부가 되는데, 이곳에 충칭직할시의 주성구(主城区)가 있다.

한편, 시옷(ㅅ)자의 두 번째 획은 윈꾸이고원(云贵高原)으로 뻗어 올라간다.

여기서 잠깐 │ 분동평행령곡구(盆东平行岭谷区)

분동평행령곡구(盆东平行岭谷区)는 촨동평행령곡구(川东平行岭谷区) 또는 총칭평행령곡구(重庆平行岭谷区)라고도 한다. 이 평행령곡구(平行岭谷区)는 쓰촨분지(四川盆地)의 동부지역을 북쪽에서 감싸고 있는 다빠산(大巴山)과 남쪽에서 감싸고 있는 윈꾸이고원(云贵高原)이 맞닿는 지역이다. 이곳에서 관미앤산(观面山)·징화산(精華山)·밍위예산(明月山)·우산(巫山)·팡도우산(方斗山)·치야오산(七曜山) 등 여러 준령산맥(峻岭山脉)들이 평행(平行)으로 달리면서 이루는 계곡지구(溪谷地区)를 지칭하는 것이다. 이들 계곡은 동서방향으로 나 있으며, 챵쟝(长江)은 이곳의 계곡을 지나 분지를 빠져나가는 것인데, 이 지역의 지도를 보고 있노라면 마치 용이 물을 내뿜는 것 같아 보인다.

분동평행령곡구

총칭시(重庆市)는 동남쪽으로 우산(巫山)·팡도우산(方斗山)·다로우산(大娄山)을 경계로 하여 윈꾸이고원(云贵高原)과 접하며, 서북쪽으로는 화잉산(华蓥山)과 밍위예산(明月山)을 놓고 쓰촨분지와 접해있다. 그리고 그 사이를 용의 목 줄기처럼 챵쟝(长江)이 동북방향으로 흘러 총칭시(重庆市)를 관통한다. 총칭을 관통하는 챵쟝(长江)은 그 길이가 660여km이며, 북쪽으로부터는 쟈링쟝(嘉凌江)과 다닝허(大宁河)가 흘러들고, 남쪽으로부터는 우쟝(乌江)과 치쟝(綦江)이 흘러든다.

총칭 산수분포

칭짱고원(청藏)을 흘러내린 진샤쟝(金沙江)이 쓰촨분지로 들어와 챵쟝(长

江) 상류가 되고, 이 물줄기가 쓰촨분지를 이리 저리 지나 분지 밖으로 빠져나갈 때, 충칭(重庆)의 동북쪽 분동평행령곡구의 우샨협곡(巫山峡谷)을 지나게 된다. 우샨협곡에는 쥐탕샤(瞿塘峡, 구당협)· 우샤(巫峡, 무협)· 씨링샤(西陵峡, 서릉협)의 세 협곡이 있으며, 이를 일러 챵쟝싼샤 (长江三峡, 장강삼협)라 한다.

충칭의 기후는 아열대계절성습윤기후대(亚热带季节性湿润气候带)에 속하며, 연평균기온은 18℃, 겨울철 최저기온 평균은 6~8℃, 7월 최고기온은 35℃이고, 극최고기온은 43℃를 기록하고 있다. 겨울철은 따뜻하고 여름은 덥다. 연간 강우량은 1,000~1,450mm의 범위에 있으며, 봄에서 여름으로 넘어갈 때는 특히 밤에 비가 많이 내리는데, 이를 일러 "빠샨예위(巴山夜雨, 파산야우)"라고 한다. 충칭은 안개가 많아 "우충칭(雾重庆)"이라 부르기도 한다.

3 역사와 문화

충칭(重庆)은 3천 년 이상의 유구한 역사를 지니고 있기에 거기에는 두터운 문화기반이 형성돼 있다. 산(山)· 수(水)· 림(林)· 천(泉)· 폭(瀑)· 협(峡)· 동(洞) 등이 일체가 된 자연경관(自然景观)과 더불어 파유문화(巴渝文化)· 소수민족문화(少数民族文化)· 이민문화(移民文化)· 삼협문화(三峡文化)· 배도문화(陪都文化)· 도시문화(都市文化)들이 한데 융화된 것이 충칭의 문화인데, 그래서 충칭의 문화는 복잡다양하다.

충칭(重庆)의 문화는 파유문화(巴渝文化)로 대변된다. "유(渝)"는 충칭시(重庆市)를 간략하게 부르는 명칭이고, "파(巴)"는 진(秦, BC221~207)나라 이전의 충칭을 일컫던 명칭이다. 지금의 충칭은 진(秦)나라 때 강주(江州)였고, 수(隋)나라 때 유주(渝州)로 바뀌며, 북송(北宋) 때 공주(恭州)가 된다. 충칭이란 이름은 남송(南宋, 1127~1279)때의 광종(光宗, 1189~1194)년간 부터이다.

파유문화(巴渝文化)의 기원은 파문화(巴文化)이다. 파문화는 파국(巴国)의 왕족과 백성들이 공동으로 창조한 물질문화와 정신문화 및 사회구조를 망라한다. 파국(巴国)은 진(秦, BC221~BC207)나라 이전에 중원(中原)의 서남면(西南面), 쓰촨분지의 동부에 있었던 나라다. 이곳 사람들은 대자연의 대산대천(大山大川)에서 험악한 환경과 싸우며 지내오는 동안, 그들의 성격은 억세어지고 끈기가 기질화(基质化) 됐으며, 육체적으로는 강인하고도 민첩하게 되었다.

또한 주(周)나라 무왕(武王)이 상(商)

나라를 정벌할 때, 파국의 군대가 참전하는데, 당시의 기록에 의하면, 파국의 병사들은 공격을 함에 있어 진군가(进军歌)를 부르고, 돌격 춤을 추었다.

이렇듯 옛날의 파국 사람들은 민첩하고, 강인하며, 용맹스러운 데다가 창(唱)과 가무(歌舞)를 즐겨했으며, 그러한 기질이 파문화의 바탕이 되고 있는 것이다. 한편 파문화(巴文化)에서의 여인상은 물 같이 부드럽고, 살뜰하며, 슬기로운 것으로 기술되어있다.

총칭(重庆)은 중국 제2 수도(首都)로서의 문화도 지니고 있다.

항일전쟁 중인 1938년 10월에 일본이 광쪼우(广州)와 우한(武汉)을 점령하매, 당시 중국의 국민정부는 난징(南京)에서 총칭(重庆)으로 수도를 옮기는데, 이로써 총칭은 중국의 전시수도(战时首都)로 역할하게 된다.

일본은 1938년 2월 18일부터 1943년 8월 23일까지 장장 5년 반에 걸쳐 총칭(重庆)을 폭격하는데, 200차례 이상의 폭격에 출격편수가 9,000대를 넘었으며, 1만5,000여개의 폭탄을 투하하여 1만 채 이상의 가옥을 파괴하고, 1만 명 이상의 사람을 죽게 하였다고 한다.

총칭(重庆)의 음식문화는 기본적으로 쓰촨요리의 범주에 든다.

따라서 총칭의 음식도 맵고, 톡톡 쏘며, 아리한 데가 있다. 대표적인 음식으로 훠궈(火锅)가 있으며, 총칭을 일러 "중국훠궈지도(中国火锅之都)"라고도 한다.

총칭을 훠궈(火锅)의 발원지 중 하나로 꼽는 데는 다음과 같은 이야기가 그 바탕에 자리 잡고 있다.

> 옛날, 챵쟝 강가의 뱃사공들은 강가의 모래톱에 허슬한 움막을 짓고 거처하였다. 어쩌다가 배 띄울 일이 없을 때는 한기도 쫓고 배도 채울 겸, 불을 피우고 솥을 걸어 음식을 만들어 먹었다.
>
> 그 음식이라는 것이 취사도구로서는 하나밖에 없는 솥에 물을 붓고 푸성귀와 물고기 등 먹을 수 있는 식재료는 뭣이든지 몰아넣은 다음, 고추와 산초를 넣어 맛을 돋운 잡탕이었다.
>
> 이러한 취사 형태의 음식이 세월의 흐름과 더불어 그 내용이 풍부해졌고, 총칭 사람들이 즐겨먹는 음식으로 발전하더니 청(淸)나라의 8대 황제 도광(道光, 1820~1850)년간에 이르러서는 총칭의 품위 있는 연회석상에도 오르기 시작하였다.

4 교통

충칭(重庆)은 중국의 중부지방과 서부지방이 맞닿는 지역으로 철로(铁路)·수로(水路)·도로(道路)·공로(空路)·관로(管路) 등 여러 운수방식이 고루 발달해있다.

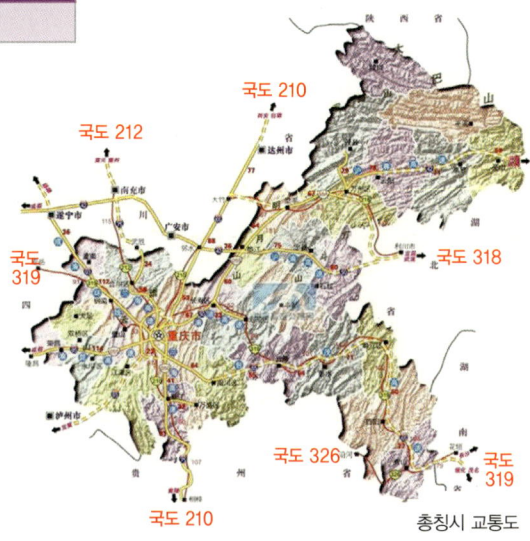

총칭시 교통도

1. 철로

충칭(重庆)을 기점으로 하거나 경유하는 철도노선으로는 ①성유선(成渝线 成都-重庆, 504km), ②천검선(川黔线 重庆-贵阳, 438km), ③상유선(襄渝线 重庆-襄樊, 850km), ④유회선(渝怀线 重庆-怀化, 625km) 등이 있고, 유만성제철로(渝满城际铁路)는 총칭직할시 내의 위뻬이(渝)-만쪼우(满州) 간을 운행한다.

2. 도로

총칭(重庆)을 기점으로 하거나 경유하는 국도를 보면 다음과 같다.

(표) 총칭경유국도개황

도로번호	구간	거리(km)	경유지역
210	바오토우(包头) - 난닝(南宁)	3,097	네이멍구(内蒙古)-샤안시(陕西)-쓰촨(四川)-총칭(重庆)-꾸이쪼우(贵州)-광시(广西)
212	란쪼우(兰州)- 총칭(重庆)	1,302	깐수(甘肃)-쓰촨(四川)-총칭(重庆)
318	상하이(上海)- 르카쪄(日喀则)	5,476	상하이(上海)-쩌쟝(浙江)-안후이(安徽)-후베이(湖北)-총칭(重庆)-쓰촨(四川)-시짱(西藏)
319	씨아먼(厦门)- 청두(成都)	2,984	푸지앤(福建)-쟝씨(江西)-후난(湖南)-총칭(重庆)-쓰촨(四川)
326	총칭(重庆)- 허코우(河口)	1,562	총칭(重庆)-꾸이쪼우(贵州)-윈난(云南)

또한 총칭에는 3환(环)·10사(射)·3연(联)으로 총괄되는 1,500km의 고속도로망이 깔려있다. 이와 같은 국도와 고속도로가 총칭을 관통해 흐르는 챵쟝(长江)과 쟈링쟝(嘉凌江)을 건너게 되는데, 따라서 총칭에는 다리가 많다. 총칭을 일컬어 "중국교도(中国桥都)"라고 하는 배경이다.

여기서 잠깐 3환10사3련(三环十射三联)

3환10사3련(三环十射三联)은 총칭시(重庆市)가 2020년까지의 완성을 목표로 추진하고 있는 고속도로망 확충계획이다.

여기서 "환(环)"은 순환도로이고, "사(射)"는 총칭시(重庆市)의 주성구(主城区)를 기점으로 삼아 각지로 뻗어나가는 도로이며, "련(联)"은 환선(环线) 밖의 지역 간 연결도로이다.

총칭시(重庆市)는 2010년까지 2환8사(二环八射)를 완성한 바 있다. 3환10사3련(三环十射三联)을 개관하면 다음과 같다.

〈3환(三环)〉

구 분	명 칭	경 유 지
1환(一环)	중경내환도로 (重庆内环道路)	통쟈위엔즈(童家院子)-위쭈이루코우(鱼嘴路口)-다두코우(大渡口)-지에쉬(界石)-챠위엔(茶园)-통쟈위엔즈(童家院子)
2환(二环)	중경요성공로 (重庆绕城公路)	위쭈이(鱼嘴)-왕쟈(王家)-뻬이뻬이(北碚)-칭무관(青木关)-쪼우마(走马)-씨펑(西彭)-쟝진(江津)-이핀(一品)-난펑(南彭)-잉롱(迎龙)-위쭈이(鱼嘴)
3환(三环)	중경공로외환 (重庆公路外环)	솽챠오(双桥)-다쭈(大足)-통량(铜梁)-허촨(合川)-베이뻬이(北碚)-위뻬이(渝北)-챵쇼우(长寿)-푸링(涪陵)-우롱(武隆)-난촨(南川)-완성(万盛)-치쟝(綦江)-쟝진(江津)-용촨(永川)-솽챠오(双桥)

주) 1환로를 내환로(内环路), 2환로를 요성고석공로(绕城高速公路), 3환로를 외환로(外环路)라고도 함.

제1환과 제2환

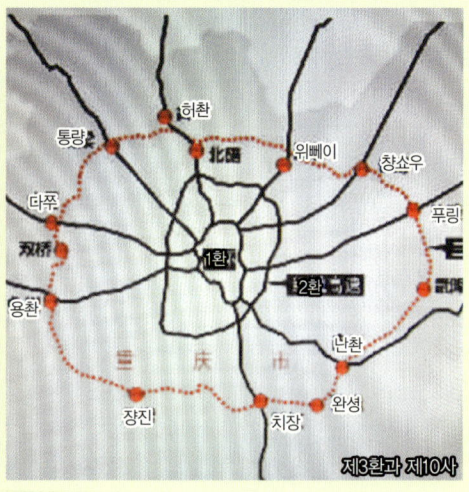

제3환과 제10사

⟨10사(十射)⟩

구 분	도 착 지	총칭관내경유지
1사(一射)	쿤밍(昆明, 云南)	천쟈핑(陈家坪)-샹쨔오(上桥)-쪼우마(走马)
2사(二射)	쑤이닝(遂宁, 四川)	까오탄옌(高滩岩)-칭무관(青木关)-통량(铜梁)
3사(三射)	난총(南充, 四川)	위쟈완(余家湾)-베이뻬이(北碚)-허촨(合川)
4사(四射)	씨안(西安, 陕西)	통쟈위옌즈(童家院子)-흐이쉬즈(黑石子)-왕쟈챵(王家场)
5사(五射)	우한(武汉, 湖北)	통쟈위옌즈(童家院子)-디앤쟝(垫江)-펑지에(奉节)
6사(六射)	챵샤(长沙, 湖南)	지에쉬(界石)-우롱(武隆)-치앤쟝(黔江)
7사(七射)	꾸이양(贵阳, 贵州)	지에쉬(界石)-치쟝(綦江)-총씨허(崇溪河)
8사(八射)	루쪼우(泸州, 四川)	빠챠오(八桥)-씨펑(西彭)-쟝진(江津)
9사(九射)	청두(成都, 四川)	콩즈옌(孔子岩)-쪼우마(走马)-다쭈(大足)
10사(十射)	안캉(安康, 陕西)	차위옌(茶园)-펑두(丰都)-량핑(梁平)

⟨3련(三联)⟩

구 분	명 칭	구 간
1련(一联)	점무로(垫武路)	대앤쟝(垫江)-우롱(武隆)
2련(二联)	양검로(梁黔路)	량핑(梁平)-치앤쟝(黔江)
3련(三联)	무건로(巫建路)	우씨(巫溪)-지앤쉬(建始)

3련

3. 수운(水运)

총칭시의 항구분포

    총칭(重庆)에는 천혜의 물길인 챵쟝(长江)이 있다.
    싼샤댐이 준공된 후, 동쪽의 하류로는 1만 톤 급의 배가 우한(武汉)-난징(南京)-샹하이(上海)를 거쳐 바다로 나가며, 서쪽의 상류로는 1천 톤 급의 배가 이빈(宜宾)까지 올라간다.

    챵쟝의 북쪽 지류인 쟈링쟝을 따라서는 비교적 크지 않은 배들이 허촨(合川)-통난(潼南)-난충(南充)-광안(广安)-쑤이닝(遂宁)으로 운항하며, 챵쟝의 남쪽 지류인 우쟝(乌江)을 따라서는 우룽(武隆)-펑슈이(彭水)를 거쳐 꾸이쪼우성(贵州) 관내까지 들어간다.

4. 항공

총칭(重庆)에는 총칭쟝뻬이국제공항(重庆江北国际机场), 완쪼우우챠오공항(万州五桥机场), 치앤쟝쪼우빠이공항(黔江舟白机场) 등 세 곳의 공항이 있다.

5. 시내교통

교통수단으로 버스·지하철·택시 등이 있고, 국제 수준의 편의성이 잘 갖춰져 있다.

총칭의 지하철 표지

지하철은 2012년 4월 현재 1호선, 2호선, 3호선, 6호선이 명명되어 있으며, 아직까지는 부분개통 단계이다.

지하철과 시내버스의 노선은 부록에 정리하였다.

총칭의 전철모습

2부 권역별 관광

충칭직할시(重庆直辖市)는 행정단계상으로 같은 급(级)의 40개 시할구(市辖区)·현(县)·자치현(自治县)으로 구성된 광역 행정단위이다. 따라서 평면적인 접근으로는 총칭시에 대한 지리적 이해가 쉽지 않다. 이러한 문제의 해법으로 등장한 개념에 "일권양익(一圈两翼)"이라는 것이 있다.

"일권(一圈)"이라 함은 주성구(主城区)를 중심으로 하고, 그 주위의 구(区)·현(县)을 한데 묶은 것이고, 두 날개라는 의미의 "양익(两翼)"은 일권(一圈)의 동북쪽으로 뻗어 올라간 위동뻬이(渝东北, 유동북)와 일권(一圈)의 동남쪽으로 뻗어 내려간 위동난(渝东南, 유동남)의 두 권역을 일컫는다. 총칭시(重庆市)를 일권양익(一圈两翼)으로 권역화 함에 있어서 일부 중복되는 구역도 있다.

일권(一圈)은 그 면적이 3만4,000km²로 총칭(重庆) 전체면적의 41%가량을 차지한다. 해당지역은 주성구(主城区)의 9개 구(区)를 비롯해서 허촨(合川)·비산(璧山)·통량(铜梁)·통난(潼南)·다쭈(大足)·솽챠오(双桥)·롱창(荣昌)·용촨(永川)·쟝진(江津)·치쟝(綦江)·완성(万盛)·난촨(南川)·푸링(涪陵)·펑두(丰都, 위동난과 중복)·우롱(武隆, 위동난과 중복)·디앤쟝(垫江) 등 모두 25개 구(区)·현(县)이 포괄되며 1시간 경제권이라고도 한다.

위동뻬이(渝东北)는 그 면적이 3만2,499km²로 전체 면적의 39%이다. 량핑(梁平)·쫑(忠)·쉬쮸(石柱, 위동난과 중복)·완쪼우(万洲)·카이(开)·윈양(云阳)·펑지에(奉节)·청코우(城口)·우씨(巫溪)·우샨(巫山) 등 챵쟝(长江) 유역의 10개 구(区)와 현(县)이 포괄된다.

위동난(渝东南)은 그 면적이 2만2,508km²로 전체 면적의 27%이다. 쉬쮸(石柱, 위동뻬이와 중복)·펑두(丰都, 1권과 중복)·우롱(武隆, 1권과 중복)·펑슈이(彭水)·치앤쟝(黔江)·요우양(酉阳)·씨유샨(秀山) 등 챵쟝(长江)이남의 7개 현(县)이 포괄된다.

1권양익(一圈两翼)을 그림으로 표시하면 다음과 같다.

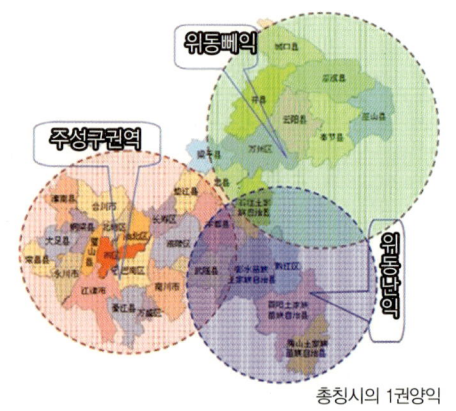

총칭시의 1권양익

제1장
1권지역(一圈地域) 관광

1권지역(一圈地域)은 주성구(主城区)와 그 주변의 16개 구(区)·현(县)으로 이루어져 있다. 주성구의 면적은 4,927㎢(제주도의 2.6배)이며, 그 주변 16개 구시현(区市县)의 면적은 29,073㎢(제주도의 15.7배)이다.

1. 주성구 지역(主城区地域)

주성구 9개 구(区)의 위치는 그림에서 보는 바와 같다. 챵쟝(长江)과 쟈링쟝(嘉陵江)의 합류 지점에 위쭝(渝中)·쟝뻬이(江北)·난안(南岸)의 세 구(区)가 강을 사이에 두고 접해있다.

그 아래 남쪽으로 지유롱포어(九龙坡)·다두코우(大渡口)·빠난(巴南)의 세 구(区)가, 그 위 북쪽으로 베이뻬이(北碚)·위뻬이(渝北)의 두 구(区)가, 그리고 서쪽으로 샤핑빠구(沙坪坝区)가 각각 자리 잡고 있다.

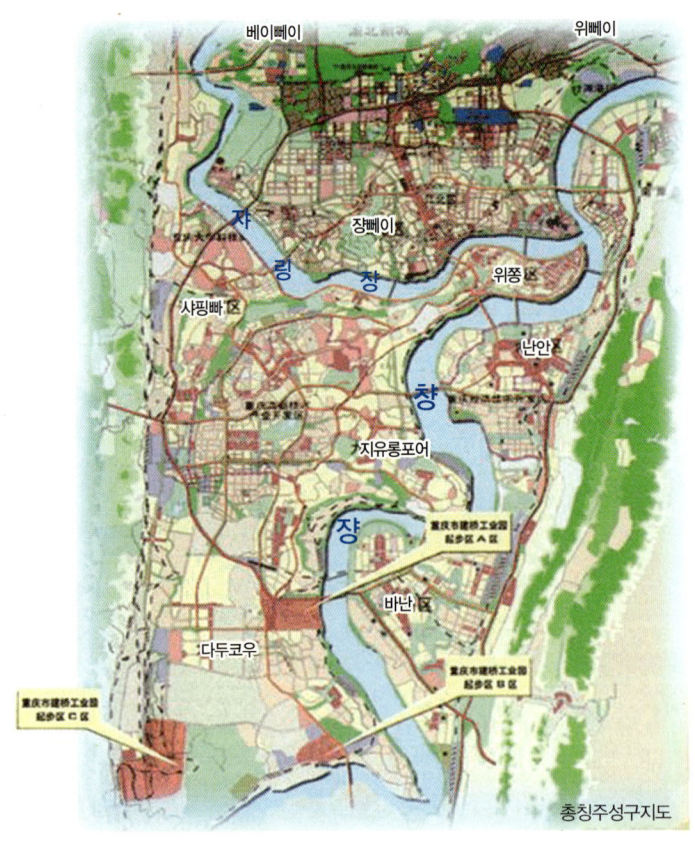

(1) 위쫑구(渝中区)

유중구

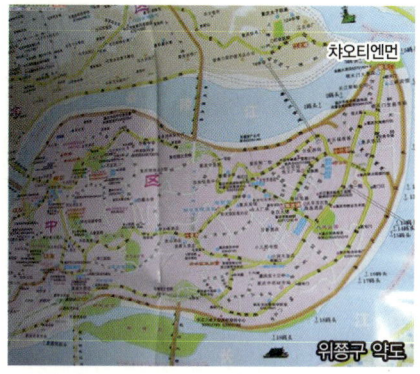

위쫑구 약도

위쫑구(渝中区)는 챵쟝(长江)과 쟈링량(嘉陵江)이 합류하는 지역으로 동서 방향의 좁고 긴 반도(半岛)모양을 하고 있다. 해발고도는 167~394m 범위이며, 동·남쪽이 챵쟝에, 그리고 북쪽이 쟈링쟝에 각각 접하고 있다.

위쫑구(渝中区)는 총칭시 시가지의 가장 중심이 되는 자리에 있다. 24만 ㎢의 면적에 66만 명의 인구가 거주한다 (2010년). 위쫑구는 행정상으로 12개소의 지에다오(街道)로 나뉘어 있다. 챠오티앤먼(朝天门)·왕롱먼(望龙门)·지에팡뻬이(解放碑)·난지먼(南纪门)·치씽강(七星岗)·차이위엔빠(菜园坝)·양루코우(两路口)·따씨고우(大溪沟)·샹칭스(上清寺)·쉬요우루(石油路)·따핑(大平)·화롱챠오(化龙桥)가 그들이다. 각 지에다오(街道)에는 구(区) 정부의 업무를 수행하는 사무소가 개설돼있다.

위쫑(渝中)은 총칭시 수륙여객교통의 거점지이다. 총칭 기차역이 위쫑에 있고, 위쫑의 챠오티앤먼(朝天门)은 챵쟝(长江) 관광의 최대 여객항구 이다. 위쫑구(渝中区)의 주요 볼거리로는 챠오티앤먼(朝天门)과 인민대례당(人民大礼堂)이 있다

챠오티앤먼

위쫑구 풍광

챠오티앤먼
(朝天门)

챠오티앤먼 부두와 챵쟝대교

챠오티앤먼은 반도 모양의 위쭁구(渝中区) 끝 뿌리에 있으며, 이곳에서 챵쟝(长江)과 쟈링쟝(嘉陵江)이 합류한다. 이곳에 서면 쟈링쟝이 왼쪽에 있고, 오른쪽으로 챵쟝이 있으며, 정면으로 보이는 다리가 챠오티앤먼챵쟝대교(朝天门长江大桥)이다. 이곳이 챵쟝을 통해 총칭으로 들어오는 문호(门戶)이며, 챵쟝(长江)의 경색을 감상하는 데 있어 최적지로 꼽힌다.

챠오티앤먼(朝天门)에는 문이 없고, 챠오티앤먼광장(朝天门广场)과 그 표지

챠오티앤먼광장표지석

챠오티앤먼광장

석이 있을 뿐이다.

원래 있었던 문은 진(秦, BC221~BC207)나라의 장수 쨩이(张仪)가 파국(巴国)을 멸한 후, 이곳에 설치되는 파군(巴郡)의 성(城)을 지을 때 세운 것이었다.

훗날 명(明, 1368~1644)나라 초기에 옛 성을 대대적으로 확장보수 했는데, 이때 낸 17자리의 문(门)중에서 챠오티앤먼이 가장 컸고, 문 위에는 "고유웅관(古渝雄关)"이란 편액을 걸었었다. "챠오티앤먼(朝天门)"이라는 명칭은 이곳에서 천자(天子)인 황제를 향해 배례하고, 황제의 성지(圣旨)를 받았던 데서 비롯된 것이다.

인민대례당(人民大礼堂)

총칭시인민대례당(重庆市人民大礼堂)은 총칭시에서 가장 규모가 큰 공연장으로 런민루(人民路) 쉐티앤완(学田湾)

인민대례당 외관

인민대례당 내부

에 있다. 1950년에 공사를 시작해서 1953년에 준공을 본 인민대례당은 2만평의 부지에 연건평 7,500평의 규모이며, 례당(礼堂)·남루(南楼)·북루(北路)의 세 부분으로 나뉘어 있다. 그 중 례당(礼堂)은 65m의 높이에 내부직경 65m이며, 대형무대가 설치돼있고, 4,200석의 좌석이 설치돼 있다.

인민대례당(人民大礼堂)의 중심건물은 베이징(北京) 티앤탄(天坛)의 기년전(祈年殿)과 티앤안먼(天安门)의 형식으로 되어있다. 더불어 대문은 패방(牌坊)으로 되어있어 전체적으로 중후한 느낌을 준다. 외국의 문화예술단이 이곳에서 공연을 하는 등 총칭(重庆)의 국제 문화교류에 크게 기여하고 있다

(2) 쟝뻬이구(江北区)

강북구

쟝뻬이구(江北区)는 챵쟝(长江)과 쟈링쟝(嘉陵江)의 북쪽 기슭 30여 km에 걸쳐 자리 잡고 있다.

쟝뻬이는 213km²(제주도의 1/10)의 면적에 45만의 인구가 거주하며(2002년), 9지에다오(街道)·3쩐(镇)으로 나뉘어 있다.

9지에다오(街道)는 쉬마허(石马河)·따쉬빠(大石坝)·관인챠오(观音桥)·화신지에(华新街)·우리디앤(五里店)·쟝뻬이청(江北城)·춘탄(寸滩)·티에샨핑(铁山坪)·궈쟈투워(郭家沱) 등이고, 3쩐(镇)은 위쭈이(鱼嘴)·푸셩(复盛)·우바오(五宝) 등이다.

(3) 난안구(南岸区)

남안구

난안구(南岸区)는 그 서쪽과 북쪽 변두리를 따라 북동쪽으로 흐르는 챵쟝(长江)을 사이에 두고 쟝뻬이구(江北区)·위쫑구(渝中区)·지유룡포어구(九龙坡区)와 마주보고 있다. 남쪽으로는 바난구(巴南区)와 접한다.

난안구 약도

난안구(南岸区) 총칭시를 흐르는 창쟝(长江)이 그 남(南)·서(西)·북(北)의 변두리를 감싸 흐르고 있으며, 그 강을 사이에 두고 지우룽포어(九龙坡)·위쫑(渝中)·쟝뻬이(江北)의 세 구(区)와 마주보고 있다. 남쪽으로는 바난구(巴南区)와 접한다.

난안구(南岸区)는 그 면적이 265km²(제주도면적의 14%)이다. 대부분의 면적이 해발고도 500m 이상인 관내에는 산과 골짜기들이 연이어 있다. 행정적으로는 7개 지에다오(街道)와 9개 쩐(镇)으로 편성돼있다. 지에다오(街道)로는 난핑(南坪)·롱먼하오(龙门浩)·하이탕씨(海棠溪)·탄즈쉬(弹子石)·따포어두안(大佛段)·통위엔쥐(铜元局)·화위엔루(花园路) 등이 있고, 쩐(镇)으로는 난핑(南坪)·난샨(南山)·씨아코우(峡

口)·투샨(涂山)·지관쉬(鸡冠石)·황줴야(黄桷垭)·챵셩챠오(长生桥)·잉롱(迎龙)·광양(广阳) 등이 있다.

난안구(南岸区)의 볼거리로는 남산풍경구(南山风景区)가 있다. 남산풍경구는 7,500만평의 넓이로 북쪽의 통루워샤(铜锣峡)로부터 남쪽의 진쮸고우(金竹沟)까지에 걸쳐있다. 평균해발 높이가 400m 이상인 풍경구 안에는 왕샨(汪山)·황샨(黄山)·위옌샨(袁山)·쟝샨(蒋山)·다이샨(岱山)·라오쥔샨(老君山)·원펑샨(文峰山) 등 열댓 자리의 산봉우리가 연이어 있으며, 최고봉은 츈티앤링(春天岭)으로 해발 682m이다.

풍경구 안에는 자연경관과 인문역사경관 160여 곳이 있는데, 그 중에서 널리 알려져 있는 것으로 남산공원(南山公园)·츠윈스(慈云寺)·투샨스(涂山寺)·라오쥔동(老君洞) 등의 옛 사찰이 있고, 일본에 맞서 싸우던 시기의 "패도유지(陪都遗址)"와 총칭 야경의 최적 감상대(鉴赏台)인 "이커슈(一棵树)"가 있다.

남산공원

남산공원은 왕샨(汪山)에 있다.

남산공원풍광

남산식물원 온실 내경

남산 식물원 풍광

남산공원풍광

다양한 품종의 두견화(杜鵑花, 진달래)・사천차화(四川茶花, 동백꽃)・계화(桂花, 물푸레나무꽃)와 더불어 세계 여러 나라의 희귀식물들이 갖춰져 있다.

대형온실 정중앙에는 상서로운 매라는 의미의 길상응(吉祥鷹) 조각상이 있다. 2009년 5월 9일 10시 50분, 조형(造型)이 기괴한 대상수(大象树)를 심을 때, 상서로운 구름이 몰려오고, 한 무리의 매들이 한동안 상공을 선회했는데, 그 분위기가 신비스러웠기에 당시를 기념하고자 그 장면을 조각하여 세워놓은 것이 길상응(吉祥鷹)이다.

남산공원에서 올려다 보이는 산봉우리에도 매가 앉아있는 거형 조각상 대금응(大金鷹)이 있는데, 이것도 당시 상황의 기념물이다.

투샨스(涂山寺)

투샨스절은 투샨(涂山)에 있다. 쭌우조사(尊武祖師)가 존치돼있어 "쭌우스(尊武寺)"라고도 불린다. 중국의 현존하는 사찰 중에서 가장 오래된 것으로 알려져 있다. 서

남산공원약도

투샨스 원경

총칭항전박물관 패방

한(西汉, BC206~ AD8)년간에는 위왕(禹王, 우왕)과 위왕의 왕후인 투호우(涂后)의 사당이었다. 3,000여 평의 부지에 100여 칸이 넘는 건물들이 들어서 있으며, 석가모니불상(释迦牟尼佛像)·쭌우조사상(尊武祖师像)·위왕상(禹王像)·투호우상(涂后像) 등이 존치돼있다.

패도유지(陪都遗址)

패도(陪都)란 제2의 수도를 말하는 것이다. 일본이 중국을 침략, 광쪼우(广州)·우한(武汉)·난징(南京)을 순차로 점령하매 1938년 10월 중국정부는 총칭으로 옮겨와 7년 동안 있었다. 이로써 총칭이 중국의 전시정부(战时政府) 소재지가 된 것이며, 당시의 정치·군사·경제·외교의 중심지였던 것이다. 그 때의 유적들이 오늘날 독특한 모습의 인문경관으로 남아있는데, 두 부류로 나눈다. 하나는 쟝지에쉬(蒋介石, 장개석)와 송메이링(宋美龄, 송미령) 등 정부 요인들의 거주지이고, 다른 하나는 일본에 대한 항전유적지이다.

이커슈관경대(一棵树观景台)

이커슈관경대는 24,000평 부지에 올려진, 6층 475평짜리 건물이다. 낮에는 총칭 시가지의 위용을 볼 수 있고, 밤에는 총칭(重庆)의 아름다운 야경을 볼 수 있어 관광객의 발길이 잦다. 다음과 같은 시구(诗句)가 그 경치의 일단을 나타내고 있다.

이커슈관경대

천하야경재유주(天下夜景在渝州),
천하야경이 위쪼우(충칭)에 있고,

만가등화불야성(万家灯火不夜城),
집집마다의 등불이 불야성을 이룬다.

천상성 수중월 인간등, 천지일색(天上星 水中月 人间灯, 天地一色),
하늘의 별 물에 뜬 달 인가의 등불이 한데 어울리니,

황여선경(恍如仙景).
황홀하기가 선경 같다.

충칭시가지

충칭야경

(4) 지유롱포어구(九龙坡区)

구롱파구

지유롱포어구(九龙坡区)는 주성구(主城区)의 서남부에 위치한다. 지유롱포어구는 쫑량샨(中梁山)에 의해 동(东)과 서(西)로 갈리는데, 동부의 지세는 기복이 심한 가운데 챵쟝(长江)을 향해 낮아지고, 서부는 저산구릉 위주의 지대로서 흐르는 하천이 많고, 수목이 울창하다.

431㎢(제주도의 1/5)의 면적인 지유롱포어구(九龙坡区)는 행정적으로 7개 지에다오(街道)와 9개 쩐(镇)으로 구획되어 있다.

지에다오(街道)는 양쟈핑(杨家坪)·씨에쟈완(谢家湾)·쉬핑챠오(石坪桥)·황줴핑(黄桷坪)·쫑량샨(中梁山)·쉬챠오푸(石桥铺)·위쪼우루(渝州路) 등이고, 쩐(镇)으로는 지유롱(九龙)·화옌(华岩)·빠이쉬이(白市驿)·시펑(西彭)·통관이(铜罐驿)·타오쟈(陶家)·쪼우마(走马)·한구(含谷)·바푸(巴福)·진펑(金凤)·쉬반(石板) 등이다.

지유롱포어의 볼거리로는 란윈티앤풍경구(兰云天风景区)·화옌스(华岩寺, 화엄사)·빠이타핑삼림공원(白塔坪森林公园, 백탑평삼림공원)·왕징타이(望京台, 망경대)·남온천(南温泉) 등이 있다.

란윈티앤풍경구
(兰云天风景区)

란윈티앤풍경구

빠이타핑삼림공원

란윈티앤(兰云天, 난운천)은 지유롱포어구 진펑쩐(金凤镇)의 하이란후(海蓝湖)호수를 중심으로 한다. 20만평의 부지에 온천·식당·호텔 등 9,000여 평의 건물들이 들어서 있다. 12만평의 호수 뒤로는 빠이타핑삼림공원(白塔坪森林公园)이 이어진다.

(5) 다두코우구(大渡口区)

다두코우구(大渡口区)는 총칭 주성구(主城区)의 서남쪽에 위치한다. 103㎢ (제주도의 1/20)넓이의 다두코우(大渡口)지역은 지세가 평탄하며, 5지에다오(街道)·3쩐(镇)으로 나뉘어 있다. 인구는 24만 명이다(2008). 다두코우는 도심에 자리 잡고 있는 전원지대(田园地带)로서 주성구(主城区)에서 소비되는 채소와 과일의 상당량을 생산·공급하고 있으며, 백운석(白云石)·석회석(石灰石)·석탄(煤炭) 등의 광산이 있다.

"다두코우(大渡口)"라는 명칭은 청(清)나라 8대 황제 도광(道光, 1820~1850) 때 생겨났다. 당시 이곳 챵쟝(长江)의 북쪽 연안에 공용나루터인 이두(义渡)를 개설했는데, 공용나루터들이 강을 따라 20여㎞에 걸쳐 분포됐다. 그 중에 이곳의 이두(义渡)가 맨 앞머리에 있었고, 이곳을 입구삼아 지나다녀야 했기에 다두코우(大渡口)라 했다는

다두코우 조형물

다두코우 시가지

마왕챵 유적지

다두코우 생태풍광

마왕챵 출토석기

것이다.

다두코우(大渡口)의 역사는 유구하다. 마왕챵(马王场, 마왕장)의 구석기시대 유적지와 양쟈쭈이(杨家嘴, 양가취)의 신석기시대 유적지는 2만여년 전에 이미 이곳에서 인류가 활동하고 있었음을 말해주고 있다. 또한 샤오난하이(小南海)의 구정(龟亭)은 그 옛날 바런(巴人, 파인)의 교역시장이 번성했음을 짐작케 하고, 구궁묘(九宫庙)·석림사(石林寺)·백거사(白居寺)·금오사(金鳌寺)·마왕장(马王场) 등을 통해서는 다두코우 고장의 옛 모습을 그려볼 수 있다.

다두코우의 볼거리로는 챵쟝(长江)의 물고기들을 소재로 하는 통다오두옌공원(通道独岩公园)의 음식문화, 강 따라 잘 가꿔진 풍경, 충칭에서 하나밖에 없는 체육공원, 파유민속문화(巴渝民俗文化)를 바탕으로 한 관광 상품 들이 있다.

(6) 바난구(巴南区)

파남구

바난구(巴南区)는 그 전신이 천년 역사에 이름이 나있는 바현(巴县)이다.

일찍이 3,000년 전의 상(商)나라 때에 이미 이곳에 바런(巴人) 사람들이 모여 살았으며, 진(秦, BC221~AD207)나라 때 바군(巴郡)이 설치되고, 후에 바현(巴县)이 된다.

바난구 약도

86만 명의 인구가 사는 바난구(巴南区)는 총칭시 주성구(主城区)의 남부에 위치하며, 1,825㎢(제주도 면적에 상응)의 크기이다. 바난구(巴南区)는 8개 지에다오(街道)와 14개 쩐(镇)으로 구획돼있다.

지에다오(街道)로는 위동(鱼洞)·리쟈투워(李家沱)·롱쪼우완(龙洲湾)·화씨(花溪)·난취앤(南泉)·이핀(一品)·난펑(南彭)·후이민(惠民)이 있고, 쩐(镇)은 지에쉬(界石)·안란(安澜)·탸오쉬(跳石)·무동(木洞)·쐉허코우(双河口)·마리유쭈이(麻柳嘴)·펑셩(丰盛)·얼셩(二圣)·동취앤(东泉)·쟝쟈(姜家)·티앤씽스(天星寺)·지에롱(接龙)·쉬탄(石滩)·쉬롱(石龙) 등이다.

바난의 볼거리로는 동온천(东温泉)·남호(南湖)·남온천(南温泉)·챠오핑샨(樵坪山, 초평산)·윈짠샨(云篆山, 운전산) 등이 있다.

동온천(东温泉)

동온천은 총칭의 4대 명천(名泉) 중 으뜸으로 꼽힌다. 더불어 선녀봉(仙女峰)·비응봉(飞鹰峰)·취병봉(翠屏峰)·목이산(木耳山) 등의 기기묘묘한 산봉우리들과 선녀동(仙女洞)·고불동(古佛洞) 등의 아름다운 동굴들을 비롯한 24경(景)의 자연경관이 있어 많은 사람들이 찾아온다.

동온천의 알몸목욕은 명(明, 1368~1644)나라 때부터 지금까지 600여년을 이어오고 있다.

남녀노소가 아무 거리낌 없이 함께 목욕을 하는 것은 바난구(巴南区)의 독특한 지역민속이라고 말들 한다.

동온천 풍광

동온천 풍광

남호공원(南湖公园)

남호공원풍광

남호공원설경

충칭시 주성구에서는 가장 큰 호수로 11km길이에 40만평의 넓이이고, 최대수심은 19m이다. 시내에서 가깝고, 교통이 편리해 사람들이 많이 찾는다.

챠오핑샨(樵坪山)

챠오핑샨은 충칭 동남부의 명산으로 해발 620~750m높이에 25㎢의 넓이이다.

마안샨(马鞍山) 봉우리가 챠오핑샨(樵坪山)으로 둘러싸인 분지 한 가운데에 우뚝 솟아있는데, 그 절벽이 매우 가파르다.

마안샨(马鞍山) 봉우리에서 주위를 둘러보면, 구릉이 열을 지어 뻗어나가는데, 높낮이가 가늠이 안 되어 마치 평원의 하천 같아 보인다.

챠오핑샨 풍광

챠오핑샨

챠오핑샨 풍광

(7) 베이뻬이구(北碚区)
북배구

베이뻬이구(北碚区)는 총칭 주성구(主城区)의 서북부에 위치하며, 753㎢ (제주도의 2/5)의 면적에 65만의 인구가 살고 있다(2002). 베이뻬이는 진윈샨(缙云山, 해발 919m)자락을 흐르는 쟈링쟝(嘉陵江)을 끼고 있는데, 예전에 이 강 가운데에 "뻬이(碚 : 꽃봉오리 배)" 모양의 거석(巨石)이 자리를 잡고 있었기에, 사람들은 이 고장을 "뻬이(碚)"라 불렀고, 이 뻬이(碚)가 위쪼우(渝州)의 북(北)쪽에 있다고 해서 베이뻬이(北碚)로 그 이름이 바뀐 것이라고 한다.

베이뻬이(北碚)는 5개 지에다오(街道)와 12개의 쩐(镇)으로 구획되어 있다. 지에다오(街道)는 티앤셩(天生)·챠오양(朝阳)·롱펑챠오(龙凤桥)·뻬이원취앤(北温泉)·동양(东阳) 등이고, 쩐(镇)은 씨에마(歇马)·진다오샤(金刀峡)·싼셩(三圣)·쉬쟈량(施家梁)·통쟈씨(童家溪)·차이쟈강(蔡家岗)·리유인(柳荫)·청쟝(澄江)·징관(静观)·푸씽(复兴)·슈이투(水土)·티앤푸(天府) 등이다.

베이뻬이의 볼거리로는 진윈샨(缙云山)·뻬이원취앤(北温泉)·쟈링쟝소삼협(嘉陵江小三峡)·셩티앤후(胜天湖)·진궈위옌(金果园)·탄코우패방(滩口牌坊)·진다오샤(金刀峡)·피앤옌구쩐(偏岩古镇) 등이 있다.

진윈샨(缙云山)

진윈샨(缙云山)의 근원은 남쪽 총칭직할시(重庆直辖市)와 북쪽 샤안시셩(陕西省) 간의 경계를 이루는 다빠샨(大巴山)이다.

동서방향의 다빠샨에서 쓰촨셩(四川省)-총칭시(重庆市) 경계를 따라 서남방향으로 뻗어 내리는 화잉샨(华莹山)은 총칭 관내로 들어오면서 여러 갈래

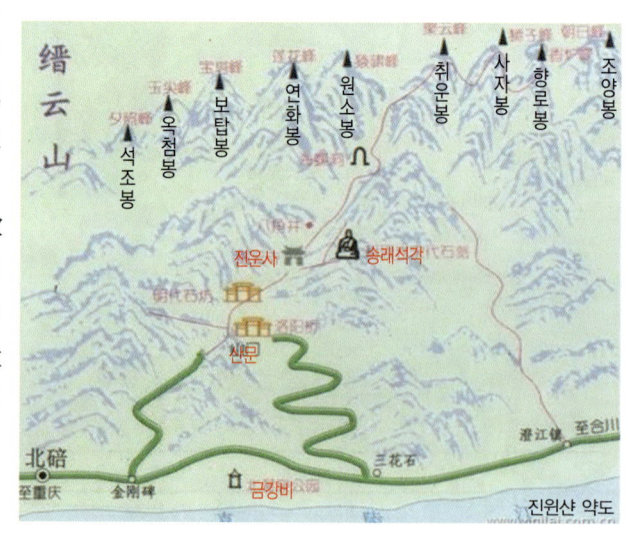

진윈샨 약도

로 나뉘는데, 그 중 가장 동쪽에 있는 갈래가 진윈샨(缙云山) 줄기이며, 그 길이가 140여km이다.

진윈샨(缙云山)의 주봉은 해발높이가 919m이고, 그 주변에 맴도는 운무(云雾)가 붉은 빛을 띠고 있다고 해서 진윈(缙云, 缙은 붉을 것을 의미함)이라는 이름이 붙은 것이라고 한다.

진윈샨(缙云山) 줄기의 140km 중에 진윈샨의 주봉을 중심으로 한 40여km² 지역이 진윈샨풍경명승구(缙云山风景名胜区)로 설정돼있다. 9봉7사(九峰七寺)가 있고, 해발높이 864m의 사자봉(狮子峰)의 경치가 볼만하다고들 한다. 베이뻬이의 야경, 운해를 뚫고 올라오는 아침 해, 그리고 때때로 나타나는 불광(佛光) 등이 절경으로 꼽힌다.

뻬이원취앤(北溫泉, 북온천)

총칭 북온천은 북으로 쟈링쟝(嘉陵江)에 접해있고, 남쪽으로는 진윈샨(缙云山)을 등지고 있다. 당초 이곳에는 온천사(溫泉寺) 절이 있었다. 남조(南

북온천 풍광

북온천 오룡벽천

朝) 때인 AD423년에 창건되고, 명(明)나라 5대 황제 선덕(宣德 425~435)년간에 중건됐다. 그후 1927년에 쟈링쟝온천공원(嘉陵江溫泉公園)으로 지정됐고, 숙박업소와 요식업소가 확충되면서 총칭뻬이원취앤공원(重庆北溫泉公園, 중경북온천공원)으로 그 이름이 바뀌었다. 이곳의 주요 볼거리로는 유화동(乳花洞)·석각원(石刻园)·5룡벽천(五龙壁泉)·북천비폭(北泉飞瀑)·희어지(戏鱼池)·자미지모(紫薇之母)·온천사(溫泉寺) 등이 있다.

쟈링쟝소삼협 (嘉陵江小三峽)

쟈링쟝소삼협은 27km에 이르는 쟈링쟝 계곡 안의 세 협곡으로 허촨(合川)과 베이뻬이(北碚)의 두 개 구(區)

북온천 풍광

리비샤

원탕샤

관인샤

에 걸쳐 있다. 상류로부터 짚어 리비샤(瀝鼻峽)·원탕샤(溫塘峽)·관인샤(觀音峽)의 순이다.

허촨구(合川区)의 리비샤(沥鼻峽)는 강 양쪽의 뭇 산들이 높아 협곡 안은 괴괴하고, 3km협곡의 그 깊이를 알 수 없는 물살은 거칠고 사납다. 볼거리로는 거량탄(巨梁灘)·사자분(獅子坟)·소화상(笑和尙)·우비동(牛鼻洞) 등이 있다.

원탕샤(溫塘峽)는 2.7km의 길이로 베이뻬이구(北碚区)의 진윈샨에 들어있다. 입구에 온천이 있어 그 이름이 비롯됐다는 이 계곡은 양쪽 절벽 사이의 거리가 200m밖에 안되며, 포효하며 거칠게 흐르는 물길이 장관이다.

관인샤(观音峽, 관음협)는 3.7km의 길이이며, 지금은 없어진 관음각(观音閣)고찰이 있었기에 그 이름이 비롯된 것이라고 한다. 협곡 양쪽으로 우뚝 솟은 거석(巨石)이 있는데, 그 모양이 마치 붓 같다하여 문필석(文笔石)이라고 부른다. 관인샤의 아래쪽으로 채 1km가 안 되는 거리에 챠오양교(朝阳桥)와 뻬이동대교(北东大桥) 등 여섯 개의 큰 다리가 놓이고 있는데, 다리가 준공되면, 중국 전역을 통틀어 다리의 밀도가 가장 높은 구역이 될 것으로 보고 있다.

탄코우패방(灘口牌坊)

탄코우패방은 슈이투쩐(水土镇)에 있다. 청(淸)나라 11대 황제 광서(光绪, 1875~1908)년간에 세워진 것으로 그 조형이 독특하여 쓰촨(四川)의 동부지역에서 으뜸가는 패방이란 의미로 "천동제일패방(川東第一牌坊)"이라 불린다.

18평의 터에 앞폭 11.5m·옆폭 4.8m·높이 15m의 크기로 북쪽을

탄코우패방

탄코우패방 조각상

孝)"이다.

진다오샤(金刀峽)

진다오샤는 베이뻬이구(北碚区)의 서남쪽, 해발 900m높이의 기슭에 있는 협곡으로 관광지로 공개된 지는 그리 오래지 않다. 억(亿)년의 세월이 담겨있는 괴괴한 풍광이 관광의 주 대상이며, 더불어 암용지모(岩溶地貌)의 다양한 형상을 감상할 수 있다.

진다오샤 풍광

진다오샤 풍광

피앤옌구쩐 풍광

향해 세워져있다. 전체적으로 4주(四柱)·3문(三门)·3중처마(三重木詹)의 구조이며, 지붕 위에는 보병(宝瓶)을 조각해 놓음으로써 마치 교룡(蛟龙)이 날개를 펴고 날아오르는 것 같은 모습을 하고 있다.

패방의 주인은 당시 이고장의 대부호였던 두씨(杜氏) 문중의 탕씨(唐氏)이다. 탕씨 부인의 아들인 두백청(杜白清)이 40여 년 간을 수절한 모친의 정절을 기리고자 황제에게 주청하여 내려 받은 것이다. 패방에는 황제가 내렸다는 증표로 "성지(圣旨)"라는 문구가 새겨져 있으며, 주제는 "절효(节

피앤옌구쩐(偏岩古镇)

피앤옌구쩐(偏岩古镇, 편암고진)은 화잉샨(华莹山) 서남쪽, 해발 500m높이의 구릉지대에 자리 잡고 있는 옛 마을이다. 마을의 북쪽에 높이 솟은 암벽이 있어 그 이름이 비롯된 이 마을에는 수백 년을 이어 내려오는 거리 풍경과 풍습이 보전돼있다.

(8) 위뻬이구(渝北区)

유북구

위뻬이구(渝北区)는 주성구(主城区)의 북부에 위치한다. 1,452㎢(제주도의 4/5)의 면적에 79만 명의 인구가 거주하며, 행정상으로는 14개 지에다오(街道)와 12개 쩐(镇)으로 구획되어 있다. 지에다오(街道)는 쑹펑챠오(双凤桥)·쑹롱후(双龙湖)·량루(两路)·왕쟈(王家)·후이씽(回兴)·롱씨(龙溪)·롱샨(龙山)·롱타(龙塔)·티앤궁디앤(天宫殿)·런허(人和)·다쮸린(大竹林)·위옌양(鸳鸯)·추이윈(翠云)·위예라이(悦来) 등이고, 쩐(镇)은 리쟈(礼嘉)·롱씽(龙兴)·쉬촨(石船)·구루(古路)·무얼(木耳)·위펑샨(玉峰山)·씽롱(兴隆)·츠쮸(茨竹)·따완(大湾)·따셩(大盛)·통징(统景)·루워치(洛碛) 등이다.

위뻬이(渝北)는 교통이 매우 편리하다. 총칭의 쟝뻬이국제공항(江北国际机场)이 위뻬이에 있고, 210번국도와 319번국도가 이곳에서 교차한다. 또한 총칭을 출발하여 후난성(湖南省)의 화이화(怀化)에 이르는 625km의 유회철도(渝怀铁道)가 총칭베이짠(重庆北站)을 지나면서 위뻬이구(渝北区)를 관통한다. 유회철도는 총칭 관내의 롱투우스(龙头寺)·챵쇼우(长寿)·푸링(涪陵)·우링(武陵)·펑슈이(彭水)·요우양(酉阳)·씨유샨(秀山)을 경유한 후꾸이쪼우성(贵州省)의 통런(铜仁, 동인)을 거쳐 후난성(湖南省)의 화이화(怀化, 회화)에 이른다.

위뻬이(渝北)는 북부가 중산간지대로 해발 1,460~800m높이이고, 중부는 800~450m의 저산지대이며, 남부는 450~155m의 잔잔한 구릉지대 이다. 전반적으로 석회암을 기층으로 하는 카스터지모(喀斯特地貌)이므로 계곡과 강기슭에 동굴이 많다. 따라서 자

파이화동풍경구

통징풍경구

위펑샨

연경관이 다양한 편인데, 관련된 경점으로 온천을 특화한 통징풍경구(统景风景区)·동굴을 특색으로 하는 파이화동풍경구(排花洞风景区)·삼림이 볼만한 위펑샨공원(玉峰山公园) 등이 있다.

샤핑빠구(沙坪坝区)는 총칭 주성구(主城区)의 서부에 자리 잡고 있다.

전체면적 396㎢(제주도의 1/5)의 샤핑빠구는 그 동쪽이 쟈링쟝(嘉陵江)에 접하고, 서쪽은 진윈샨(缙云山)에 막혀있으며, 중부지방에 놓인 남북방향의 거러샨(歌乐山)은 샤핑빠구(沙坪坝区)를 동(东)·서(西)로 나눈다.

(9) 샤핑빠구(沙坪坝区)
사평패구

거러샨(歌乐山)의 동쪽이 샤핑빠(沙坪坝)이고, 그 서쪽이 량탄빠(梁滩坝)인 것이다.

샤핑빠(沙坪坝)는 구(区) 전체면적의 10% 정도이며, 총칭시의 교육과학중심이자 공업

기지이고, 량탄빠(梁滩坝)는 구 전체의 90%면적으로 농업지대이다.

샤핑빠구(沙坪坝区)에는 90만2,000명의 상주인구가 있으며(2008), 행정상으로는 16개 지에다오(街道)와 8개 쩐(镇)으로 구획되어 있다.

지에다오(街道)는 친쟈강(覃家岗)·위뻬이루(渝碚路)·샤핑빠(沙坪坝)·샤오롱칸(小龙坎)·티앤씽챠오(天星桥)·투완(土湾)·신챠오(新串桥)·짠쟈씨(詹家溪)·쉬징포어(石井坡)·통자챠오(童家桥)·츠치코우(磁器口)·산동(山洞)·리엔팡(联芳)·천쟈챠오(陈家桥)·후씨(虎溪)·씨용(西永) 등이고, 쩐(镇)은 거러샨(歌乐山)·징코우(井口)·칭무관(青木关)·펑황(凤凰)·후이롱빠(回龙坝)·투쥬(土主)·쩡쟈(曾家)·쫑량(中梁) 등이다.

샤핑빠구(沙坪坝区)의 거러샨(歌乐山)은 화잉샨(华莹山)의 여맥으로 해발고도 550~680m 범위에 있으며, 국가 삼림공원으로 지정돼있다. "유서제일봉(渝西第一峰)"·"산성록보석(山城绿宝石)"으로도 불린다.

샤핑빠구(沙坪坝区)는 충칭 사람들의 정서에 홍암정신(红岩精神)의 발상지로 자리 잡고 있다. 홍암정신은 중국의 혁명 열사들이 추구했던 공산주의 신념으로, 그것을 소재로 한 소설 《홍암(红岩)》이 이 고장 출신인 루워광빈(罗广斌 1924~1967) 등에 의해 쓰여졌던 것이다.

량탄빠풍광

또한 샤핑빠(沙坪坝)에는 유서깊은 츠치코우구쩐(磁器口古镇)이 있다. 총칭시(重庆市)의 중점보호전통거리인 츠치코우(磁器口)는 쟈링쟝(嘉陵江) 강가 비탈에 1.5㎢의 넓이로 자리 잡고 있으며, 상주인구는 1만8,000명(2010년)이다.

츠치코우(磁器口)는 송(宋, 960~1279)·명(明, 1368~1644)시대에 매우 번성했던 상업부두였으며, 청(淸, 1616~1911)나라 초기에는 이 지역에서 청화자(青花瓷) 도자기가 생산되었다. 츠치코우(磁器口)라는 이름도 그때 붙은 것이며, 그 이전에는 이름이 롱인쩐(龙隐镇)이었다.

츠치코우(磁器口)에서는 청(淸)나라 때의 거리모습과 종가원(钟家院)이 관심을 갖게 한다. 종가원은 청나라 말기의 실직적인 통치자 서태후(西太后)를 지근거리에서 보좌했던 쫑윈팅(钟云亭) 부자(父子)의 저택이었다.

지금으로부터 120여 년 전인 청나라 말의 건축물로서 사합원(四合院) 두 채가 맞붙은 양진(两进)정원에 후원까지 있었으나 지금은 200평 넓이의 부지에 앞채만 남아있다.

보전상태가 매우 양호하며, 북방4합원 건물의 정수(精髓)를 보여준다는 평이다.

거리의 상점은 나름대로의 특색상품을 파는데 여념이 없으며, 특히 츠치코우(磁器口)의 주전부리 식품인 마화(麻花, 꽈배기)를 파는 상점에 사람들이 붐빈다.

유서제일봉

거러산 풍광

산성녹보석풍광

샤핑빠풍광

츠치코우 풍광

츠치코우의 마화

츠치코우 패방

츠치코우 룽인먼

츠치코우 종가원

2. 주성구외 지역

　1권역(一圈域)의 주성구(主城区)를 제외한 지역은 그 면적이 2만9,000여 ㎢로 제주도의 16배에 해당하는 면적이며, 남한 면적의 30%에 상당한다.
　이 지역에는 모두 16개의 구(区)·현(县)이 있다.
　이들 구현(区县)에 대해서도 역시 지리적으로 지역을 나누어 살피는 것이 각각의 위치 가늠과 교통접근에 편리하다. 따라서 이 지역에 대하여도 도로와 철로를 근간으로 삼아 지역을 구분, 살펴보기로 한다.

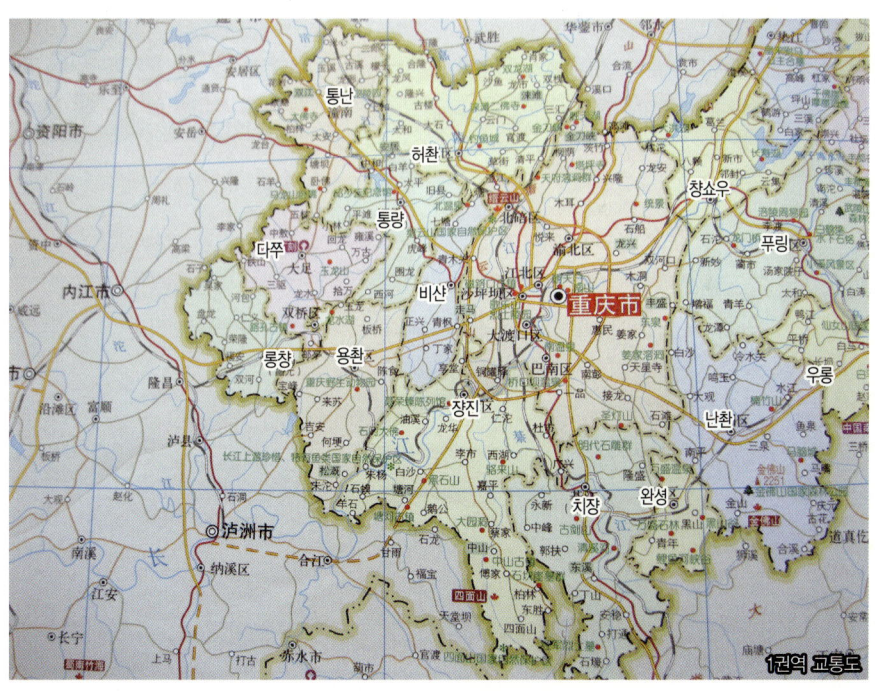

(표) 주성구 밖의 권역 내 지역구분과 구시현 분포

지 역 구 분		구(区)·시(市)·현(县)
319번국도 연변	주성구* 서쪽지역	비산(壁山) 통량(铜梁) 통난(潼南)
	주성구 동쪽지역	챵쇼우(长寿) 푸링(涪陵) 우롱(武隆)
212번국도 연변		허촨(合川)
성유선(成渝线)철도 연변		쟝진(江津) 용촨(永川) 솽챠오(双桥) 다쭈(大足) 롱챵(荣昌)
천검선(川黔线)·삼만선(三万线)·만남선(万南线)철도연변		치쟝(綦江) 완성(万盛) 난촨(南川)

*주성구(主城区): 위쭁(渝中) 쟝뻬이(江北) 난안(南岸) 지우롱포어(九龙坡) 다두코우(大渡口) 빠난(巴南) 베이뻬이(北碚) 위뻬이(渝北) 샤핑빠(沙坪坝)

    319번 국도는 중국의 동남쪽 해변, 푸지앤성(福建省)의 씨아먼(厦门)에서 출발, 서북방향으로 2,984km를 달려 쓰촨성(四川省)의 청두(成都)에 이르는 국가단위 도로이다. 총칭직할시(重庆直辖市)의 동남쪽 씨유샨현(秀山县)으로 들어와 요우양(酉阳)→치앤쟝(黔江)→펑슈이(彭水)→우롱(武隆)→푸링(涪陵)→챵쇼우(长寿)→위뻬이(渝北)→위쭁(渝中)→비산(壁山)→통량(铜梁)으로 이어져 쓰촨성의 안위예(安岳)로 넘어가기까지 940여 km의 이정(里程)이다.

    212번 국도는 깐쑤성(甘肃省)의 란쪼우(兰州)에서 출발하여 동남방향의 총칭(重庆)에 이르는, 총연장 1,302km의 국가단위 도로이다. 총칭시의 서북쪽 허촨시(合川市)로 들어와 주성구(主城区)의 베이뻬이(北碚)→샤핑빠(沙坪坝)→위쭁(渝中)으로 이어지며, 총칭시 관내의 이정은 120여 km이다.

    성유선(成渝线)철도는 총칭(重庆)과 청두(成都)를 연결하며, 총연장 거리는 504km이다. 그 중 총칭 관내의 이정은 212km이며, 샤핑빠(沙坪坝)·쟝진(江津)·용촨(永川)·솽챠오(双桥)·다쭈(大足)·롱챵(荣昌) 지역을 지난다.

    천검선(川黔线)철도는 총칭(重庆)을 출발, 남쪽으로 438km를 달려 꾸이쪼우성(贵州省)의 꾸이양(贵阳)에 이른다. 총칭에서 113km거리에 싼쟝역(三江站)이 있는데, 이곳에서 동쪽으로 벗어나는 삼만선(三万线: 三江-万盛, 32km)이 있고, 삼만선(三万线)은 다시 만남선(万南线: 万盛-南川, 35km)으로 이어진다. 총칭(重庆)에서 난촨(南川)에 이르는 여정에서 치쟝(綦江)과 완성(万盛)을 경유한다.

319번 국도 연변

주성구 서쪽지역

(1) 비샨현(壁山县)

벽산현

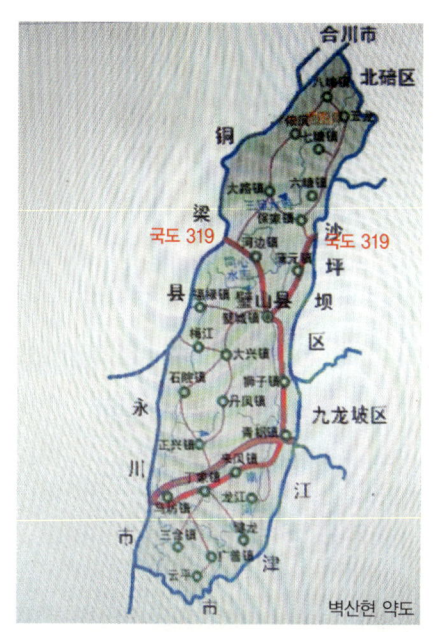

벽산현 약도

비샨현(壁山县)은 총칭(重庆) 주성구(主城区)의 서쪽으로 인접해 있다. 화잉샨(华蓥山, 화형산) 남단의 갈라진 여맥을 등지고 서쪽을 향해 자리 잡은 비샨현(壁山县)은 동서간의 폭이 16km에 남북 길이가 67km이며, 면적으로는 915㎢(제주도의 1/2)이다.

비샨(壁山)은 오랜 역사를 지니고 있으며, 자고로 "파유명읍(巴渝名邑)"으로 불렸다. 지세가 빼어나고, 지기(地气)가 강해 "쌍장원(双状元)"에 "육한림(六翰林)"이 배출될 정도로 우수한 인재가 많았다.

비샨에는 옛날부터 "비산팔경(壁山八景)"으로 불리는 금검청설(金剑晴雪)·동림효종(东林晓钟)·각원야우(觉院夜雨)·모래선경(茅莱仙景)·성등보조(圣灯普照)·호봉마적(虎峰马迹)·량산운차(凉伞云遮)·석천응지(石泉凝脂) 등이 있고, 비청지에다오(壁城街道)의 중앙에 있는 공자의 사당 대성전(大成殿)이 또한 유명하다. 비샨에는 36곳의 옛 모습을 간직하고 있는 마을들이 있는데, 그 중에서 널리 알려진 것으로 윈핑향(云坪乡, 원

벽산현 위치

티에웨이쨔이풍광

구라오쨔이 패방

윈우샨(云雾山)은 구름과 안개가 많이 끼고, 봄이 긴 반면에 여름은 짧다.

윈우샨 산간의 칭롱후(青龙湖)는 호수면적이 4만5,000평으로 맑은 물과 빠른 물살, 시원한 폭포, 강물과 함께 흐르는 괴괴함, 호수변의 푸르른 식생 등이 사람들로 하여금 깊은 인상과 더불어 호감을 갖게 한다.

칭롱후(青龙湖, 청룡호)라는 이름은 호수가 구불구불한데다가 물위에 투영된 주변의 산색(山色)이 마치 움직이는 용 같다 해서 붙여진 것이라고 한다.

칭롱후풍경구(青龙湖风景区)의 티에

윈우샨

칭롱후

평향)의 윈핑구쨔이(云坪古寨, 운평고채), 칭롱후(青龙湖, 청룡호)의 구라오쨔이(古老寨, 고로채)와 티에웨이쨔이(铁围寨, 철위채), 빠이윈후(白云湖, 백운호)의 윈타이쨔이(云台寨, 운태채), 펑후씨앤샨(凤湖仙山, 봉호선산)의 따마오쨔이(大茅寨, 대모채)와 우윈쨔이(五云寨, 오운채), 진윈호우샨(缙云后山, 진운후산)의 윈펑쨔이(云峰寨, 운봉채) 등이 있다.

칭롱후(青龙湖)풍경명승구

칭롱후(青龙湖, 청룡호)는 비샨현(壁山县)의 현성(县城)으로부터 서북쪽 29km거리의 윈우샨(云雾山) 중턱에 있다. 해발고도가 400~800m 범위에 있는

웨이쨔이(铁围寨, 철위채)는 산세가 높고 험준하며, 성채가 견고하다. 전해오기로는 1259년 2월에 몽고의 따한멍거(大汗蒙哥, 성길사한의 손자)가 15만 대군을 이끌고 총칭을 정복하러 내

려올 때, 이곳을 먼저 함락시키려 공격을 했으나 철옹성 같은 요새로부터의 반격으로 대패하였다. 훗날 사람들은 이 승리를 기념하고자 이 요새를 쇠 울타리를 두른 마을이라는 의미의 티에웨이쨔이(铁围寨)로 명명하였다.

티에웨이쨔이 동남쪽 4km되는 곳에 남송(南宋, 1127~1279) 때 병영(兵营)이었던 구라오쨔이(古老寨)가 있다.

지금은 민가부락으로 탈바꿈 되었으며, 경색이 빼어난 관광지로 널리 알려져 있다. 이곳에 마치 살아있는 듯한, 쑹쉬밍루워(双狮鸣螺)라는 이름의 돌사자 한 쌍이 있는데, 다음과 같은 이야기가 전해온다.

옛날에 요우씨(有氏) 성의 형제가 있었다. 형인 요우차이(有财, 유재)는 집안에 재물이 넘쳐나는데도 안달을 떨며 구두쇠노릇을 하였다. 아우 요우더(有德, 유덕)는 있는 것이라고는 다 헐어져가는 집 한 채뿐이었다. 요우더는 꾀를 부리지 않고 열심히 일을 했지만, 형인 요우차이로부터 멸시와 천대를 받았다.

어느 날, 요우더가 밭에서 시들어 말라버린 곡식을 거두면서 상심해있는데, 비몽사몽간에 한 노인이 자신을 부르더니 금사자(金狮子) 한 쌍을 주는 것이었다. 요우더는 깜짝 놀라 정신을 차려보는데, 과연 자기 손에 금빛 찬란한 사자 두 마리가 들려있는 것이었다. 그 금사자들 등에는 바다고동인 소라를 손으로 받쳐 든 동자(童子)가 붙어 있었다. 요우더는 매우 기뻐하며 그 사자들을 조심조심 받쳐 들고 집으로 돌아왔다.

그날 저녁, 밤이 깊어 인적이 끊기자 두 동자가 소라를 불면서 사자의 등에서 내려와 금사자와 즐겁게 노는데, 동자가 "금아(金子), 금아(金子)"하고 소리를 낼 적마다 두 사자는 놀랍게도 입을 벌리고 금을 토해내는 것이었다. 이를 본 요우더는 좋아서 어찌 할 줄을 몰랐다. 이런 일이 밤마다 되풀이 되었고, 요우더는 점점 부유하게 되었다.

소문은 이내 요우차이의 귀에 들어갔다. 요차이는 욕심을 내고도 남을 일이었다. 요우차이는 그것을 달라고 아우에게 졸라대더니 종래에는 자기 재산을 몽땅 팔아 금사자(金狮子)를 만들어 바꾸자고 하였다. 요우더는 하는 수 없이 자신의 금사자를 형 요우차이에게 내주었다.

요우차이는 본래 게으른데다가 탐욕스럽기 끝이 없었다. 그는 아우로부터 빼앗 다시피 해서 가져온 금사자가 금을 더 많이 토해 내도록 다그치고, 욕을 하며, 매질을 하였다. 어느 날, 요우차이가 사자들에게 입에 담을 수 없는 욕을 해대며 심한 매질을 하였다. 더 이상 참을 수 없게 된 금사자들은 밖으로 도망쳐 나왔다. 사자들은 요우더의 밭까지 달려와서는 멈췄다. 한밤중이었지만 번쩍번쩍 빛이 나는 사자 두 마리는 빠르게 커지더니 진짜 사자 크기만 해지자 크기를 멈추고, 자기들을 뒤쫓아 온 요우차이를 향해 금덩어리를 빠른 속도로 뱉어내기 시작하였다. 금덩어리들이 요우더의 밭에 쌓이고, 그 덩어리 속으로 요우차이가 묻혀 사라지자 사자들은 금덩어리 뱉어내기를 멈추고 서서히 돌사자로 변해갔다. 사자 등 뒤의 동자들도 함께 돌로 변했다.

이러한 광경을 놀란 눈으로 지켜본 사람들은 그 금사자를 기념하고, 사람들로 하여금 탐욕을 경계하도록 하고자 요우더의 밭에 쌓인 금덩어리들을 팔아 절을 지었다. 그리고 절의 이름을 진티앤스(金田寺, 금전사)라 하고, 그 한 쌍의 돌사자를 절 대문 양쪽에 앉혔다. 세월이 흐르면서 진티앤스절도 사라지고, 지금은 돌사자 한 쌍만이 남았는데, 사람들은 종종 사자 등의 동자들이 부는 소라 소리를 듣는다고 한다.

(2) 퉁량현(铜梁县)

동량현

동량현의 위치

퉁량현(铜梁县)은 충칭시의 서북부, 쓰촨분지(四川盆地)의 동남부에 위치한다. 쓰촨분지가 화잉샨(华蓥山)의 남쪽 지맥과 접하는 지역이다. 이 지역에 샤오퉁량샨(小铜梁山)이 있어 현(县)의 이름이 퉁량(铜梁)으로 되었다고 한다.

퉁량현은 1,334㎢(제주도의 72%)의 면적에 8만2,400명의 인구가 살고 있으며(2000년), 3지에다오(街道)·25쩐(镇)으로 구획되어 있다. 이름난 관광지로 쫑화룽(中华龙)온천휴양구가 있고, 민속축제인 퉁량룽덩(铜梁龙灯)이 널리 알려져 있다.

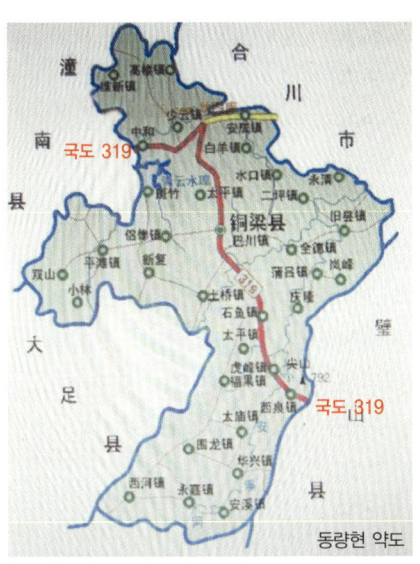

동량현 약도

쫑화롱온천 안의 모습

다쭈현(大足县)-통량현(銅梁县)-허촨현(合川县)을 잇는 관광노선의 중심에 자리 잡고 있어 늘 사람들로 붐빈다.

통량롱덩(銅梁龙灯)

통량롱덩(銅梁龙灯, 동량용등)은 파유(巴渝)의 10대 민간예술 중에서도 으뜸으로 치는 민속예술이다. 통량롱덩놀이는 섣달그믐, 정월초하루, 정월 열이틀, 정월보름에 펼쳐진다.

통량롱덩(銅梁龙灯)의 용(龙)은 그 만드는 방법이 예로부터 통량현 얼핑쩐지에다오(二坪镇街道)의 루워씨(罗氏) 가문에서 전수돼오고 있으며, "중국국가무룡대(中国国家舞龙队)"라고 불리

쫑화롱온천휴양구
(中华龙温泉休养区)

쫑화롱온천휴양구는 통량 현성(县城)에서 4km거리에 있다. 빠위예샨(巴岳山)과 40만평수면의 쉬엔티앤후(玄天湖, 현천호)를 마주보고 있는 쫑화롱온천휴양구는 1일 5,000톤의 더운물이 샘솟는 온천지대로 숙박과 오락시설 등이 잘 갖춰져 있다. 쫑화롱온천은

쫑화롱온천 밖의 모습

용등

용등춤

통난현(潼南縣)은 총칭시 서북부의 가장 끝자락이자 쓰촨분지(四川盆地)의 중부지역에 위치한다.

1,594㎢(제주도 면적의 86%)넓이의 통난현(潼南縣)에는 95만 명의 인구가 거주하며, 2지에다오(街道)·20향진(乡镇)으로 구획되어 있다. 현(县) 정부는 쯔통(梓潼)에 있으며, 볼거리로는 통난따포어스(潼南大佛寺, 동남대불사) 사찰이 있다.

는 사람들에 의하여 용이 춤을 춘다. 통량롱덩(銅梁龙灯)의 대표적인 존재는 따루롱(大蠕龙, 대연용)이다. 사람들은 그냥 통량롱(銅梁龙, 동량용)이라고 부른다. 춤추는 모양이 다양하고, 몸놀림이 변화무쌍하다.

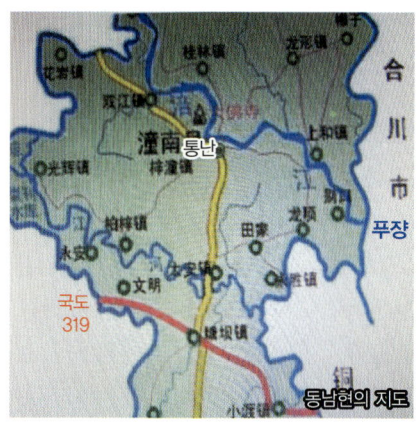

동남현의 지도

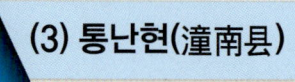

(3) 통난현(潼南县)

동남현

통난따포어스는 현성 서쪽 1km 거리의 딩밍샨(定明山, 정명산) 자락에 자리 잡고 있다.

경점(景点)으로는 대불전(大佛殿)·관음전(观音殿)·옥황정(玉皇亭)·대불(大佛)·7정대(七情台)·감정(鉴亭)·비각(碑刻)·해조음(海潮音) 등이 있다.

동남현의 위치

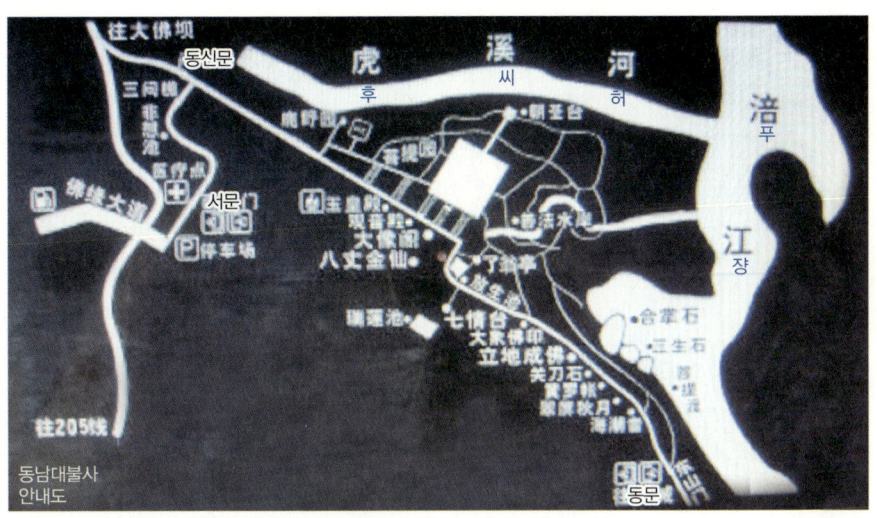

대불전(大佛殿)

대불전은 퉁난따포어스(潼南大佛寺)의 핵심 건물로 일곱 겹의 처마를 달고 있다.

당초에는 다섯 겹이었으나 늘어난 두 겹의 처마는 명(明)나라 때 덧붙여진 것이라고 한다.

대불전은 그 높이가 33m이며, 구조가 독특하고 기개가 있어 장관이다. 대상전(大象殿)이라고도 부른다.

동남대불사 대불전

퉁난따포오 (潼南大佛, 동남대불)

대상전(大象殿) 안에는 절벽을 파서 새긴 석가모니불 좌상이 있다. 산을 등지고 강을 내다보는 대불은 맨발이며, 몸에는 금칠을 하였다. 앉은 높이 18.4m에 가슴둘레가 8.4m인 이 대불을 사람들은 "팔장금선(八丈金仙)"이라 부른다. 금칠을 한 부처로서는 중국에 가장 크고, 세계에서는 일곱 번째라고 한다.

기록에 의하면 이 대불의 머리 부분은 당(唐, 618~907)나라 21대 임금 예종(懿宗, 859~873)년간인 860년에 새기기 시작하여 22대 임금인 희종(僖宗, 873~888)년간인 880년에 완성됐으며, 몸체는 당(唐, 618~960)-5대

동남대불사 대불

(五代, 907~960)-북송(北宋, 960~1127)의 3대 왕조에 걸쳐 250여 년이 경과된 1126년에 완성되었다. 머리부터 몸체가 완성되기까지 240여 년이 걸린 것이다.

퉁난다포어(潼南大佛)는 크기나 형상면에서 매우 보기 드문 석각불상(石刻佛像)이기에 "촉중4대불(蜀中四大佛)"로 꼽혀왔으며, 이 대불을 중심으로 수많은 석각유적들이 있다.

치칭타이(七情台)

치칭타이(七情台)는 대상전(大象殿)의 왼쪽으로 있다. "대불동(大佛洞)" 또는 "석등금성(石磴琴声)"으로도 불린다.

폭이 넓게 바위를 쪼아 만든 42개의 계단이 마치 거문고의 줄들처럼 가지런하다.

이 계단을 밟아 올라가노라면, 마치 거문고의 줄을 퉁기기라도 하듯 "퉁, 퉁"하는 소리가 들려온다. 특히 일곱

동남대불사 치칭타이

번째 계단에서의 메아리는 마치 편종(编钟)이라도 두드리는 듯, 그 소리가가 맑고 탄력이 있다.

거문고 소리를 내는 이 석등금성(石磴琴声) 돌계단은 명(明)나라 5대 황제 선덕(宣德, 1425~1435)년간에 판 것으로 고대 중국의 4대 회음건축(回音建筑)으로 꼽히며, 베이징(北京) 티앤탄(天坛)의 회음벽(回音壁)보다 100년이나 앞선 것이다.

치칭타이에는 챵러팅(长乐亭, 장락정)이라는 정자가 있다. 이곳에 오르면 물과 하늘이 한데 어우러진, 푸른 빛 일색의 풍광이 한눈에 들어오는데, 가슴이 트이고 기분이 유쾌해진다고 해서 장락정(长乐亭)이라 했다고 한다.

지앤팅(鉴亭)

동남대불사 지앤팅

치칭타이(七情台) 아래쪽으로 남송(南宋, 1127~1279) 때의 이학자(理学家) 웨이랴오웅(魏了翁)이 세운 것으로 알려진, 지앤팅이라는 이름의 정자가 있다. "랴오웡팅(了翁亭)"이라고도 불리는 이 정자는 날아오를 듯, 하늘을 떠받치고 있는 듯한 모습이 빼어나게 아름답다고들 말한다.

비각(壁刻)

치칭타이(七情台)를 왼쪽으로 돌아가면, 강가에 우뚝 선 붉은 빛깔의 절벽이 나온다. 길이가 1리(里, 중국의 1리는 500m)는 됨직한 암벽에는 역대

정천불자 주변경관

의 시인묵객들이 남기고 간 시구(詩句) 등 흔적들이 남아있어 사람들의 눈길을 잡는다. 그런 중에서도 특히 관심을 갖게 하는 것은 거대한 크기의 "불(佛)"자 이다.

높이 8.9m에 폭 6.8m의 이 글자가 차지하는 면적은 18평이다. 전국 최대의 이 "불(佛)"자는 글자 모양이 소박강건하고, 굳세며, 힘이 넘쳐 보인다.

강변에서 바라다보는 "불(佛)"자는 푸른 하늘에 달려 있는 듯, 땅에 우뚝 서있는 듯하여 "정천불자(頂天佛字)"라고도 하고, "입지성불(立地成佛)"이라고도 한다.

몇 리 밖에서도 글자가 똑똑히 보이며, 이를 본 사람들이 합장재배를 하기도 한다.

정천불자

해조음(海潮音)

동남대불사 해조음

붉은 암벽의 맨 끝에 이르러 위를 보면 흡사 매처럼 생긴 거대한 괴석이 있다.

사람들은 이 바위를 일러 "응암(鷹岩)"이라고 한다. 이 바위의 아래에 서서 조용히 마음을 가라앉히고 정신을 모으면 바위 속에서 파도가 밀려오는 소리를 들을 수 있다.

사람들은 이 소리를 "해조음(海潮音)"이라고 한다.

탐사된 바로는 절벽 아래로 흐르는 푸쟝(涪江)의 물소리가 바위를 통해 들여오는 것으로 돼있으며, 그래서 이 기묘한 바위는 일종의 회음암(回音岩)인 것으로 알려져 있다.

주성구 동쪽지역

(4) 챵쇼우구(长寿区)

장수구의 위치

챵쇼우구(长寿区)는 남북길이 57km에 동서 폭 58km의 1,424km²(제주도의 77%) 면적으로 총칭시(重庆市)의 중부에 자리 잡고 있다.

챵쇼우구에는 87만5,000명의 인구가 거주하며, 행정상으로는 4지에다오(街道)·14쩐(镇)으로 구획되어 있다.

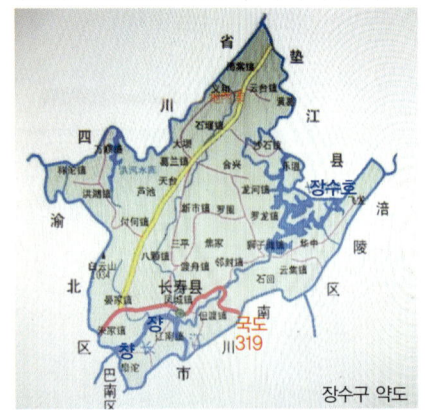
장수구 약도

챵쇼우의 기후는 중아열대습윤기후구(中亚热带湿润气候区)에 속한다. 4계절이 분명하고, 기온은 온화하다. 연평균기온은 17.7℃고, 연 최고기온 평균은 20.4℃, 연 최저기온 평균은 16.7℃이다.

"챵쇼우는 그 동북쪽에 챵쇼우샨이 있고, 그 아래에 사는 사람들은 대체로 장수한다(東北有长寿山, 居其下者, 人多寿考)."는 말에서 "챵쇼우(长寿)"라는 지명이 비롯됐다고 한다.

지명과 관련해서 다음과 같은 이야기가 생생하게 전해온다.

명(明)나라 홍무(洪武; 태조 주원장, 1368~1398)년간에 한 관리가 이곳에 민정을 살피러 왔다가 때마침 세차게 내리는 비를 피해 주막에 들어갔다. 한참을 무료하게 비가 그치기를 기다리던 그 관리는 무심히 밖을 내다보는데, 길 건너 맞은편 집 정원에 오색 천으로 장식한 등롱이 걸려있고, 풍악이 은은한 가운데 사람들이 분주하게 오가고 있었다.

그 관리는 저 집에 무슨 일이 있는 건지 궁금해 하던 차에 마침 한 노인이 주막으로 들어오는데, 백발 머리에 수염이 가슴까지 내려온 모습이 나이 90은 훨쩍 넘어 보였다. 그 노인은 주막 안을 휘 둘러보더니 얼굴에 웃음을 띠며 묻지도 않은 말을 그 관리에게 하기를 자신이 당신 할아버지의 생일을 맞아 장수를 기원하며 잔치를 베풀어 드리는 것이라고 했다. 그 관리는 그 할아버지의 할아버지 나이가 궁금해져서 그 노인에게 물으니 만 150세라고 하였다.

그 관리는 이것저것 궁금한 것을 그 노인에게 묻고 있는데, 나이 40이 넘어 보이는 중년의 남자가 그 노인을 "할아버지"라고 부르면서 우산을 건네는 것이었다. 그리고 이어서 한 동자가 깡충깡충 뛰어 들어오더니 방금 우산을 들고 온 중년 남자에게 할아버지라고 부르면서 허리를 굽혀 예를 올리는 것이었다.

그 관리는 길 건넛집 오늘 잔치의 주인공에 대한 궁금증을 더 참지 못하고, 직접 가서 인사하기를 청하였다. 잔칫집 주빈이 그 관리를 살펴보건대, 말투나 태도가 비범하므로 지필묵을 가져오게 하여 그 관리로 하여금 생각한 바를 써달라고 하였다. 그 관리는 아무 주저함이 없이 붓을 받아들고 용이 나르듯, 봉황이 춤을 추듯 힘차고 우아하게 "화안우문(花眼偶文)"이라고 써 내렸다.

글을 좀 한다고 자부하던 그 잔칫집 주빈은 좀처럼 그 뜻을 이해할 수 없어 그 관리에게 설명해주기를 부탁하는데, 그 관리는 대답대신에 그 네 글자를 머리글자로 하여 다음과 같이 4행시를 지어보이고, 그 아래에 "천자문생문생천자(天子门生门生天子)"라고 낙관(落款)하였다.

花甲两轮半(화갑양륜반),
眼观七代孙(안관7대손),
偶遇风雨阻(우우풍우조),
文星拜寿星(문성배수성),
- 天子门生门生天子

그 뜻은 이러했다.

인생 60갑자가 두 번 돌고 또 반이니,
자손이 7대가 내려갔구나.
비바람을 만나 갈 길이 막히매,
학문 높은 사람이 복을 받아 오래도록 수를 누리는 사람에게 인사를 하네.
-천자문생문생천자

이를 본 잔칫집 주빈과 집안사람들은 일제히 자세를 가다듬은 다음 예의를 차려 그 관리에게 인사를 올렸다. 천자문생(天子门生)은 황제 앞에서 치러지는 과거에서 장원급제를 한 사람을, 그리고 문생천자(门生天子)는 천자를 문하생으로 두고 있는 스승을 각각 의미했던 것이다.

그 관리는 민정시찰을 통해 이 고장 사람들이 보통 100세 이상 살고 있으며, 그것은 비옥한 토지, 풍족한 물산, 사람들의 근면함, 인성의 순박함에서 비롯되는 것으로 보았다. 그 관리는 조정으로 돌아와 자신이 보고 느낀 바를 황제에게 아뢰고, 이 고장의 본디이름인 르어원현(乐温县, 낙온현)을 챵쇼우현(长寿县, 장수현)으로 바꾸도록 하였다.

챵쇼우는 교통접근이 편리하다. 319번 국도가 지나가는 외에도 총칭(重庆)-이챵(宜昌)간 고속도로와 총칭(重庆)-푸링(涪陵)간 고속도로가 종횡으로 교차한다. 또한 총칭(重庆)-화이화(怀化)간의 철도가 지나가고, 챵쇼우 관내의 21㎞챵쟝(长江)에는 5곳의 여객·화물을 다루는 항구가 있다.

챵쇼우는 싼샤공정(三峡工程)과 서부대개발(西部大开发)의 전면적 추진에 힘입어 천연가스공업의 입지조건이 우세해졌고, 챵쟝을 끼고 있어 싼샤생태지구(三峡生态地区)의 중심도시로 발돋움할 수 있게 되었다.

> **여기서 잠깐** **싼샤공정(三峡工程)**
>
> 싼샤공정은 싼샤수력발전소(三峡水电站) 또는 싼샤다빠(三峡大±贝)로도 불린다. 총칭시(重庆市)의 주성구(主城区)로부터 후베이성(湖北省) 이챵시(宜昌市)에 이르기까지의 챵쟝(长江) 원줄기를 그 터전으로 하고 있다. 싼샤다빠(三峡大±贝, 싼샤땜)는 이챵시(宜昌市)의 상류쪽 싼도우핑(三斗坪)에 위치하며, 중국의 유사 이래 가장 큰 토목사업이었다. 대규모의 주민 이주와 환경문제 등 많은 문제점을 안고 착수된 싼샤공정은 1992년에 전국인민대표대회에서 그 건설이 승인되고, 1994년에 착공됐으며, 2003년부터 물을 가두기 시작, 2009년에 완성 되었다.

챵쇼우구의 이름난 볼거리들을 정리하면 다음 표와 같다.

(표) 챵쇼우구(长寿区)의 볼거리

경 점	개 요
챵쇼우후 (长寿湖)	챵쇼우후(长寿湖, 장수호)는 현성으로부터 26km거리에 있음. 쉬즈탄(狮子滩)수력발전소의 땜을 지으면서 생긴 담수호로 수면적은 66km²임. 203개의 크고 작은 섬들이 널려있음. 야생동물자연보호구로서 40여종의 새와 30종에 가까운 오리 등 수금(水禽)들이 서식하고 있음. 챵쇼우후(长寿湖) 광장에는 쪼우언라이(周恩来)와 쭈더(朱德) 등 중국 지도자의 조각상이 있음.
펑산유락공원 (凤山游乐公园)	현성(县城) 내에 있는 인공조성공원으로 아동낙원, 수영장, 인공호수, 운동센터, 열사능원, 연꽃 못, 롤러스케이트장 등이 있음.
루워산삼림공원 (罗山森林公园)	현성 동북쪽 22km거리에 있는 인문종교삼림공원임. 따루워샨(大罗山)과 샤오루워샨(小罗山)이 서로 의탁하는 모양새를 하고 있어 사람들은 이 두 산을 자매산(姊妹山)이라고 부르기도 함.
싼다오과이고가 (三道拐古街)	과이(拐, 괴)는 구부러져 돌아가는 모퉁이를 의미함. 청(清, 1616~1911)나라 때 조성된 상점거리로 현성 중심의 언덕바지에 있음. 길이 2.5km의 큰길이 마을의 한 가운데를 관통하는데, 길에는 판돌이 깔려있고, 산세를 따라 3,000여계단의 섬돌이 놓여있음. 이 길이 크게 세 번을 구부러져 나간다고 해서 거리 이름이 "싼다오과이(三道拐)"가 됐다고 함.
빠이타풍경구 (白塔风景区)	현성 근교에 있으며, 건강・오락・인문역사・고건축군 등이 한데 어우러진 풍경구임. 장비(张飞)의 사당인 환호우궁(桓侯宫), 문봉탑(文峰塔), 쿠이먼(夔门) 또는 취탕관(瞿塘闲)으로도 불리는 치쟈샨(赤甲山)과 싼샤고잔도(三峡古栈道) 등이 있음.
티앤타이스 (天台寺)	챵쇼우의 중심적 불교사찰로 현성으로부터 20km거리의 치치앤샨(麒潜山, 기잠산)에 있음. 송(宋, 960~1279)말・원(元, 1206~1368)초에 창건됐음. 관음전(观音殿)・나이허챠오(柰河桥)・패방(牌坊)・나이즈샨(奶子山)・티앤펑짜이(天丰寨) 등의 볼거리가 있음.

경 점	개 요
롱산쨔이 (龙山寨)	현성으로부터 15㎞ 거리의 챵쟝(长江) 남쪽기슭에 있음. 자연경관과 역사문화유적이 한데 어우러진 관광지이며, 총칭의 고대명인 바과푸칭(巴寡妇清)의 묘가 이곳에 있음. 바과푸칭(巴寡妇清)은 고대 중국의 여성 기업가로서 진시황이 장성(长城)을 쌓을 때 그 비용으로 거액을 내놓았으며, 진시황릉을 짓는데 소요된 수은을 공급함. 만년에 입궁하여 "정부(贞妇)"로 봉해짐.
따홍후 (大洪湖)	현성으로부터 30㎞거리에 있음. 청운협(清云峡) 계곡을 막아 수력발전소를 지으면서 만들어진 호수로 그 유역이 90㎞에 이름. 지세가 평탄한 43㎢의 수면에 섬이 많아 "천도홍호(千岛洪湖)"로도 불림.

 챵쇼우구 볼거리 풍모

챵쇼우후 풍광

공중에서 본 챵쇼우후

루워샨 신귀바위

루워샨 신귀바위조각상

티앤타이스

따홍후 풍광

싼다오과이고가 거리

루워산삼림공원 산문

루워산 삼림공원

싼다오과이고가 외관

(5) 푸링구(涪陵区)

부릉구

푸링구의 위치

푸링구(涪陵区)는 챵쟝(长江)과 우쟝(乌江)이 합류하는 지역에 위치한다. 그 길이가 1,037km로 꾸이쪼우성(贵州省)에서 가장 긴 우쟝(乌江)은 윈꾸이고원(云贵高原) 북쪽기슭을 흘러내리는데, 8만8,000㎢(남한의 88%) 넓이의 유역에서 생산되는 물품들이 우쟝을 따라 푸링에 모인 후 외지로 퍼져 나간다.

이러한 배경에서 푸링을 총칭 동남 방향의 대문이라고도 한다.

푸링구(涪陵区)는 쓰촨분지(四川盆地)의 동남쪽 가장자리에 있다. 이 지역의 지모(地貌, 땅 거죽 형태)는 연속되는 낮은 구릉과 낮은 산들이며, 2,941㎢(제주도의 1.5배)의 면적에 114만 명의 인구가 거주하고 있다.

푸링(涪陵)은 자연조건이 양호하고, 인문자원이 풍부하다. 푸링유채(涪陵油菜)·푸링수우(涪陵水牛)·푸링당근(涪陵红心罗卜)은 이 지역의 3대 특산물이며, 그 성가(声价)는 국내외로 널리 알려져 있다.

주요 볼거리로는 빠이허량(白鹤梁, 백학량)·뻬이옌티커(北岩题刻, 북암제각)·쪼우이위엔(周易园, 주역원)·따무화구(大木花谷, 대문화곡) 등이 꼽힌다.

빠이허량(白鹤梁, 백학량)

푸링 시가지의 북쪽으로 있는 챵쟝(长江) 바닥에는 갈수기인 12월에서 3

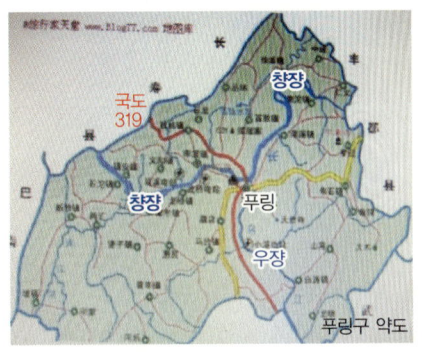

푸링구 약도

빠이허량 수문박물관

빠이허량

월까지에 수면 위로 들어나는, 물 흐르는 방향으로의 길이 1,600m에 폭이 14m인 석량(石梁, 돌마루)이 있다. 이 돌 마루의 모양이 마치 학이 나르는 것 같다고 해서 백학량(白鶴梁, 빠이허량)이라 불린다고 한다.

전해오는 얘기로는 당(唐, 618~907)나라 때 쮸쩐런(朱真人)이 이곳에서 수련, 득도한 후에 학선(鶴仙)을 타고 승천하였다.

돌 마루에는 당(唐)나라의 10대 임금 대종(代宗, 762~779) 때 새겨진 164단(段)의 글이 있는데, 그 중 물의 여러 변화와 운동현상에 관한 것이 108단으로 물고기 14마리를 비롯하여 모두 3만 자(字)에 이른다.

내용상으로는 1,200년에 걸친 72개년 의 고수위(枯水位)·항운(航运)·생산(生产) 등에 관한 것이 포함되며, 1974년에 파리에서 개최된 국제수문학회(国际水文学会)에서 그 과학적·역사적 가치가 보고됐고, 공감되었다.

빠이허량의 예술적 가치와 고고학적 가치를 보존관리하면서 일반인에게도 체계적으로 공개하기 위해 2009년 5월에 "빠이허량수문박물관(白鶴梁水文博物馆)"이 개장됐다. 수하박물관(水下博物馆)·연접교통낭도(连接交通廊道)·수중방당돈(水中防撞墩)·안상진열관(岸上陈列馆)의 4 부분으로 조성돼 있다.

수하박물관은 빠이허량을 보호하기 위해 견고한 재질로 덮어씌운 구조이며, 관광객들은 옆으로 난 방수건물의 창문을 통해 전시물을 관람할 수 있다.

쪼우이위옌(周易園, 주역원)

주역원(周易园, 쪼우이위옌)은 강을 사이에 두고 푸링의 시가지와 마주하고 있다. 주역원은 북송(北宋, 960~1127) 때 청이(程頤, 1033~1107)가 주역(周易)을 집필한 곳으로 당초의 이름은 디앤이동(点易洞, 점역동)이었다.

디앤이동(点易洞)은 인공으로 뚫어 만든 동굴이며, 그 입구 위에 "점역동(点易洞)"의 세 글자가, 그리고 동굴 안에는 쮸씨(朱熹, 1130~1200)의 다음 시가 새겨져 있다.

묘연방촌신명사(渺然方寸神明舍),
좁디좁은 신명사의 묘연함 속에,

천하경관구차중(天下经纶具此中).
천하 경륜이 다 들어있다.

매향광란관부족(每向狂澜观不足),
동하는 정세의 세찬물결을 일일이 봐 넘길 수 없으니,

정여유본출무궁(正如有本出无穷).
사물의 근본이 참으로 무궁하구나.

주역원

주역원 풍광

감(佛龛) 몇 개가 있다. 주역원 안에는 유적으로 벽운정(碧云亭)·구량당(钩梁唐)·치원정(致远亭)·삼외재(三畏斋)·삼선루(三仙楼)·사현당(四贤堂)·북암서원(北岩书院) 등이 있다.

따무화구 (大木花谷, 대목화곡)

주역원(周易园)의 중심경점은 400m 길이에 높이 20m인 마애석각(麻崖石刻)이다. 위쪽으로는 황팅지앤(黄庭坚)·쥬씨(朱熹)·루요우(陆游)·왕쉬쩐(王士祯) 등 역대 명인의 글씨 80여폭이 있고, 그 위로 불탑 한 자리와 불

따무화구(大木花谷, 대목화곡)는 풍경구로 지정돼있다. 푸링으로부터 80km거리의 우링샨(武岭山) 계곡에 있으며, 해발 1,000m높이의 160만평 산

대목화곡

대목화곡

대목화곡

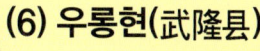
(6) 우롱현(武隆县)

무릉현

무릉현의 위치

무릉현 약도

림 속에 들어있다. 풍경구의 면적은 20만평으로 해당화원(海棠花园)·규화원(葵花园)·백화원(百花园)·인공호(人工湖)·향초원(香草园)·용동유경(龙洞幽境) 등의 경점이 있다. 고산지대에 핀 청초한 꽃들을 보러 많은 관광객이 다녀간다. 푸링역(涪陵站)에서 101번 시내버스를 타고 시외버스터미널로 가면 따무화구로 직행하는 버스가 있다. 요금은 시내버스 2위옌(元), 시외버스 12위옌이다.

우롱현(武隆县)은 총칭(重庆) 주성구의 동남쪽 가장자리에 위치한다.

이 지역은 지리상으로 우링샨(武陵山)과 다로우샨(大娄山)의 결합부이며, 총칭의 1권(一圈)과 유동남익(渝 东南翼, 총칭의 동남쪽 날개)이 맞닿는 지역이다.

우롱현(武隆县)은 우쟝(乌江) 1,000km물길의 요충지역으로 동서길이 83km, 남북 간의 폭 75km의 2,900km²(제주도의 1.6배) 넓이이며, 현성(县城) 소재지는 쌍코우쩐(巷口镇)이다. 현의 인구는 40만8,000여 명이다.

우롱(武隆)지역의 대부분은 다로우샨(大娄山) 산맥의 주름지대에 놓여있고, 기층(基层)은 물에 잘 녹는 석회암(石灰岩)이다.

따라서 지층이 휘고 꺾여 있는데다가 오랜 세월에 걸쳐 물에 침식됨으로써 깊은 계곡과 고산준령의 교차가 되풀이 되고, 동굴이 많다. 산과 계곡의 상대고도차는 700~1,000m 범위이다. 대체적인 지세는 동북쪽으로 높고, 서남쪽으로 낮은데, 가장 높기로는 선녀산(仙女山) 주봉 해발 2,033m)이고, 가장 낮기로는 허코우(河口, 160m)이다.

우롱(武隆)의 자연조건은 편차가 크다. 대체적으로는 연평균기온 15~18℃, 극최저기온 3.5℃, 극최고기온 41.7℃, 연간 강우량 1,000~1,200mm이다. 산 위와 아래의 기온차는 10℃정도이고, 한 산에 4계절이 모두 들어있는 입체형 기후가 존재한다. 호랑이, 표범, 원숭이, 산돼지 등 야생동물의 서식밀도가 높다.

우롱의 특산물로는 그 배경을 이 지역의 오염되지 않은 토양과 물로 하고, 각종 귀중한 약재를 소재로 하는 양쟈오도우푸간(羊角豆腐干)·양쟈오라오추(羊角老醋)·투칸징쓰샤오펀(土坎晶丝苔粉) 등이다. "양쟈오(羊角)"와 "투칸(土坎)"은 지명(地名)에서 따온 상표명이다. "도우푸간(豆腐干)"은 말린 두부를, "추(醋)"는 식초를, "샤오펀(苔粉)"은 고구마전분을, "징쓰(晶丝)"는 반투명의 국수발을 각각 의미한다.

우롱현(武隆县)의 볼거리로는 푸롱동경구(芙蓉洞景区), 푸롱쟝풍경명승구(芙蓉江风景名胜区), 천생3교풍경명승구(天生桥风景名胜区), 선녀산국가삼림공원(仙女山国家森林公园) 등이 있다.

푸롱동경구(芙蓉洞景区)

푸롱동(芙蓉洞)은 우롱현의 크고 작

푸롱동 입구

은 동혈(洞穴) 3,000여개 중에서 으뜸으로 치는 동굴이다.

1999년에 발견된 이래 중(中)·영(英)·미(美)·독(独) 등의 지질전문가로 구성된 탐사반에 의해 여러 차례 정밀 관찰된 바가 있으며, 그 결과 동굴 내에서 일어날 수 있는 온갖 종류의 현상이 모두 거기에 있고, 그 상태도 최상인 것으로 확인 됐다.

푸롱동의 5절(五绝)로 생명지원(生命之源)·산호요지(珊瑚瑤池)·거막비폭(巨幕飞瀑)·석화지왕(石花之王)·견아정화지(犬牙晶花池) 등을 꼽는다.

특히 생명지원(生命之源)은 현실세계의 오묘함을 표현한 것 같은 각가지 형상들이 나타나 있으며, 그것들이 잔잔하고 침착하게 "천지윤회(天地轮回)"를 표현하고 있는듯하다 하여 보러 오는 사람들이 많다.

푸롱쟝풍경명승구
(芙蓉江风景名胜区)

푸롱쟝 풍광

푸롱쟝 풍광

푸롱쟝(芙蓉江)은 우쟝(乌江)의 지류이며, 우쟝 하류에서 서쪽으로부터 합류된다. 강물은 맑아 남색이고, 강 양쪽 기슭에 들어난 천자백태의 나무뿌리들은 늙었어도 강건하다.

강물을 희롱하는 강기슭의 버들가지는 낭만의 극치이며, 강물 위에 거꾸로 비춰진 고산취협(高山翠峽)은 살아 움직이는 산수풍경화이다.

돌 버섯처럼 우뚝 솟은 산봉우리들 사이를 물은 급하게 여울져 흐르기도 하고, 때로는 연못처럼 숨죽여 조용히 흐기도 한다.

그런 가운데 뜬금없이 출몰하는 희귀동물들이 주변 분위기를 더욱 활기차게도 하고, 더욱 숨 막히게도 한다.

이러한 자연의 신비함이 있어 예로부터 이르기를 푸롱쟝은 챵쟝(长江) 싼샤(三峡)가 품고 있는 대형협곡생태관광명승지(大型峡谷生态观光名胜区)라 했고, 싼샤를 유람할 때 북쪽으로는 다닝허(大宁河)를, 그리고 남쪽으로는 푸롱쟝(芙蓉江)을 본다고 하였다.

천생삼교풍경명승구
(天生三桥风景名胜区)

우쟝(乌江)의 또 다른 지류인 양슈이허(洋水河) 협곡에는 800m정도의 거리를 두고 천생교(天生桥) 셋이 나란히

셔틀버스

천생교 관광약도

놓여있다. 천생교(天生桥)라 함은 단단한 지층을 받치고 있던 하부의 연약한 지반이 물에 침식되어 녹아내리면서 위의 지반이 마치 다리처럼 공중에 걸려있는 것을 말한다.

양수이허(洋水河)의 천생교는 240여m의 높이이고, 그 길이는 100m이상이다. 앞에서부터 티앤롱챠오(天龙桥, 천룡교), 칭롱챠오(青龙桥, 청룡교), 흐이롱챠오(黑龙桥, 흑룡교)로 이름이 붙여져 있다.

천생교(天生桥) 관광은 시발부터가 거창하다. 먼퍄오(门票, 입장권)를 사고, 경구(景区)까지 가는 셔틀버스를 타는 터미널이 현대식으로 깔끔하게 차려진 2층 구조이며, 셔틀버스도 20여대는 됨직하다. 셔틀버스에 올라 30분가량을 달려 천생3

교 입구에 내리면 간단하게 안내 설명을 들은 다음 관광엘리베이터를 타고 아래 골짜기로 내려간다.

승강기에서 내리면 티앤롱챠오(天龙桥, 천룡교)의 다리구멍 아래 비탈길

천생교관광 하강기

티앤롱챠오

천부관역

을 통해 계곡바닥으로 내려가는데, 오른쪽으로 천복관역(天福官驛)이 보이고, 계곡 바닥에 이르면 왼쪽으로 또 하나의 천생교가 보인다. 구도괴(九道拐)로 통하는 천생교 다리이다.

천복관역은 당(唐)나라 고조(高祖, 618~ 626) 이연(李淵) 때 설치된 역참으로 지금의 푸링(涪陵)과 치앤쟝(黔江)을 연결하는 길목에 차려진 것이다. 천생3교 관광의 경점 중 하나이다.

티앤롱챠오(天龙桥)는 높이 235m, 폭 147m, 두께 150m의 크기이다.

칭롱챠오

흐이롱챠오 비폭

흐이롱챠오

천생교특산물시장

라로우

 칭룽챠오(青龙桥)는 높이 281m, 폭 124m, 두께 281m의 크기이며, 자연 천생교(天生桥)로서는 세계 제일이라고 한다. 칭룽챠오(青龙桥)는 다리의 앞과 뒤에서 보기에 훤히 뚫린 천문(天门)이며, 비온 후에 흘러내리는 물이 햇빛을 받아 펼치는 무지개가 마치 하늘을 나는 청룡 같다고 해서 그렇게 불린다고 한다.

 흐이룽챠오(黑龙桥)는 높이 223m, 폭 193m, 깊이 107m 크기이다. 다리 동굴이 높고, 폭이 좁은데다가 깊이가 길어 다리를 지날 때 어둠을 느끼게 되는데, 그 분위기가 마치 흑룡이 날아오르는 듯하다하여 흐이룽챠오라는 이름이 생겨났다고 한다. 흐이룽챠오의 다리구멍 벽 높이에 구멍이 나있고, 그리로 내뿜는 물줄기가 수직으로 떨어지면서 이루는 물막이 시원하다.

 천생3교를 꿰뚫어 지나오면 셔틀버스 승강장에 이르며, 그곳에 약초와 라로우(腊肉) 등 이 고장의 특산물 시장이 열려있다.

선녀산국가삼림공원 (仙女山国家森林公园)

 선녀산국가삼림공원은 국가지질공원이자 국가 4A급 풍경명승구(风景名胜区)이다.

 평균해발 1,900m높이의 100㎢ 넓이이다. 이 지역에 있는 2,000만평 넓이의 초원은 강남에서는 독특한 고산초원으로서의 풍경을 내보이고 있으며, 임해설원(临海雪原)과 어우러져 동방의 스위스로 지칭되기도 한다.

 선녀산공원(仙女山公园)의 중심볼거리는 자연의 아름다움이다.
 임해(林海)·기봉(奇峰)·초장(草场)·설원(雪原)을 선녀산(仙女山)의 4절(四绝)로 꼽으며, 주요 경점으로는 사자암(狮子岩)·선녀석(仙女石)·호우쟈산장(侯家山庄)·임해(林海·초장(草

场)·도가촌(度假村)·장봉촌(账蓬村)·엽인촌(猎人村)·훠궈성(火锅城 등이 있다.

선녀산 풍광

선녀산 풍광

선녀산 풍광

212번 국도 연변

(1) 허촨구(合川区)

합천구의 위치

합천구 약도

합천구의 공중사진

허촨구(合川区)는 충칭(重庆) 주성구(主城区)의 북쪽 56km거리에 위치한다. 이 지역은 쓰촨분지(四川盆地)의 동부에 속하며, 전반적인 지세는 동(东)·북(北)·서(西)의 세 방향으로 높고, 남쪽으로 낮아진다. 이 지역에서 쟈링(嘉陵)·취(渠)·푸(涪)의 세 강이 합류하며, 남쪽으로 흘러 챵쟝(长江)으로 들어간다. 이러한 지리적 여건으로 말미암아 허촨은 쓰촨분지 동북부의 수륙교통 요충지로 역할하고 있다.

허촨은 3강 통항(通航)의 유리함과 더불어 212번국도·유무고속도로(渝武高速公路: 重庆-四川·武胜县)·수유쾌속철도(遂渝快速铁路) 등의 교통망에 연결돼있어 전반적인 교통은 매우 편리하다.

허촨은 그 역사가 유구한 만큼이나 문화도 찬란하다. 이러한 배경에서 허촨에는 댜오위청(钓鱼城, 조어성)·라이탄구쩐(涞滩古镇, 래탄고진)·쑹롱후(双龙湖, 쌍룡호)·윈먼샨(云门山, 운문산)·슈이보어동(水波洞, 수파동)·롱뚜워샨(龙多山, 용다산)·구성스(古圣寺, 고성사) 등을 비롯한 볼거리들이 많다.

댜오위청(钓鱼城, 조어성)

댜오위청은 해발 391m높이의 댜오위샨(钓鱼山) 위에 있다. 댜오위샨(钓鱼山)은 바닥면적이 2.5km²의 산으로 산

조어성 풍광

조어성 호국문

조어대

꼭대기에는 큰 판돌바위가 있는데, 예전에 한 거신(巨神)이 이곳에서 쟈링쟝의 물고기를 잡아 올려 백성들의 허기를 달래주었다는 전설이 깃들어 있다. 산의 이름이 댜오위(釣魚)인 것도 그런 전설에서 비롯된 것이다.

댜오위청(釣魚城)은 송(宋, 1206~1368)나라가 몽고의 침략을 막기 위해 당시의 쓰촨 안무제치사(安撫制置使) 겸 총칭부사(重慶府事) 위왕지에(余玠, ?~1252)가 꾸이쪼우(貴州) 출신의 란진(冉進)·란푸(冉璞) 형제의 건의를 받아들여 쌓은 성이다. 당시 허쪼우(合州)의 병사와 백성들은 이곳을 거점으로 하여 1243년부터 1279년까지 36년간에 걸친 몽고군의 200여 차례 공격을 막아냈는데, 포대(炮台)를 비롯한 군사시설과 병기 등 당시의 전장(戰場) 모습이 8km 길이의 담장 안에 고스란히 보전돼있다.

댜오위청(釣魚城)의 경점으로는 댜오위타이(釣魚台)·고군영(古軍營)·호국문(护国门)·상천제(上天梯)·호국사(护国寺)·충의사(忠义祠)·현공와불(悬空卧佛) 등이 있다.

조어성 지형

조어성 강변풍광

조어성 포대

라이탄구쩐
(涞滩古镇, 래탄고진)

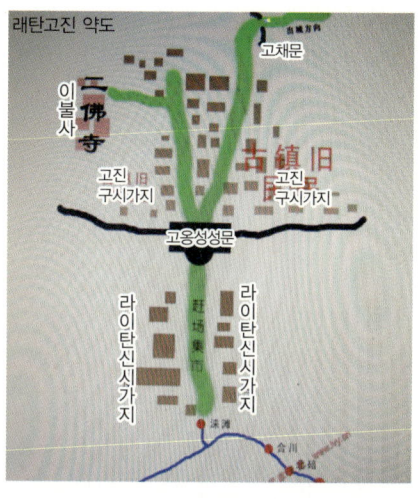

라이탄구쩐은 송(宋, 960~1279)나라 때 조성된 마을로 허촨(合川) 시가지로부터 동북쪽으로 28km거리에 있다. 라이탄구쩐은 중국의 10대 고진(古镇) 중 가장 아름다운 고장으로 꼽힌다. 또한 라이탄구쩐은 3면이 깎아지른 절벽으로 돼있어 "일부당관(一夫当闵), 만부막개(万夫莫开)"의 요새로 회자된다. 병사 하나가 관문을 막아서고 있으면, 1만 명의 병사들이라도 그 문을 열고 들어올 수 없을 정도의 요새라는 의미이다.

지금의 옹성(瓮城)은 청(清)나라의 10대 황제 동치(同治, 1861~1875)년간에 쌓은 것이며, 당시의 장병동(藏兵洞) 4곳과 문창궁(文昌宫)의 모습이 그대로 남아있다.

라이탄구쩐에 이불사(二佛寺)절이 있다. 전국적으로 보기드문 선종불교(禅宗佛教)의 사찰이다. 지유평샨(鹫峰山) 산을 걸치고, 취쟝(渠江) 강을 두르고 있는 이불사(二佛寺)는 위아래로 나

래탄고진이불사

왕전(天王殿)·옥황전(玉皇殿)·대웅전(大雄殿)·관음전(观音殿) 등이 있고, 500여 평의 아랫부분에는 이불전(二佛殿)과 마애조상(摩崖造像)들이 있다. 이불사(二佛寺) 절은 총칭 파유소10경(巴渝小十景) 중 하나이다.

윈먼샨(云门山, 운문산)

윈먼샨은 허촨 시가지로부터 15km 거리의 윈먼쩐 관내에 있다. 쟈링쟝이 휘감아 도는, 해발 400m높이의 윈먼샨(门山)에는 따먀오(大庙, 대묘)가 있다. 명(明)나라 9대 황제 성화(成化, 1464~1487)년간에 지어진 따먀오(大庙)에는 대웅전(大雄殿)·관제전(关帝殿)·관음전(观音殿)·대비루(大碑楼) 등이 있다.

청(淸)나라 7대 황제 가경(嘉庆, 1796~1820)년간에는 지주(地主)인 션샹(绅商)이 외침(外侵)을 피해 소작농을 이끌고 이곳으로 와 성채를 쌓고 난을 피했는데, 당시의 정황이 다음과 같이 비문에 적혀있다.

이불사패방

이불사 조각불상

뉘어 건물들이 들어서 있다. 1,600여 평의 윗부분에는 영궁전(灵宫殿)·천

입야명등만잔(入夜明灯万盏),
밤이 되어 집집이 등불을 밝히니,

벽화영친(碧火映衬),
검푸른 하늘과 등불이 어우러져,

형괘구천(萤挂九天),
반딧불이가 구천에 나는 것 같구나.

슈이부오동(水波洞, 수파동)

슈이부오동(水波洞)은 허촨구 옌징쩐(盐井镇) 관내에 있는 동굴이다. 슈이부오동은 쟈링쟝 소삼협의 리비샤(沥鼻峡) 입구에 있으며, 이곳은 진윈샨(缙云山)산맥의 끝자락과 바위예샨(巴岳山)산맥의 끝자락이 맞닿는 지역이다.

슈이부오동 동굴의 전체 길이는 6km로 좌동(左)과 우동(右洞)으로 나뉜다. 백석회암층(白石灰岩层)이 2천만 년에 걸쳐 빗물에 침식되면서 만들어진 슈이부오동 동굴은 3층으로 되어 있다. 위층은 한동(旱洞)으로 마른동굴이고, 가운데층은 물 흐름이 있다 없다하는 암하동(暗河洞)이며, 아래층은 늘 습기가 가득하고, 물이 흐르는 수동(水洞)이다.

전해오는 얘기로는 이곳에서 백룡(白龙)과 신귀(神龟)가 도를 닦고 있었는데, 이들이 시도 때도 없이 도술을 겨루면서 쟈링쟝 물을 끌어들이매 논밭전지와 집이 물에 잠기는 등 백성들이 겪는 고초가 이만저만이 아니었다.

이를 보다 못한 진무조사(真武祖师)가 그 못된 백룡과 신귀를 박살내어 몰아냈다.

지금도 겨울이면 동굴에서 뿜어져 나오는 흰 안개가 마치 흰 용이 몸부림치는 형상을 보이고는 하는데, 사람들은 말하기를 그 못된 용이 진무조사에게 쫓겨나고 있는 것이라고 한다.

슈이부오동의 다양한 경관에는 그에 걸 맞는 명칭들이 붙어 있으며, 보는 이들로 하여금 감탄을 금치 못하게 한다.

롱뚜워샨(龙多山, 용다산)

롱뚜워샨(龙多山)은 허촨 시가지로부터 60km 거리에 있다. 역사적으로는 고대의 파국(巴国)과 촉국(蜀国)이 서로 다투던 경계선이다.

해발높이 619m(상대고도 242m)인 롱뚜워샨에는 불교사원과 도교사원 등 인문경관이 많다.

저마다 전설고사를 지니고 있다는 정로애(静老崖)・비선천(飞仙泉)・비선

롱뚜워샨마애조상

롱뚜워산풍광

롱뚜워10불함

동(飞仙洞)·비선석(飞仙石)·영은애(灵隐崖)·라합마석(癞蛤蟆石)·선대(仙台) 등의 경점(景点)이 있고, 취태헌서(鹫台献瑞)·비선유천(飞仙流泉)·괴석함송(怪石衔松)·청암요취(晴岩绕翠)·황룡토무(黄龙吐雾) 등의 자연경관이 있다.

롱뚜워샨의 마애조상(摩崖造像)은 1,000여 년을 내려오는 석각예술의 정수(精髓)이다.

동진(东晋, AD317~420) 때의 것부터 시작하여 그 수가 가장 많은 당(唐, 618~907)·송(宋, 960~1279)의 것과 명(明, 1368~1644)·청(清, 1616~1911)에 이르기까지의 것들이 모두 망라돼있는 불상들은 1,800여 자리를 헤아리며, 그 중 10불함(十佛龛)과 미륵불함(弥勒佛龛)은 매우 진귀한 것으로 평가되고 있다.

구셩스(古圣寺)

구셩스(古圣寺)절은 허촨 시가지로부터 30km거리의 차오지에쩐(草街镇) 소재 봉황산(凤凰山)에 있다.

쟈링쟝 소삼협의 5대 경관 중 하나인 구셩스절은 명(明)나라의 13대 황제 융경(隆庆, 1566~1572)년간에 창건됐고, 청나라 9대 황제 함풍(咸丰, 1850~1861)년간에 중수(重修)됐다. 1,000여 평의 부지에 대산문(大山门)·우왕전(牛王殿)·대웅전(大雄殿)·관음전(观音殿)·선당(善堂) 등의 건물이 들어서 있다.

고성사 용마루 조각

고성사

고성사 석물

이 100km의 3,200㎢(제주도의 1.7배) 크기이며, 거주 인구는 128만 명이다. 쟝진(江津)은 윈꾸이고원(云贵高原)과 쓰촨분지(四川盆地)가 이어지는 지역에 위치함으로써 전반적인 지세는 남쪽으로 높아지고, 북쪽으로는 낮아진다. 가장 높은 곳은 쓰미앤샨(四面山)의 1,709m이고, 가장 낮은 곳은 루워황쩐(珞璜镇)의 179m이다.

쟝진구의 위치

성유선철도 연변

(1) 쟝진구(江津区)

강진구

쟝진구(江津区)는 총칭시의 서남부, 챵쟝(长江) 싼샤댐의 끝부분에 위치하며, 총칭의 주성구(主城区)로부터는 자동차 길로는 50km, 열차 길로는 65km, 배 길로는 72km의 거리이다. 챵쟝(长江)의 중요한 나루(津)가 그곳에 있다 하여 쟝진(江津)이라는 이름이 붙었다고 하며, 강진구(江津区) 대부분의 지역은 이 나루를 건넌 남쪽에 있다.

쟝진(江津)은 동서 폭 80km, 남북길

쟝진구 약도

쟝진(江津)의 기후는 북반구아열대계절풍기후구(北半球亚热带季节风候区)에 속한다. 4계절이 분명하고, 강우량이 풍족하며, 서리가 거의 없다. 대체로 본 기후지표로는 연평균기온 18.4℃, 겨울철 평균기온 7.7℃, 여름철 평균기온 28.5℃, 연간 강우량 1,030㎜, 서리가 없는 무상일수(无霜日数) 341일이다.

쟝진(江津)의 관광자원은 매우 풍부하다. 쟝진의 남쪽 끝으로는 총칭(重庆)·쓰촨(四川)·꾸이쪼우(贵州)의 세 성시(省市)가 맞닿아있는 쓰미앤샨(四面山)이 있고, 쓰미앤샨 서남쪽으로는 쓰촨성의 포어바오국가삼림공원(佛宝国家森林公园)과 꾸이쪼우성의 씨슈이자연보호구(习水自然保护区) 등 국가급의 대형 생태공원이 이어진다. 또한 쟝진(江津)의 서남쪽으로는 흑석산(黑石山)이, 동쪽으로는 천태호(天台湖)가, 서북쪽으로는 석문대불사(石门大佛寺)가, 서남쪽으로는 칭씨고우(清溪沟, 청계구)가 각각 자리 잡고 있다. 그리고 쟝진(江津) 시내에는 천하제일장련(天下第一长联)·만리장강제일련(万里长江第一联)·니에솨이진열관(聂帅陈列馆)·천두씨유묘(陈独秀墓)·이핑샨병기전시장(艾坪山兵器演示场) 등이 있다.

쟝진(江津)의 추천되는 관광노선을 간추려보면 다음과 같다.

(표) 쟝진의 주요 관광노선

노선명 및 기간	경 유 지
쓰미앤샨(四面山) (1박2일)	총칭(重庆)→쟝진(江津)→쓰미앤샨롱탄후(四面山龙潭湖)→워롱고우(卧龙沟)→왕쌍타이(望乡台)→따홍하이(大洪海)→위치앤지에삐이(渝黔界碑)→쫑샨구쩐(中山古镇)→총칭(重庆)
쓰미앤샨(四面山) (2박3일)	총칭→쟝진→쓰미앤샨롱탄후→워롱고우→왕쌍타이→따홍하이→슈이코우스(水口寺)→쫑샨구쩐→총칭
쓰미앤샨(四面山) (3박4일)	총칭→쟝진니에솨이진열관(江津聂帅陈列馆)→빈쟝루풍광(滨江路风光)→천하제일장련(天下第一长联)→쓰미앤샨롱탄후→따홍하이→쩐쮸탄(珍珠滩)→투디옌(土地岩)→슈이코우스10리협곡(水口寺十里峡谷)→챠오위옌관(朝源观)→페이롱먀오(飞龙庙)→따워푸원시삼림공원(大窝铺原始森林公园)→쫑샨구쩐→총칭
쟝진 성구(城区) (1일)	천하제일장련→만리장강제일련(万里长江第一联)→니에솨이진열관→천두씨유묘(陈独秀墓)→아이핑샨병기연시장(艾坪山兵器演示场)→천두씨유구거(陈独秀旧居)→쟝진
진뻬이(津北) (1박2일)	니에솨이구거→쉬먼따포어(石门大佛)→뻬아차오롱동(碑槽溶洞)→마오펑샨삼림공원(帽峰山森林公园)→쟝진
뤄라이샨(珞崃山) (1박2일)	티앤타이후(天台湖)→쉬즈토우(狮子头)→루워라이샨(骆崃山)→지공쭈이(鸡公嘴)→쮸쭈이동(猪嘴洞)→쟝진
군즈핑(滚子坪) (2박3일)	빠이샤쩐(白沙镇)→흐이쉬샨(黑石山)→탕허구쩐(塘河古镇)→군즈핑(滚子坪)→쉬마칭위엔궁(石蟆清源宫)→따위엔동(大圆洞)→쟝진

쓰미앤샨(四面山, 사면산)

쓰미앤샨 산문

쓰미앤샨(四面山)은 총칭의 주성구(主城区)로부터 서남쪽 150km 거리에 있다.

주봉인 우공링(蜈蚣岭, 오공령, 지네재)의 4면을 산맥이 에워싸고 있어 붙여진 이름이라고 한다. 240km² 넓이의 산지는 남쪽으로 높고, 북쪽으로는 낮아지며, 기후는 중아열대계절풍습윤기후(中亚热带季节风湿润气候)로서 4계절이 완연하고, 연평균 기온 13.7℃에 연간 강수량은 1,522mm이다.

관광객과 야생원숭이

쓰미앤샨(四面山)의 경관은 원시삼림을 기조(基凋)로 하고, 그 사이사이에 들어있는 수많은 계류(溪流, 계곡의 냇물)·호박(湖泊, 호수)·폭포(瀑布)들이 연출하는 풍경이다.

또한 이곳의 단하지모(丹霞地貌)는 그 자연의 붉은 색채가 아름답기 그지없다. 쓰미앤샨의 주요 경점으로는 따/샤오홍하이(大/小洪海)·왕샹타이폭포(望乡台瀑布)·투디옌폭포(土地岩瀑布)·슈이코우스폭포(水口寺瀑布)·챠오위옌관(朝源观)·페이롱먀오(飞龙庙)·워롱고우(卧龙

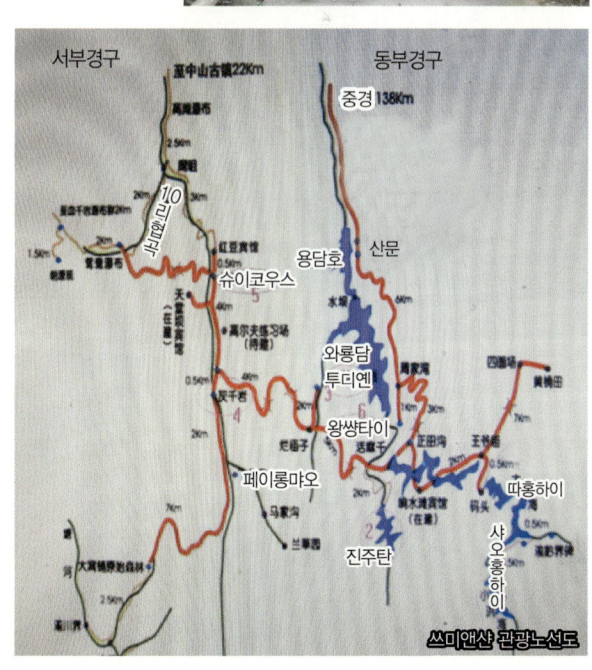
쓰미앤샨 관광노선도

溝 · 쩐쥬탄(珍珠灘) 등이 있다.

① 따훙하이(大洪海, 대홍해) · 샤오훙하이(小洪海, 소홍해)

따훙하이(大洪海)와 샤오훙하이(小洪海)이는 쓰미앤샨 깊은 곳에 들어있는 "십리장호(十里长湖)"이다.

훙하이(洪海)는 원래 전설이 전해주듯 이곳 사람들이 자신들의 행복과 안녕을 빌고자 잡아 두었던, 마음씨착한 용의 거처로 그리 크지 않았다. 1970년, 이곳 훙하이(洪海) 사람들은 당시 마오쩌둥(毛择东) 주석의 수리정책에 호응하여 강물을 막음으로써 훙하이(洪海)는 두 곳의 커다란 호수로 탈바꿈하였는데, 하류 쪽의 것이 따훙하이(大洪海)이고, 상류쪽의 것이 샤오훙하이(小洪海)이다.

두 호수 사이는 500m가량의 거리이다. 푸른 숲과 맑은 물이 어우러진 호수의 풍광은 천년침묵의 자연풍광 그대로이고, 가끔 인기척에 놀라 날아오르는 백로와 어쩌다 마주치는 산짐승이 그 정적을 흩으러 놓는다.

② 롱탄후(龙潭湖, 용담호)

쓰미앤샨의 여러 호수 중에 아름답기로 으뜸인 자연호수로 폭이 100m에 길이가 3,000m이다. 이 호수가 생긴 것은 1926년의 일이다.

어느 날 한밤중에 경천동지의 격한 소리와 더불어 몸을 가눌 수 없게 땅이 요동을 치더니 어마어마한 산사태가 일어났다.

샤오훙하이풍광

롱탄후 풍광

따훙하이 풍광

롱탄후 풍광

이 산사태로 물길이 막히면서 모인 물이 룽탄후(龙潭湖)인데, 꽂혀있듯 하늘높이 서있는 네 개의 기봉(奇峰)과 그 주위를 맴돌고 있는 흰 안개구름은 중국특색의 네 폭 그림병풍과 같다.

③ 워롱고우(卧龙沟, 와롱구)

워롱고우(卧龙沟)는 룽탄후(龙潭湖)의 서쪽기슭 중간부분에 있다. 바위들이 여기저기 걸려있는, 깎아지른 절벽 사이의 워롱고우에는 등나무넝쿨이 늘어져 있어 원시풍광이 가득하고, 협곡준령이 하늘높이 솟아올라가 만든 일선천(一线天)은 보는 이로 하여금 깊이 가라앉는 느낌을 갖게 한다. 협곡을 지나 나타나는, 물 항아리 같은 공간의 절벽에는 수많은 물줄기가 흘러내리는데, 그 모양이 마치 빗질을 잘 해놓은 천만갈래의 은실가닥 같아 눈이 부시다.

워롱고우 풍광

워롱고우 풍광

④ 왕썅타이(望乡台, 망향대)

왕썅타이(望乡台)는 쓰미앤샨의 표지성 폭포이다.

왕썅타이폭포(望乡台瀑布)는 높이 152m에 폭이 37m로 꾸이쪼우성(贵州省)의 황궈슈폭포(黄果树瀑布)에 비해 폭포물줄기의 길이가 배(倍) 이상 길고, 중국에서도 가장 긴 폭포이다. 그 위세를 가장 높게 떨치는 한 여름에는 마치 하늘의 강이 지상으로 흘러내리는 것 같다.

그 소리는 우레와 같고, 그 소리에 온산과 계곡이 진동하며, 폭포 주위로 피어 퍼지는 물안개의 무지개는 아름다움의 극치이다.

왕썅타이폭포는 3km의 관경로(观景路)를 따라 올라가며 감상하게 되는데, 보는 각도에 따라 천변만화(千变万化)의 장관을 펼쳐 보인다. 사람들은 그 장관을 집약하여 첩단(叠丹)·첩취(叠翠)·첩옥(叠玉)의 삼첩(三叠)으로 표현한다.

"첩단(叠丹)"은 이 지역의 붉은 색 단암(丹岩)이 층을 이루며 보여주는 아름다움을 집약한 것이고, "첩취(叠翠)"는 이 지역의 울창한 숲이 햇볕을 받아 뿜어내는 푸르른 빛의 풍만함을

왕썅타이 폭포

투○옌 폭포

슈이코우스 폭포

집약한 것이며, "첩옥(叠玉)"은 층을 이루며 떨어지는 폭포의 무수한 옥구슬 물방울이 내뿜는 찬란함을 집약한 것이다.

⑤ 슈이코우스(水口寺, 수구사)·페이롱먀오(飞龙庙, 비룡묘)

슈이코우스(水口寺)절은 쓰미앤샨풍경구(四面山风景区)의 서부에 자리 잡고 있다. 이곳에 페이롱허(飞龙河)강이 흐르고, 수면으로부터 300m높이에 물 떨어지는 길이 94m에 폭 17m의 슈이코우스폭포(水口寺瀑布)가 걸려있다. 쓰미앤샨풍경구의 폭포 중에서 네 번째로 큰 것이다.

페이롱허(飞龙河)강가에 페이롱먀오(飞龙庙)가 있다. 페이롱먀오 문 앞으로 페이롱허가 느릿느릿 흐르는 것이다.

강에는 청(清, 1616~1911)나라 때 놓인 다리가 있고, 다리는 기린과 사자 등으로 장식돼있어 장엄한 느낌을 준다. 이에 비해 페이롱먀오는 주변에 전답이 있고, 개가 짖으며, 닭이 노니는 등 시골의 민가 같은 옛 절이다.

다음과 같은 이야기가 전해온다.

페이롱허(飞龙河) 강에 다리를 놓을 때, 한 석공이 아무 생각 없이 다리 교각에 삼밧줄을 묶어 놓았었다. 세월이 흐르면서 이 삼밧줄이 용으로 변했는데, 이곳의 물은 점점 줄어들고 있었다.

이무렵, 페이롱허(飞龙河) 강변에 한 스님이 페이라이먀오(飞来庙, 비래묘)절을 짓고 수도를 하며 지내고 있었는데, 어느 날 꿈에 용이 나타나 말하기를 이곳의 물이 얕아 밝는 날 정오에 이곳을 떠나 동해로 나가고자 한다고 하였다. 그 스님의 생각으로는 앞길에 슈이코우암(水嗒岩)이라는 천 길의 거석바위산이 가로막고 있어 이곳을 빠져나가는 것이 불가능해보였다.

　그래서 그 스님은 앞길의 그러한 실상을 용에게 말해주면서 헛고생 하지 말고, 불편하더라도 이곳에서 참고 지내라고 하였다. 그러자 용이 말하기를 바위산이 높으면 날아 넘어가면 된다고 하였다.

　그런 밤이 지나 날이 밝고 정오 무렵이 되자, 이제까지 맑았던 하늘에 갑자기 먹장구름이 몰려들더니 천둥번개와 더불어 비가 쏟아지기 시작하는데, 그 속으로 한 마리 거대한 용이 몸을 날려 슈이코암(水口岩)을 넘어가는 것이었다.

페이롱먀오

　용이 물속에서만 사는 줄 알았던 마을 사람들은 용이 그렇게 슈이코암(水口岩)을 날아 넘어가는 것을 보고, 이곳이 매우 상서로운 땅일시 분명하다 하며, 이곳에 슈이코우스(水口寺) 절을 지었으며, 스님은 그 용의 전도가 양양하기를 기원하는 의미에서 이제까지의 절 이름 페이라이먀오(飞来庙, 비래묘)를 페이롱먀오(飞龙庙, 비룡묘)로 바꿨다.

⑥ 투디옌(土地岩, 토지암)

　투디옌(土地岩)은 쓰미앤샨 한가운데에 위치한, 붉은 빛의 단암절벽·물길이 100m의 폭포·아름다운 계곡·조용히 흐르는 냇물·기기묘묘한 모양의 바위들·고목기화(古木奇花) 등이 하나로 조화된 1급 경구(景区)이다. 대자연이 신의 도끼로 깎아 다듬은 듯 매끈한 단암절벽에는 힘차게 달리는 말·넓은 바다의 거친 파도·남국의 우거진 숲·하늘에 나는 구름 등 온갖 모양을 상상할 수 있는 무늬들이 있고, 절벽에 띠를 두르듯 나있는 단열

회천암석각

회천암폭포와 석각절벽

회천암석각절벽

(斷裂)은 폭포와 어우러져 장관을 이룬다. 투디옌풍경구의 회천암원시파인벽화(灰千岩原始巴人壁画)에는 고파인(古巴人)의 5,000년전 역사가 담겨있다.

⑦ 쩐쮸탄(珍珠灘, 진주탄)

쩐쮸탄(珍珠灘)은 쓰미앤샨 동부경구(东部景区)의 남단에 있다. 높다란 언덕 사이에 끼어있는 쩐쮸탄은 그 길이가 5~6km에 이른다. 거친 바닥의 계곡을 지나며 부서지는 물결의 동글동글한 방울들이 마치 진주가 깔린 것 같다 하여 쩐쮸탄(珍珠灘)이라는 이름이 붙었다고 한다.

이곳에 있는 쩐쮸탄폭포(珍珠灘瀑布)는 진주를 꿰어 만든 거대한 주렴(珠帘) 같고, 이들이 되쏘는 햇빛은 오색찬란하다. 쩐쮸탄 위쪽의 쩐쮸후(珍珠湖)는 좌우로 각각 세 구비의 만(湾)이 있으며, 그 사이에 놓여있는 청산벽도(青山碧岛)가 사람들의 발길을 잡는다.

쩐쮸탄폭포

쩐쮸탄

⑧ 챠오위옌관(朝源观, 조원관)

챠오위옌관(朝源观)은 슈이코우스경구(水口寺景区)의 깊은 숲 속에 들어있는, 유(儒)·불(佛)·도(道) 3교합일(三教合一)의 사찰이다. 북송(北宋, 960~1127) 때 창건됐으며, 중국 남방 도교의 특색을 잘 간직하고 있다.

챠오위옌관 도관의 좌문(左门)과 우문(右门) 양쪽기둥에 다음과 같은 기련(奇联)이 새겨져 있다. 이들 대련(对

챠오위옌관

联은 샨하이관(山海关)의 "천하제일련(天下第一联)"과 흡사하나, 오늘 날에는 이를 제대로 읽고 해석할 사람이 없다고 한다.

좌측문: 云 朋 观 观 观 观 观 观 观
　　　　霞 友 朝 朝 朝 朝 朝 朝 朝

우측문: 善 茅 长 长 长 长 长 长 长 长
　　　　长 三 乘 乘 乘 乘 乘 乘 乘 乘

샨하이관의 "천하제일련":
　　　海 水 朝 朝 朝 朝 朝 朝 朝 落
　　　浮 云 长 长 长 长 长 长 长 消

이들 기련(奇联) 외에도 아직 그 뜻을 헤아릴 수 없는 두 글자가 삼청전(三清殿)의 오른쪽 문 석벽에 남아있다. 한 글자는 "천(天)"자 네 개를 아래위로 중첩해 놓은 것이고, 다른 한 글자는 "남(男)"자 세 개와 "여(女)"자 한 개를 조합한 것이다.

쫑샨구쩐
(中山古镇, 중산고진)

쫑샨구쩐은 쟝진(江津) 시가지로부터 남쪽으로 56km, 총칭의 주성구로부터 서남쪽으로 96km 거리에 있다. 순씨허(笋溪河) 강변에 자리 잡고 있는 쫑샨구쩐은 옛 이름이 롱동챵(龙洞场)이었으며, 남송(南宋, 1127~1279) 때

쫑샨구쩐 풍광

쫑샨구쩐 풍광

의 기록에 등장하는 등 그 역사가 유구하다. 쫑샨구쩐은 현재 총칭시 당국이 선정한 "10대명진(十大名镇)" "10대생태관광지(十大生态观光地)" "10대향촌관광지(十大乡村观光地)" 목록에 모두 들어있다.

쫑샨구쩐의 주요 경점(景点)으로는 영은문(迎恩门) · 고가(古街) · 영안교(永安桥) · 상공탑(相公塔) · 10리협곡화랑(十里峡谷画廊)등이 있다.

니에솨이진열관
(聂帅陈列馆, 섭수진열관)

"니에솨이(聂帅)"는 "니에롱쩐(聂荣臻, 1899~1992) 원수(元帅)"의 줄인 말이다.

니에롱쩐은 중화인민공화국의 혁명

니에쏴이진열관

따워푸삼림공원풍광

니에쏴이홍색관광단

따워푸삼림공원풍광

가·정치가·군사전문가이며, 중화인민해방군 창군 공로자이다. 중화인민공화국의 10 원수 중 하나이다.

니에쏴이진열관(聶帥陈列馆)은 니에롱쩐의 사진을 비롯한 역사자료들을 모아놓은 기념관으로 4,000평 부지에 들어서 있으며, 더불어 그의 동상과 대형 조각물들이 설치돼있다.

따워푸원시삼림공원 (大窝铺原始森林公园)

따워푸삼림공원(大窝铺森林公园)은 쓰미앤샨 남부, 해발 1,450m높이의 따워푸(大窝铺, 대와포)에 자리 잡고 있다. 이곳에서 사방을 돌아보면, 뭇 산이 겹겹이 이어져 나가기도 하고, 운해에 산봉우리들이 떠다니기도 하며, 임해(林海)가 끝없이 펼쳐지기도 한다. 임해가 바람에 일렁일 때면, 흰 빛 석회석 땅바닥이 희끗희끗 보이는 것이 마치 부서지는 파도의 흰 물결 같아 보인다. 참으로 보기드문 기관(奇观)이다.

천두씨유구거(陈独秀故居)

천두씨유(陈独秀, 1879~1942)는 중국공산당의 창당에 참여했고, 중국민주혁명에 기여한 인물이다. 그의 옛집이 쟝진(江津)의 남부 허샨핑(鹤山坪)에 있다. 4,400여 평의 부지에 들어앉은 그의 옛집은 그를 기리는 기념관으로 바뀌어 있으며, 한길이 넘는 석장(石

천두씨유 풍광

墻, 돌담장)으로 둘러있다. 때문에 석장원(石墻院, 쉬창위엔)으로도 불린다.

쉬먼따포어
(石門大佛, 석문대불)

쉬먼따포어(石門大佛)는 쟝진(江津)시가지로부터 50km거리의 쉬먼쩐(石門鎭) 관내 따포어스(大佛寺)사찰의 마애석불조상(摩崖石佛造像)이다. 이 마

석문대불사

석문대불사 대불

애석불조상은 명(明, 1368~1644)나라 때 각조(刻造)된 것으로 높이 14.8m에 어깨 폭 5.9m의 부조석각(浮雕石刻, 모습이 들어나게 새긴 조각)이며, 챵쟝(長江) 연안에서 가장 큰 것으로 알려져 있다. 또한 연꽃 위에 세워진 관음석상(觀音石像)으로는 중국 최대의 것이기도 하다.

뻬이차오룽동
(碑槽溶洞, 비조용동)

뻬이차오룽동(碑槽溶洞)은 쟝진(江津)시가지로부터 서북쪽 45km거리의 뻬이차오샨(碑槽山)에 자리 잡고 있는 동굴이다. 사방 10km에 무리를 지어 널려있는 동굴 속에는 200여 곳의 경점이 있다.

따위옌동(大圓洞, 대원동)

따위옌동(大圓洞)은 쟝진(江津)시가지로부터 67km거리에 있는, 1천만 평 넓이의 국가삼림공원이다. 따위옌동 국가삼림공원(大圓洞國家森林公園)은 국가 급의 쓰미앤샨풍경명승구(四面山風景名勝区)·쓰촨성의 포바오국가삼림공원(佛宝國家森林公園)과도 접해있다.
따위옌동(大圓洞)은 중아열대상록활엽림대(中亞热带常綠闊叶林带)에 속하며, 삼림 피복 비율이 95%이상이다.

식물자원이 풍부하고, 더불어 운표(云豹, 표범)·미후(獼猴, 원숭이)·림사(林麝, 사향노루)·대령묘(大灵猫, 사향고양이)·홍복금계(红腹锦鸡, 야생닭) 등 국가급 보호동물 10여 종이 서식한다.

용촨(永川)은 총칭시의 서부, 쓰촨분지 동남부의 가장자리에 위치한다. 총칭시(重庆市)의 주성구(主城区)로부터는 63km, 청두(成都)로부터는 276km 거리이다. 이 지역은 창쟝(长江) 상류의 북쪽 유역이며, 용촨(永川) 시가지를 통해 흐르는 세 줄기의 하천이 전자체(篆字体)의 영(永, 용)자 모양을 나

(2) 용촨구(永川区)

영천구

용촨구의 위치

용촨구 약도

타낸다고 해서 영천구(永川区, 용촨구)라 이름 하였다고 한다.

전체 면적 1,576㎢(제주도의 85%)의 용촨(永川)에는 46만 명의 인구가 거주하고 있으며, 청두(成都)-총칭(重庆) 간을 잇는 성유철로(成渝铁路)와 성유고속도로(成渝高速公路)가 이 지역을 동서로 관통하고 있다. 용촨의 관광자원으로는 챠샨쮸하이국가삼림공원(茶山竹海国家森林公园)과 전국농업관광시범구의 하나인 중화이촌경구(中华梨村景区) 등이 있다.

챠샨쮸하이
(茶山竹海, 다산죽해)

챠샨쮸하이(茶山竹海)는 용촨시 현성 북쪽 2㎞거리의, 날아오르는 거대한 용모양의 치샨(箕山) 산맥에 자리

챠샨쮸하이 풍광

챠샨쮸하이 표지석

선인동

천보채

부오다오링

천자전

쌍부원

잡고 있는 116㎢넓이의 국가삼림공원이다. 경내에 400만평의 차원(茶园)과 1,000만평의 대나무 숲이 있어 그 이름이 비롯된 것이다.

챠산쮸하이(茶山竹海)는 챵쟝싼샤(长江三峡)-총칭주성구(重庆主城区)-다쭈석각(大足石刻)으로 이어지는 황금관광벨트의 주요 거점지역이다. 이곳의 주요 경점으로는 쌍부원(双府院)·선인동(仙人洞)·천보채(天堡寨)·천자전(天子殿) 등의 역사유적들과 유서(渝西, 총칭서부지역)에서 가장 높다는 부오다오링(薄刀岭, 박도령) 등의 자연 경관이 있다.

(3) 쌍챠오구(双桥区)

쌍챠오구의 시가지

쌍챠오구(双桥区)는 총칭(重庆)으로부터는 서쪽으로 80km, 청두(成都)로부터는 동쪽으로 269km의 거리이다.

이곳은 바위예샨(巴岳山, 파악산)과 롱슈이(龙水湖, 용수호)가 어우러진, 산명수정(山明水净)한 고장이다. 성유철로(成渝铁路)와 성유고속도로(成渝高速公路)가 가까이에서 지나가고, 고대석각으로 유명한 다쭈현(大足县)과 접하고 있어 국내외 관광객들의 발길이 잦다. 쌍챠오구(双桥区)는 행정면적 43㎢에 주민 5만명(2007년)의 작은 고장이지만, 이곳에 전국적으로 꼽히는 대형자동차 생산 공장과 중국 서남부의 국제생화수출항이 있는 등 총칭시의 주요 상공업지대로 자리 잡고 있다.

볼거리로는 바위예샨(巴岳山)·롱슈이후(龙水湖)·씨앤화강(鲜花港)등이 있다.

바위예샨(巴岳山)

바위예샨(巴岳山)은 다쭈(大足)·통량(铜梁)·용촨(永川)·쌍챠오(双桥) 등 4 시현구(市县区)에 걸쳐 있으며, 35자

쌍챠오구의 위치

파악사

용수호 풍광

천등석

용수호

리의 산봉우리가 줄지어 있다. 바위예샨(巴岳山)은 카스터지모(喀斯特地貌)로 풍경이 다양하고, 동굴은 깊고 아름답다. 맑은 물과 푸른 수목의 계곡에 운무가 가득 피어날 때의 그 아름다움이 절경으로 꼽히는데, 이로써 바위예샨은 "총칭10경(重庆十景)"의 하나로 자리매김하고 있다.

바위예샨(巴岳山)의 주요 경점으로는 차원(茶园)·바위예스(巴岳寺)·현천궁(玄天宫)·삼풍동(三丰洞)·혜광사(慧光寺)·천등석(天灯石) 등이 있다.

롱슈이후(龙水湖)

롱슈이후는 세계문화유산인 다쭈석각(大足石刻)의 핵심경구에 들어있다. 그 수면의 길이가 10여 km에 수면 면적이 100여만평인 롱휴이후는 1950년대에 축조된 중형댐이며, 작은 섬 108개가 물위에 떠 있어 독특한 수상경관을 이룬다.

총칭씨앤화강(重庆鲜花港)

총칭선화강은 베이징씨앤화강(北京鲜花港), 샹하이씨앤화강(上海鲜花港)과 더불어 중국의 3대 선화강으로 꼽힌다. 씨앤화강(鲜花港)은 네덜란드 화훼산업의 중심적 역할을 하는 생화도매시장과 같은 개념이며, 화훼산업의 연구개발·생산 및 교역·물류배송

충칭선화강풍광

충칭선화강풍광

다쭈구(大足区)은 충칭시(重庆市)의 서부, 쓰촨분지(四川盆地)의 동부 구릉지구에 위치하며, 1,436㎢(제주도의 3/4)의 면적에 인구는 92만 명(2006년)이다.

다쭈구(大足区)은 석각이 많아서 "석각지향(石刻之乡)"이라고도 하고, 쇠붙이의 생산과 그 다룸이 뛰어나 "5금지향(五金之乡)"이라고도 하며, 쌀과 물고기 등 먹을 것이 풍부하여 "어미지향(鱼米之乡)"이라고도 불린다. 또한 잉어모양의 등을 만들어 춤을 추는 전통예술이 있어 "리어등무지향(鲤鱼灯舞之乡)"이라고도 한다.

등 화훼에 관한 모든 사업을 주도한다. 110여만 평의 부지에 화훼산업 발전에 필요한 시설이 갖춰져 있으며, 장미·금향·모란·난 등 1,000여 종의 꽃들이 거래되고 있다.

다쭈구는 그 인상이 담백하고 밝다. 사람들은 친절하고, 반듯하며, 심성이 깊어 보인다. 거리의 조형물이나 실내 치장에서 부처가 자주 보이는 것은 이 고장에 면면히 이어 내려오는 불교문화의 영향일 것이라는 생각이 저절로 든다.

(4) 다쭈구(大足区)
대족현

다쭈구의 위치

다쭈구 약도

다쭈구의 주요 볼거리로는 다쭈쉬커(大足石刻, 다족석각)와 위롱산삼림공원(玉龙森林公园)이 있다.

다쭈쉬커(大足石刻)

다쭈쉬커(大足石刻)는 다쭈현 관내의 모든 석각예술(石刻艺术)을 총칭하는 것이다. 이제까지 공표된 보호대상 석굴은 75곳이며, 그곳에 자리 잡고 있는 조상(造像)은 모두 5만여 자리에 이른다. 그 중 뻬이샨(北山)·바오딩샨(宝顶山)·난샨(南山)·쉬먼샨(石门山)·쉬짠샨(石篆山)의 석굴들이 규모도 크고, 특색이 있다.

다쭈의 석각조상(石刻造像)들은 당(唐, 618~907)나라 때부터 새겨지기 시작하여 송(宋, 960~1279)나라 때 극에 달했으며, 이로써 중국석굴예술 역사상 마지막을 장식하는 금자탑이 되고 있다.

다쭈석각은 그 뿌리가 유구한 파촉문화(巴蜀文化)를 바탕으로 하고, 여기에 전기(前期)의 석굴예술을 흡수 융합함으로써 민족화(民族化)·세속화(世俗化)·생활화(生活化)의 특색이 가미된, 중국풍격의 전형적인 석굴예술로서 자리 잡았다.

다쭈석각(大足石刻)은 둔황(敦煌)·윈강(云冈)·롱먼(龙门) 등의 석굴과 더불어 중국석각예술역사의 기본을 이루고 있으며, 1999년에 국제연합의 세계문화유산으로 등록되었다.

바오딩샨마애석각(宝顶山摩崖造像)

바오딩샨마애조상은 송(宋, 960~1279)나라 때의 이름난 승려 짜오찌펑(赵智凤, 조지봉)이 석공들과 더불어 78년(1174~1252)간에 걸쳐 새긴 것이다. 대불만(大佛湾)

과 소불만(小佛湾)을 중심으로 사방 2km 공간에 1만 자리에 이르는 대형석각불교도장(大型石刻佛教道场)을 만든 것이다.

바오딩샨마애조상(宝顶山摩崖造像)은 그 규모가 광대하고, 그 내용이 풍부하다. 새겨진 조각과 글이 다채롭고, 구도가 빈틈 없으며, 가르치고자 하는 내용의 체계가 간결하고, 완벽하다. 심오한 철학이치를 나타내면서도 세상을 살아가는데 갖춰야 할 사상들을 광범위하게 포괄하고 있으며, 불교의 기본원리·유교의 이론·이학(理学)의 심성·도교의 학설 등을 한데 융합시킨 송(宋)나라 불교사상의 특징을 잘 나타내고 있다. 이러한 특징은 인도 석굴예술과도 일맥상통한다.

전문가들은 바오딩샨마애조상을 평하기를, 전반적인 내용에 있어서는 이(理)로써 사물을 이해하고, 정(情)으로써 활동하며, 복락(福乐)을 추구한다고 한다. 그리고 그 표현방법과 과정에 있어서는 고난을 창작의 원동력으로 삼고, 과학의 원리를 조형예술에 융합시킨 것이라고 한다.

바오딩샨마애석각은 대불만(大佛湾)으로 불리는, 길이 500m에 높이가 15~30m인 말발굽모양의 암석절벽에 새겨져 있다. 대불만은 남(南)·동(东)·북(北)의 3면으로 굽어 있다. 주요 경점으로는 원각동(圆觉洞)·목우도(牧牛图)·호법신감(护法神龛)·6도윤회(六道轮回)·광대보루각(广大宝楼阁)·화엄삼성상(华严三圣像)·천수관

바오딩석각 관광약도

대불만의 일부구간

바오딩 관광안내소

대불만 입구의 만세루

바오딩불상의 기본모습

음상(千手观音像)·석가열반성적도(释迦涅盘圣迹图)·구룡욕태자도(九龙浴太子图)·공작명왕경변상(孔雀明王泾变相)·부모은중경변상(父母恩重泾变相)·대방변불보은경변상(大方便佛报恩泾变相)·박심원쇄육모도(缚心猿锁六耗图)·지옥변상(地狱变相)·유본존행화사적도(柳本尊行化事迹图) 등이 있으며, 그 개요를 보면 다음과 같다.

① 원각동(圆觉洞, 위옌줴동)

원각동의 세 불상

높이 6m·폭 9m·깊이 12m의 동굴이다. 그 정면 벽에 세 불상이 놓여 있고, 좌우의 벽 쪽으로 12자리의 원각보살(圆觉菩萨)들이 앉아 있다. 정면의 불상 앞에는 한 보살이 무릎을 꿇고 있는데, 이는 12보살이 돌아가면서 예를 갖춰 불법에 관하여 묻고 있음을 나타낸 것이다.

② 목우도(牧牛图, 무니유투)

목우도가 새겨진 감(龛)의 크기는 높이 5.7m에 폭 29.1m이다. 목우도(牧牛图)는 자연과 시골을 배경으로 하여 모두 10조(组)로 구성돼 있다. 소를 마음으로, 그리고 소 부리는 사람을 수행자로 삼아 수행하는 자의 마음을 불교가 어떻게 변화시켜 가는지를 보여주고 있다.

목우도

③ 호법신감(护法神龛)

감(龛)의 크기는 높이 4.3m, 폭 12.6m, 깊이 1.2m이다. 위아래의 두 개 층으로 나뉘며, 모두 33자리의 석각이 있다. 위층의 가운데에 9자리의 호법신상(护法神像)이 있고, 그 좌우로

호법신감

6통신상(六通神像)이 있다. 아래층에는 졸개귀신 7자리가 있다. 호지불법지신(护持佛法之神)을 약해서 부르는 호법신(护法神)은 각종 마귀들로부터 불교도장(佛教道场)을 호위하는 임무를 수행한다.

④ 6도윤회(六道轮回)

6도윤회

감(龛)의 크기는 높이 7.8m, 폭 4.8m, 길이 2.6m이며, 인물상 90자리와 동물 24마리가 새겨져 있다. 조각에는 무상대귀(无常大鬼)가 팔을 벌려 6취륜(六趣轮)을 안고 있으며, 육취륜에는 육범중생(六凡众生)의 윤회상(轮回相)이 들어있다. 윤회상은 천(天)·인(人)·아수라(阿修罗)의 삼선도(三善道)와 축생(畜生)·아귀(饿鬼)·지옥(地狱)의 삼악도(三恶道)로 나뉘어 있다.

⑤ 광대보루각(广大宝楼阁)

감(龛)의 크기는 높이 7.8m, 폭 3.7m, 깊이 2.5m이다. 자주 빛 대나무 숲 아래 세 사람의 수행자가 가부좌를 틀고 앉아 불(佛)·법(法)·승(僧)의 삼보(三宝)를 사유(思维)하며 성불(成佛)의 도를 열심히 닦고 있다. "宝顶山(바오딩샨)" 석자는 남송(南宋, 1127~1279)의 병부시랑 두샤오옌(杜孝严)이 쓴 것이라고 한다.

광대보루각

⑥ 화엄삼성상(华严三圣像)

감(龛)의 크기는 높이 8.2m, 폭 15.5m, 깊이 2.1m 이다. 정중앙에 비로자나불(毗卢遮那佛)이 있고, 그 왼쪽에 보현(普贤)이 있으며, 그 오른쪽에 있는 것이 문수(文殊)이다. 세 입상(立像) 부처의 높이는 7m이다. 문수(文殊)가 손에 받쳐 들고 있는 보탑(宝塔)은 그 무게가 1,000근(斤, 중국의 1근은 500g)은 나갈 것으로 추정하고 있는데, 800년의 세월이 흐르는 동안 한

화엄삼성상

번도 떨어진 적이 없다. 이는 문수(文殊)의 가사(袈裟)가 팔과 어깨를 지탱해주고 있기 때문인 것으로 보고 있다.

⑦ 천수관음상(千手观音像)

천수관음상

천수관음상은 모두 1,007짝의 손을 가지고 있는 마애석각조상(摩崖石刻造像)으로 바오딩샨의 대불만 남쪽 바위에 새겨져 있다. 다른 지방의 천수관음상은 상징적으로 수십 짝의 손을 새겨넣은 정도이며, 손이 많기로 희귀하다는 쓰촨성 안위예현(安岳县) 포어후이동(佛慧洞)의 천수관음상도 그 손이 수백 짝 정도이다. 그래서 사람들은 이곳의 천수관음상을 일러 인간세상에서 손을 가장 많이 가지고 있으며, 앞으로도 그 지위는 변하지 않을 천수관음이라고 한다.

이곳의 천수관음상은 몸 앞쪽으로 뻗은 여섯 벌의 팔과 머리위로 부처를 받치고 있는 한 쌍의 팔을 포함, 그 모양이 제각각인 1,007짝의 팔이 마치 공작새가 그 꼬리를 활짝 펴듯 27평의 암벽에 아름답게 새겨져 있다. 그 모양이 모두 서로 다르듯 제각각의 심성을 지닌 1,007짝의 손은 불법 법력의 끝없음을 나타내는 것이고, 손마다에 붙어있는 눈은 지혜의 무궁함을 상징한다. 천수관음은 이렇듯 가없는 법력과 한없는 지혜로써 중생의 고난과 고뇌를 씻어준다고 한다. 천수관음(千手观音)의 내력에 관하여 다음과 같은 전설이 원(元, 1206~1368)나라 때 짜오멍푸(赵孟俯) 부인이 주관, 편찬한 《관음대사전(观音大士传)》에 수록되어 있다.

옛 흥림국(兴林国) 나라의 묘장왕(妙庄王)에게 예쁘고 사랑스러운 딸 셋이 있었다. 장녀 묘금(妙金)과 차녀 묘은(妙银)은 궁에서 지내면서 부모님을 모셨으나, 셋째 딸 묘선(妙善)은 출가하여 비구니가 되었다. 묘장왕은 묘선이 집으로 돌아오도록 거듭 타일렀으나 말을 듣지 않으매, 병사들을 시켜 묘선이가 수행하고 있는 백작암(白雀庵)을 불태워버렸다. 묘선은 백호 호랑이를 타고 창암산(숨岩山) 깊은 곳으로 피했으나 수백 명의 비구니가 불에 타 죽으매, 천신이 대노하여 묘장왕의 몸에 죽은 비구니 수만큼의, 평생 낫지 않을 낭창부스럼이 돋게 하였다. 묘장왕은 그 낭창을 고치고자 백방으로 노력을 하였으나 병은 낫지 않고, 낭창은 깊어만 갔다.

그렇게 고통의 세월이 지나던 어느 날, 승려가 탁발을 하러 왔다가 그 낭창을 보고 이르기를 이 세상에 딱 한 가지 약이 있으니, 그것은 혈육의 손과 눈으로 조제하는 탕약이라고 했다. 고통에 짓 눌려 허덕이던 묘장왕은 한 가닥 희망을 걸고 큰 딸 묘금에게 손과 눈을 줄 수 있겠느냐고 물었으나 묘금은 그리 할 수 없다고 했다. 둘째 딸 묘은도 마찬가지였다. 이런 얘기가 소문으로 퍼져 창암산 속의 묘선에게 전해졌다. 묘선은 지체 않고 집으로 달려와 자신의 눈과 손을 내어놓았고, 그렇게 만들어진 약으로 묘장왕의 낭창은 씻은 듯이 가셨다.

묘장왕은 그런 일을 겪으면서 크게 깨달은 바가 있어 석가모니에게 귀의 했고, 석가모니는 묘선의 행동을 갸륵하게 여겨 그녀에게 1000짝의 손과 천개의 눈을 주어 중생의 온갖 고난과 번뇌를 살피고 어루만져주도록 하였다. 묘선이 석가의 뜻에 따라 중생제도에 진력하니, 사람들은 그녀를 일러 천수관음이라 하고, 온갖 간난과 고뇌에서 벗어날 수 있도록 간구하였다.

⑧ 석가열반성적도(释迦涅盘圣迹图)

감(龛)의 크기는 높이 7m, 폭 32m, 깊이 5m 이다. 모두 37자리의 부처가 새겨져 있다. 석가열반상은 31m 길이의 반신상으로 오른쪽 옆구리를 바닥에 대고 모로 누워있다. 이와 같은 자세의 반신상은 부처의 도량을 헤아릴 수 없음을 내는 것으로 해석되고 있으며, 중국의 석굴예술에서 보기드문 것으로 회자되고 있다.

석가열반성적도

⑨ 구룡욕태자도(九龙浴太子图)

감(龛)의 크기는 높이 6.2m, 높이 4.5m 이다. 아홉 마리의 용이 맑은 물을 내뿜고 있는 가운데 석가태자(释迦太子)가 태어나 몸을 씻기는 모양이 새겨져 있다. 이곳 바위 위에 성적지(圣迹池) 연못이 있는데, 조각 일을 하

구룡욕태자도

던 석공들이 그 못의 물을 끌어들여 용들로 하여금 물을 내뿜도록 한 것이라 하며, 석공들의 그런 기지로 말미암아 구룡욕태자(九龙浴太子)의 조각상이 생동감을 갖게 된 것이다.

⑩ 공작명왕경변상(孔雀明王经变相)

감(龛)의 크기는 높이 6m·폭 9.5m·깊이 3.2m 이다. 연꽃무늬 좌대 위의 공작새를 타고 있는 공작명왕(孔雀明王)의 모습을 새겼다. 그 좌우 벽에는 제석천전(帝释天战) 아수라(阿修罗)의 장면이 펼쳐져 있고, 좌측 벽 상부에는 샤디비구(莎底比丘)의 파신도(破薪图)가 새겨져 있다.

공작명왕(孔雀明王)은 불모대공작명왕(佛母大孔雀明王)으로도 불리는, 석가모니불의 유화신(流化神)이며, 그를

공작명왕경변상

본존(本尊)으로 삼아 수행하는 자들의 경전(经典)이 공작명왕경(孔雀明王经)이다. 공작명왕경변상(孔雀明王经变相)은 그 경의 내용을 그림으로 나타낸 것을 일컫는 것이다.

제석천(帝释天)은 불타(佛陀)·불법(佛法)·출가인(出家人)을 보호하는 호법신(护法神)으로 수미산(须弥山)에 들어있다. 그의 모습은 상아가 여섯 개인 흰 코끼리를 탔고, 손에는 금강저(金刚杵) 지팡이를 들었으며, 보관(宝冠)에 구슬목걸이를 걸쳤다. 샤디(莎底)는 불교의 5백 나한 중 45번째의 존자(尊者)로서 길상(吉祥, 상서로움)을 상징한다.

⑪ 부모은중경변상(父母恩重经变相)

감(龛)의 크기는 높이 7m·폭 14.5m·깊이 2.5m 이고, 44존(尊)의 조각상이 들어있다. 윗부분에는 현겁7불(贤劫七佛)의 반신상이, 아랫부분에는 중앙에 "투불기구사식도(投佛祈求嗣息图)"가 각각 새겨져 있다. 투불기구사식도의 좌우로는 부모가 자녀를 낳고 기름에 있어 겪는 온갖 신고(辛苦)를 10조(组)의 그림으로 표현하고 있는데, 그 줄거리가 일관되고, 표현에 생동감이 있어 사람들을 감동시킨다.

현겁7불(贤劫七佛)이라 함은 석가모니가 성불하기 전에 거쳤던, 과거의 6불(六佛)과 사바세계에서 중생을 제도

부모은중경변상

대방변불보은경변상

하는 석가모니불(釋迦牟尼佛)을 일컬음이며, 투불기구사식도(投佛祈求嗣息圖)는 젊은 부부가 향로를 받쳐 들고 자식을 낳게 해달라고 비는 그림이다.

⑫ 대방변불보은경변상(大方便佛報恩經變相)

감(龕)의 크기는 높이 7.3m · 폭 15.6m · 깊이 18.2m 이고, 68존(尊)의 조각상이 새겨져있다. 그림과 글자가 그득한 조각상은 석가불의 전세(前世)와 금생(今生)을 통해 수행함과 아울러 효를 행하는 모습을 그 내용으로 하고 있으며, 버리기 힘든 것을 버리고(難捨能捨), 하기 어려운 것을 하는(難爲能爲), 그런 자아희생정신(自我犧牲精神)이 표현되어 있다고 말들 한다.

"대방변불보은경변상(大方便佛報恩經變相)"은 구어체불경집의 하나로 지은보은(知恩報恩)을 주제로 하고 있으며, 여러 고사의 내용을 짜임새 있고 생동감 넘치게 묘사하고 있어 읽는 사람이 재미있어 하고, 읽는 중에 자연스럽게 지은보은사상을 익히게 된다고 한다.

⑬ 박심원쇄육모도(縛心猿鎖六耗圖)

감(龕)의 크기는 높이 7.9m에 폭 3.6m 이다. 윗부분의 조각에는 미륵부처가 원숭이를 안고 있는데, 이 원숭이는 사람의 마음과 분별력에 비유된 것이다.

아랫부분에는 밧줄에 묶인 여섯 마리의 동물이 있는데, 이는 사람의 눈 · 귀 · 코 · 혀 · 몸 · 마음 등 육근(六根)을 비유한 것이다. 이 상하층의 그림이 소위 말하는 "육창1원(六窓一猿)"이라는 것이며, 불교에서 말하는 "심주일체(心主一切, 일체유심)"를 나타낸 것이다.

박심원쇄육모도

⑭ 지옥변상(地獄变相)

감(龕)의 크기는 높이 12.3m · 폭 20m · 깊이 2.5m 이고, 133존(尊)의 조각상이 새겨져 있다.

윗부분에 지장(地藏)이 펼쳐져 있고, 10자리의 부처가 줄지어 앉아있다. 아래층은 다시 상하로 나뉘며, 도산(刀山, 칼산)과 절슬(截膝) 등 18지옥(地獄)이 묘사돼있다. 이곳의 지옥변상은 지옥을 소재로 하는, 도처의 불교조각 중에서도 그 규모가 가장 크고, 그 내용도 가장 풍부한 것으로 평가되고 있다.

⑮ 유본존행화사적도(柳本尊行化事迹图)

감(龕)의 크기는 높이 12.6m · 폭 25.4m · 깊이 7.5m 이고, 67존(尊)의 조각상이 새겨져 있다.

당()나라 말기에 가주(嘉州, 낙산)에 살았던 거사(居士, 남성의 불교신자) 유본존(柳本尊)의 상(像)이 상부의 가운데에 새겨져 있고, 그 좌우상하에 그가 행한 "십련(十煉) 사적도(事迹图)가 펼쳐져 있다. 이 감(龕)에 담긴 조각상은 중국불교의 밀종(密宗) 역사 연구에 그 가치가 매우 큰 것으로 평가되고 있다.

십련(十煉)은 불교학문을 실증적으로 연구함에 있어 자신의 몸을 축내가면서 고행, 수련한 10가지 항목이며, 그 대표적인 것이 손가락에 불을 붙여 공불(供佛)한 것이다. 유본존은 그러한 잔혹한 방식을 통해 신앙의 위대함을 강조하려 했고, 그러한 고사가 세월이 흐르면서 신화화 됐을 것으로 보기도 한다.

(5) 롱챵현(荣昌县)

영창현

롱챵(荣昌)은 동쪽의 총칭(重庆)으로부터 89km, 서쪽의 청두(成都)로부터 246km 거리에 있다.

이 지역에서 쓰촨분지 동남부의 구

롱창현의 위치

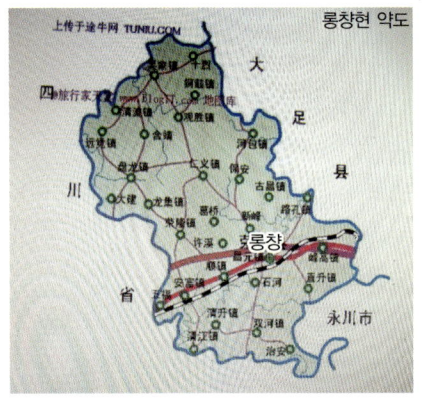

롱창현 약도

릉(丘陵) 지대와 화잉샨(华莹山) 남단의 여러 지맥(支脉)들이 맞닿다. 1,079㎢(제주도의 3/5)넓이의 롱창(荣昌)은 대부분의 면적에서 해발 380m의 낮은 구릉들이 이어지며, 관내에 구포어산(古佛山, 고불산)·루워관샨(螺罐山, 라관산)·통구샨(铜鼓山, 동고산)이 있다. 구포어산의 삼층암(三层岩)이 최고봉으로 해발 711m높이 이다.

롱창(荣昌)의 인구는 81만 명이며(2002년), 그들은 이 고장의 자랑거리를 특색미식(特色美食)·특색산품(特色产品)·특색산업(特色产业)의 3특(三特)으로 집약한다. 롱창의 음식문화는 자생적인 것이라 하며, 매백아(卤白鹅, 루빠이으어)·황량분(黄凉粉, 황량편)·양육탕(羊肉汤, 양로우탕)을 특색미식의 으뜸으로 꼽는다. 이들 음식은 "중국명채(中国名菜)"·"중경명특소취(重庆名特小吃)"라는 영예를 안고 있다. 매백아는 삶은 거위이고, 황량분은 완두콩으로 쑨 묵이다.

특색산품(特色产品)은 이 지역의 풍부한 자연소재를 활용하여 만든 상품으로 모시(夏布, 시아부)·도기(陶器)·접부채(折扇)를 꼽는다. 롱창(荣昌)의 특색산업(特色产业)은 축산업이다. 롱창의 3대 축산물인 롱창쮸(荣昌猪, 돼지)·롱창으어(荣昌鹅, 거위)·롱창펑(荣昌蜂, 꿀벌)이 널리 알려져 있으며, 수의약품과 사료생산 시설이 잘 갖춰져 있다.

롱창(荣昌)의 주요 볼거리로는 루콩구쩐(路孔古镇)과 란펑삼림공원(岚峰森林公园)이 있다.

루콩구쩐(路孔古镇)

루콩구쩐은 24㎢의 넓이로 롱창(荣昌) 현성동쪽 12km거리의 라이씨허(濑溪河) 강변에 자리 잡고 있다. 다음과 같은 이야기가 전해온다.

명(明, 1368~1644)나라 말에 고승 쩐아오(真傲)가 풍수보지(风水宝地)를 찾아 전국을 떠돌다가 이곳 루콩(路孔)에 이르렀다. 길가에 앉아 지친 몸을 쉬고 있는데, 비몽사몽간에 백발노파가 호랑이를 끌고 나타나 자신에게 다가오면서 입으로는 연신 '길에 난 구멍은 연결돼있다'는 의미의 "루콩리앤티(路孔连体)"를 되뇌고 있었다. 쩐아오(真傲)는 순간 어느 고귀한 존재가 무언가 지적하여 가르쳐주는 것임을 알아차리고, 허공을 향해 절을 한 후, 주변의 여기저기를 살피기 시작하였다.

어디선가 들려오는 물소리를 따라 숲을 헤치고 들어가 보니, 그곳에는 커다란 땅 구멍이 있는데, 얼마나 깊은지는 알 수 없으되 큰 물결이 절벽을 때리는 듯 철퍼덕거리는 소리가 들려왔다. 쩐아오는 주위를 살피다가 다섯 구멍을 더 찾고 나서 생각하기를 백발노파가 되뇌던 루콩(路孔)의 "루(路)"는 "여섯(六)"을 일컫는 이 고장의 방언이고, 이들 여섯 구멍은 연결돼있으며, 아마도 그 지점은 강변일시 틀림없겠다 싶었다.

두루 더듬어 찾아가보니 과연 그랬다. 상서로운 기운이 감도는 가운데 노루가 강가에 노닐고, 울울창창한 숲에서는 온갖 새들이 희롱하며, 한가롭게 흐르는 물에서는 물고기들이 유유히 헤엄치고 다녔다. 쩐아오는 한 눈에 이곳이 자기가 찾아다니던 풍수보지(风水宝地)임을 알아차리고, 절을 짓고 수도했는데, 그 절이 완링스(万灵寺, 만령사)이고, 그 주변에 생긴 마을이 루콩(路孔)인 것이다.

루콩고진

루콩고진 골목길

란펑삼림공원(岚峰森林公园)

소나무·삼나무·녹나무 등이 우거

란펑삼림공원의 숲

란펑공원(岚峰公园)은 룽챵현 남부의 구포어샨(古佛山, 고불산)에 160만평의 넓이로 자리 잡고 있다. 공원 대부분의 면적은 해발높이 460~600m의 범위에 있으며, 최고점은 삼층암(三层岩)으로 711m이다.

란펑삼림공원

진 숲에는 샘물·냇물·연못·호수 등이 들어있어 아름다운 풍광이 연출된다.

천검선·삼만선·만남선 철도연변

(1) 치장현(綦江县)
기강현

치장현(綦江县)은 총칭시(重庆市)의 서남부에 위치한다. 이 지역은 쓰촨분지의 동남쪽 가장자리와 윈꾸이고원(云贵高原)이 맞닿는 곳이며, 또한 북쪽에서 내려오는 화잉산(华蓥山)의 남단과 윈꾸이고원(云贵高原)의 북단이 마주하는 곳이기도 하다. 치장현으로는 유검(渝黔: 重庆-贵阳, 438km)·삼만(三万: 三江-万盛, 32km)의 두 철도가 연결되고, 210번국도(內蒙古-广西, 3,097km)와 유잠(渝湛: 重庆-广东, 1,384km)·기만(綦万: 綦江-万盛, 32km)고속도로가 종횡으로 교차하는 등 교통이 좋아 총칭의 주성구로부터 30분이면 도착한다. 이러한 교통여건으로 말미암아 치장현은 총칭시(重庆市)의 남부지역과 꾸이쪼우성(贵州省) 북부지역의 물자 집산지이며, 쓰촨분지 동남부로부터 꾸이쪼우(贵州)·윈난(云南)·후난(湖南)·광뚱(广东)·샹하이(上海) 등지로 나가는 주요 통로이기도 하다.

치장현(綦江县)의 명칭은 이 지역을 흐르는 치장(綦江)에서 비롯된 것이다. "치(綦)"자는 녹두의 검푸른 색을

치장현의 위치

치장현 약도

의미한다. 치쟝은 꾸이쪼우성 통쯔현(桐梓县) 북쪽의 다로우샨(大娄山) 지맥인 우멍샨(乌蒙山)에서 발원, 220여 km를 흘러 챵쟝(长江)에 합류되며, 유역 면적은 7,020㎢(제주도의 4배)이다.

치장현은 2,182㎢(제주도의 1.2배)의 면적에 95만 명의 인구가 살고 있으며, 볼거리로는 쓰촨(四川) 동부지역의 도교성지(道教圣地)인 백운관(白云观), 총칭12소경(重庆十二小景)의 하나인 고검명산(古剑名山), 숲과 물이 어우러진 피서지 정산호(丁山湖) 등이 있다.

고검명산(古剑名山)

고검산(古剑山, 구지앤샨)은 해발고도 1,100m의, 성급(省级) 삼림공원이 있는 산으로 지공쭈이(鸡公嘴)라고도 하며, 치쟝현의 현성(县城) 남쪽에 있다. 고검산(古剑山)의 본래 이름은 용왕산(龙王山)이었는데, 그 이름이 바뀐 사연이 다음과 같이 전해온다.

당(唐)나라의 이세민이 태종(太宗, 626~649)으로 재위할 때, 장생불로하고자 전국의 명산불지(名山佛地)를 찾아 부처에게 기구(祈求)함과 아울러 장생불로의 묘방을 널리 구했다. 그리하다보니 천하의 불가제자(佛家弟子)들이 분주해지고, 수고가 막중하였다.

어느 날, 꾸이쪼우의 보타산(普陀山)에서 내려온 고승 도능(道能)이 용왕산(龙王山)에 이르러 산세를 살피는데, 그 모양이 용의 척추 같고, 등성이에는 용의 척추라는 의미의 "용척(龙脊)"이라 새긴 돌비석이 꽂혀있었다. 용왕산을 중심으로 한 주변의 산세로 보아 명당자리임을 알아챈 도능(道能)스님은 당태종(唐太宗)으로 하여금 이곳에 절을 세우도록 권유하였다.

AD664년에 동악묘(东岳庙)절을 짓고자 땅을 파던 중에 고검(古剑)인 칼 한 자루와 동경(铜镜, 구리거울) 하나가 나왔다. 땅 속에 묻혔던 세월이 얼마나 되는지는 알 수 없었으나 고검(古剑)이 내뿜는 차가운 빛이 섬뜩했으며, 이를 본 사람들은 수군거리기를 이곳이 용왕의 탄생지이고, 고검은 용왕의 검이라고 했다. 동악묘절이 다 지어지고 나자 사람들은 그 검을 절 앞에 높이 걸고, 엎드려 절함으로써 최고의 예를 다 하였으며, 산 이름도 고검산(古剑山)으로 바꿔 부르기 시작하였다.

고검산 풍광

고검명산

고검산의 안개

(2) 완성구(万盛区)

만성구

완성구의 위치

완성구 약도

완성구(万盛区)는 2011년 10월에 치장현(綦江县)과 통합, 치쟝구(綦江区)로 개편되었다. 종전의 완성구는 총칭시의 주성구(主城区)로부터 남쪽으로 89km거리에 있으며, 전체면적은 566㎢(제주도의 1/3)이다. 이 지역은 쓰촨분지의 동남쪽 변두리와 윈꾸이고원(云贵高原)이 맞물리는 지역이며, 전반적인 지세는 동쪽으로 높고 서쪽으로 낮다. 따라서 관내를 흐르는 샤오즈허(孝子河)·칭씨허(清溪河)·리유쟈허(刘家河)·리위허(鲤鱼河) 등의 하천은 모두 동쪽에서 서쪽으로 흘러 치쟝에 합류된다.

완성구(万盛区)는 아열대계절풍기후구(亚热带季节风气候区)로서 해발높이 310m의 시가지는 연평균기온 18℃, 1월의 평균기온은 7.4℃(극최저 -3.6℃), 7월의 평균기온 28.1℃(극최고 41.7℃)이다. 연간 강우량은 저지대 1,313㎜이고, 동부산간은 1,908㎜이며, 5~10월간에 전체 강우량의 76%가 내린다. 완성구의 볼거리로는 완성석림(万盛石林)과 흑산곡(黑山谷)이 있다.

완성석림(万盛石林)

완성석림(万盛石林)은 카스터지질(喀斯特地质)의 풍경구로 4.7㎢ 넓이이며, 시가지로부터 20km거리의 석림진(石林镇)에 있다. 4억~6억 년 전에 석회암의 바다 밑이 솟아오르면서 형성된 완성석림은 윈난(云南) 쿤밍(昆明)의 루난석림(路南石林) 보다 2억년이 앞선 것이다. 이런 배경에서 완성석림(万盛石林)은 "중국석림(中国石林의 비조(鼻祖)"라는 영예를 안고 있으며, "파유12경(巴渝十二景)"의 하나로 꼽히고 있다. 주요 경점으로 석선(石扇)·화석(化石)·석협(石峡)·석구(石龟)·석고

(石鼓)·석묘(石墓)·석탑(石塔)·청천협(听泉峽) 등이 있다.

① 석선(石扇, 부채바위)

석선은 부채모양으로 생긴 바위로 완성석림의 서북부에 우뚝 솟아있다. 남쪽과 북쪽을 향해 그 면을 보이고 있는 부채바위는 6m 높이에 부채면의 폭이 6.5m 이며, 두께는 채 2m가 되지 않는다. 부채의 손잡이에 해당하는 4면체 기둥바위는 1.6m 높이이며, 각 변의 길이는 1m에 50cm이다. 무게 200톤의 부채바위에 비해 손잡이 바위가 가냘퍼 보이는데, 그래서 사람들은 조심스레 건드려보기도 하고, 우악스레 밀쳐보기도 하지만, 조금만치의 미동도 없다. 게다가 한여름 염천에도 그 밑에 서면 땀이 가시고 정신이 상쾌해지기에 사람들은 "천하제일선(天下第一扇)"이라 불러주고 있다.

화석

하고 있었다. 이들 생물들이 지각변동으로 땅속에 묻혀 화석이 됐는데, 거북·조개·소라 등 발견되는 종류도 많고, 형태도 다양하다. 이들 화석은 지질학적으로도 그 가치가 높게 평가되고 있지만, 관광·관상용으로도 매우 인기가 높다.

③ 석협(石峽, 바위계곡)

석협은 거대한 크기로 굳어진 용암의 사이사이가 꺼져 내리면서 형성된 협곡으로 연화협(莲花峽, 리앤화샤)·조명협(鸟鸣峽, 냐오밍샤)·청천협(听

부채바위

② 화석(化石)

4억6,000만 년 전의 완성석림은 망망대해였고, 온갖 바다생물들이 서식

청천협

泉峽, 팅취앤샤)의 세 구역으로 나뉜다. 이 중에서 사람들의 발길이 잦은 곳은 청천협이다. 길이 300m의 협곡은 양쪽의 바위절벽 사이가 1~2m에 높이80m 정도이며, 올려다보면 하늘이 푸른 실타래처럼 열려있다.

④ 석구(石龜, 거북바위)
완성석림에는 거북모양의 바위들이 부지기수로 많다. 돌들의 이와 같은 모양은 바다 속에서 형성된 것이다. 해저의 암석층 표면을 조류가 흐르면서 거북등의 무늬를 새겼고, 사이사이가 꺼져 내린 암석층 사이를 조류가 흐르면서 거북의 모양을 만들었다는 것이다.

완성석림에서 가장 큰 돌거북은 석림 동면(東面)의 500m길이인 구산(龜山)이다. 향로산(香炉山)에 올라 바라보면, 그 모양이 한눈에 잡힌다. 머리는 남쪽을 향하고, 꼬리는 북쪽으로 있으며, 등은 구부정하게 솟아있다. 가히 완성석림의 구왕(龜王)이라 할만하다.

거북바위

⑤ 석고(石鼓, 북 바위)

북 바위

완성석림의 북처럼 생긴 바위는 상하의 두 부분으로 돼있으며, 4m높이에 직경은 1.4m이다. 맞닿은 부위는 마주하는 단면 전체면적의 1/4정도 된다. 그러나 아직까지는 어떤 비바람에도 꿈쩍 않고 잘 서 있다.

⑥ 석탑(石塔, 탑 바위)
석탑은 향로산 뒷면에 있다. 1km²의 넓이에 탑처럼 생긴 기둥바위들이 가

탑 바위

득 들어서 있다. 보통사람 키만 한 2층짜리 바위부터 20여m 높이의 8층짜리 바위까지 천차만별의 기둥바위들이 잇대어 있다. 사람들은 천탑성(千塔城)이라고도 부른다.

흑산곡(黑山谷, 흐이샨구)

흑산구는 완성구 시가지로부터 20km, 총칭시 주성구(主城区)로부터는 110km 떨어진 흑산진(黑山镇)에 있다.

이 지역은 윈꾸이고원(云贵高原) 북단의 다로우샨(大娄山) 여맥이며, 이곳에 100km²넓이로 흑산구풍경구(黑山谷风景区)가 설정돼있다.

흑산곡풍경구는 난촨시(南川市)의 금불산(金佛山)과 꾸이쪼우성 통쯔의 바오칭(柏菁)자연보호구에 인접해 있다. 흑산곡은 산(山)·수(水)·천(泉)·림(林)·동(洞)이 하나로 조화되고, 기이함(奇)·험함(险)·험준함(峻)·빼어남(秀)·그윽함(幽) 등의 분위기가 한데 어우러진 자연경관을 관광의 중심대상으로 한다.

(3) 난촨시(南川区)

난촨시(南川市)는 총칭직할시의 남부에 위치하며, 2,602km²(제주도의 1.4배)의 넓이에 인구는 64만 명이다. 이곳은 쓰촨분지(四川盆地)의 동남쪽 변두리와 윈꾸이고원(云贵高原)이 맞닿

난촨시의 위치

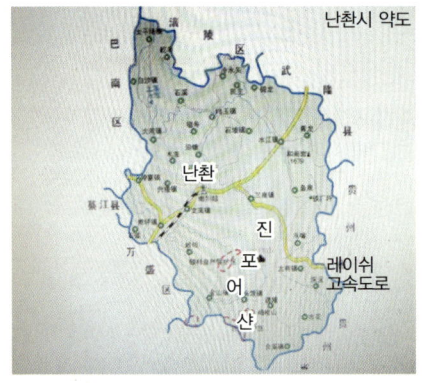

난촨시 약도

는 지역이다.

관내를 동서방향으로 지나가는 레이쉬고속도로(雷石高速公路)를 기준으로 하여 볼 때, 그 북부는 쓰촨분지의 동쪽을 북남방향으로 흘러내린 밍위예산(明月山)과 팡도우산(方斗山)의 계곡지대에 들어있고, 그 남부는 다로우산(大娄山) 산맥의 습곡지대에 들어있다. 전반적인 지세는 다로우산을 향한 동남쪽으로 높고, 서북쪽으로 낮아진다. 난촨시(南川市)의 볼거리로는 진포어산(金佛山)이 있다.

진포어산(金佛山, 금불산)

진포어산은 다로우산(大娄山) 산맥에 속한다. 진포어(金佛, 금불)·칭빠(菁土贝, 청패)·빠이쯔(柏枝, 백지) 등 108자리의 봉우리를 거느리고 있는 진포오산(金佛山)은 1,300km²(제주도의 2/3)의 면적이며, 그 중 34%가 진포어산풍경구(金佛山风景区)로 지정되어 있다. 진포어산의 주봉인 펑추이링(风吹岭, 해발 2,251m)은 다로우산 산맥의 최고봉이기도 하며, 다로우산 산맥의 북단에서 하늘을 향해 우뚝서있다.

그 모습이 마치 거룡(巨龙)이 하늘을 향해 머리를 치켜세우고 있는 듯한데, 이 펑추이링(风吹岭)이 지는 햇살을 받아 황금빛으로 물들면, 마치 금빛을 칠한 부처와 흡사한 모양이 된다. 금불산(金佛山)이라 이름 붙여진 배경이기도 하다.

진포어산의 주요 경관으로는 생태석림(生态石林), 금불동(金佛洞)과 고불동(古佛洞), 영령고도(永灵古道), 두견관

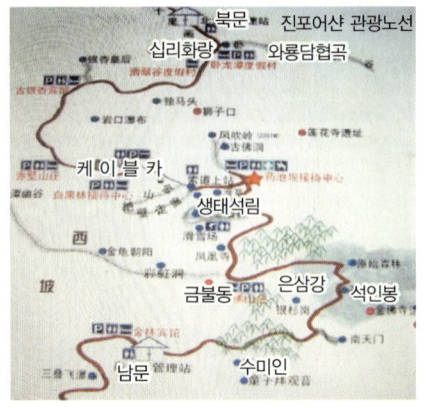

진포어산

상원(杜鹃观赏园), 와룡담협곡(卧龙潭峡谷), 석인봉(石人峰), 3첩비폭(三叠飞瀑), 은삼강(银杉岗), 석문궁(石门宫), 대보동(大宝洞) 등이 있다.

① 생태석림(生态石林)

생태석림은 진포어샨의 대표적인

진포어산풍광

생태석림

진포어산풍광

생태석림

금불동 풍광

진포어샨풍광

고불동 풍광

경관 중의 하나이다. 석봉(石峰, 바위 봉우리) 석병(石屛, 바위병풍) 등 천자백태의 석림경관은 다른 석림과 다를 바 없지만, 이곳에는 바위와 나무가 공생함으로써 생명과 활력이 충만해 보이는 경관이 있고, 자신을 들어내지 않는 현지자의 모습이 있다. 또한 미풍이 살랑거리는 가운데 지저귀는 새소리를 듣고, 스쳐가는 꽃향기를 맡으며, 짙은 그늘의 암벽사이를 걷노라면 자연의 오묘함과 깊은 생명력을 체감하게 된다.

② 진포어동(金佛洞)·구포어동(古佛洞)

이들 동굴은 진포어샨의 수십 곳 용동(溶洞) 중에서도 경관이 뛰어난 동굴로 꼽힌다. 그것은 이곳 동굴의 아름다움도 아름다움이려니와 해발고도가 높은 곳에 있고, 형성연대가 오래 전으로 거슬러 올라가며, 규모가 어마어마한데다가 보존상태 또한 온전한 데서 비롯된 것이다. 굴속 공간은 구불구불하기가 양의 내장 같고, 그런 중에 뜬금없이 나타나는 대형공간의 대청은 신비하기 그지없다. 2011년 현재로 개발된 굴의 길이는 11㎞이며, 그 면적은 4만2,400여 평이다. 동굴 속을 걷노라면, 다로우샨의 맥박소리를 듣는 것 같다.

③ 융링구다오(永夌古道, 영령고도)

구천비천묘

짱바오야

짱바오야 풍광

그 옛날, 이곳 산 속에 살던 사람들

이 부처에게 예배하고, 약초를 캐러 다닐 때 오가던, 험준한 산길이다.

절벽에 걸린 옛길을 실제로 걸어보면서 간담이 서늘해지는 느낌을 가져도 보고, 지척의 깎아지른 산봉우리와 더불어 융링(永夌)의 옛 절 구천비천묘(九天飞泉庙)와 짱바오야(藏宝崖, 장보애)절벽 등 신비스럽기조차 한 경관을 감상할 수 있다.

④ 두견관상원(杜鹃观赏园)
이곳에서 여러 종류의 진달래꽃이 재배 전시되고 있다.
두견왕자(杜鹃王子)와 두견왕비(杜鹃王妃) 등 10여 종의 명품진달래가 사람들의 관심을 끌고 있다.

금불산 두견

금불산 두견

금불산 두견

금불산 두견

금불산 두견

금불산 두견

금불산 두견

금불산 두견

⑤ 와룡담협곡(卧龙潭峡谷)

　이 협곡은 진포어산풍경구의 북대문 안쪽으로 있다. 4.5km길이의 협곡에는 냇물이 흐르고, 그 양쪽의 깎아지른 절벽을 따라서는 나무숲이 무성하다. 야생동물들을 가까이에서 관찰할 수 있다.

와룡담협곡

와룡담협곡풍광

금불산과 황금들판

와룡담협곡 풍광

⑥ 석인봉(石人峰)

석인봉은 우람한 몸체의 사람처럼 생긴 바위산봉우리로 뭇 산 가운데 우뚝 서있는 모습이 진포어샨의 수호신 같다.

석인봉

⑦ 3첩비폭(三叠飞瀑)

3첩비폭

진포어샨 남쪽기슭에 있는, 물높이 100m의 3층3절(3层3折) 폭포이다. 자유분방하게 날아 떨어지는 물길이 장관이다.

⑧ 은삼강(银杉岗)

"은삼(银杉)"은 나무이름이고, "강(岗)"은 언덕을 의미한다.

은삼나무는 300만년 전부터 있어온, 희귀식물로 "수삼(水杉)"과 더불어 중국의 국가1급 보호식물이다. 이곳에서는 무리지어 서식하는 은삼나무를 관찰할 수 있다.

⑨ 석문궁(石门宫)

10여m 폭의 돌기둥 대여섯 개가 하늘을 향해 치솟아 있는, 거대한 산봉우리이다. 웅장한 느낌의 대형 돌문들이 장관을 이룬다.

⑩ 대보동(大宝洞)

대보동은 옛날 사람들이 지내던 산채(山寨)이며, 위아래 층으로 나뉜다. 450m길이의 아래층은 전·중·후의 세 부분으로 나뉘며, 바닥은 평평하고 석실들은 잘 다듬어져 있다. 동굴의 천정과 바닥에는 종유석이 지천이고, 그 모양도 다양하다. 비너스라 불리는 것이 있는가 하면, 코끼리를 닮아 진보영상(镇宝灵象)이라 이름 붙인 것도 있다.

은삼강 숲

석궁문 내부

대보동

석궁문

은삼강

제2장
위동뻬이지역(渝东北地域)

　위(渝)는 중경(重慶)을 의미하며, 동뻬이(東北)는 동북방향을 말한다. 따라서 위동뻬이지역(渝東北地域, 유동북지역)은 중경의 동북부지역을 일컫는 것이며, 충칭시(重慶市) 전체면적의 40% 정도를 차지한다. 위동뻬이지역은 충칭시의 1권역(一圈域)으로부터 동북쪽으로 뻗어 올라가며, 지리적으로는 다빠샨(大巴山)·우샨(巫山)·관미앤샨(觀面山)·밍위예샨(明月山)들이 북쪽 면을 에워싸고, 남쪽으로는 챵쟝(長江)에 접해있다.

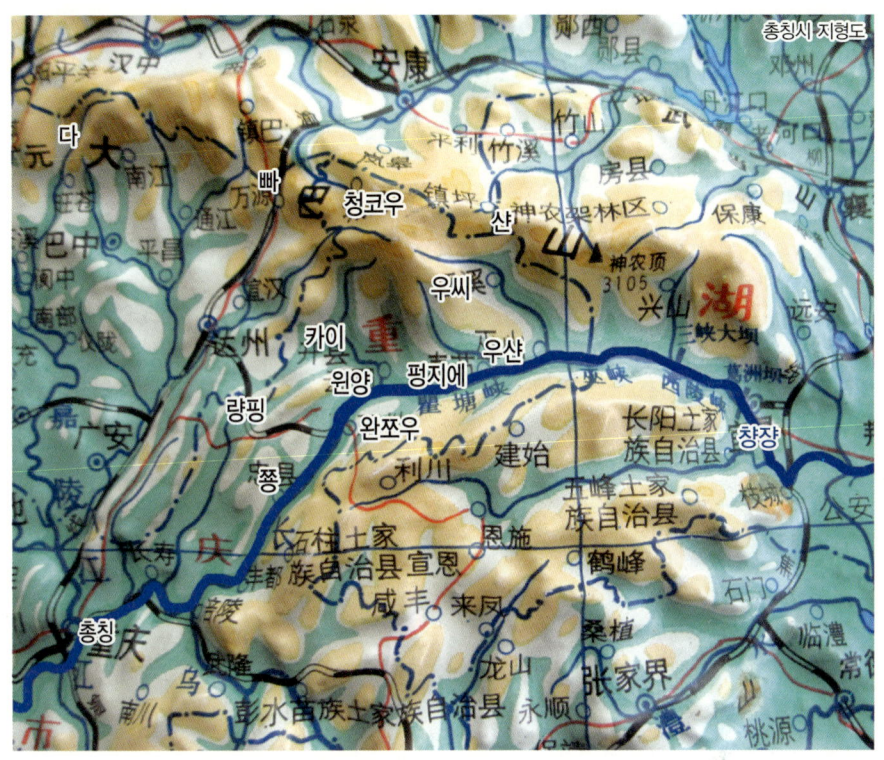

 이러한 지리적 여건을 감안, 위동뻬이지역(渝东北地域)을 북부산간지역(北部山间地域)과 남부챵쟝유역(南部长江流域)으로 나누고, 관내 여러 현(县)의 지역분포를 보면 다음 표와 같다.

(표) 위동뻬이지역(渝东北地域)의 구현별 분포

지역구분	구 현 별 분 포
북부산간지역	량핑(梁平) 카이(开) 청코우(城口) 우씨(巫溪)
남부챵쟝유역	쫑(忠) 완쪼우(万州) 윈양(云阳) 펑지에(奉节) 우샨(巫山)

북부 산간지역

(1) 량핑현(梁平县)

양평현

량핑현의 위치

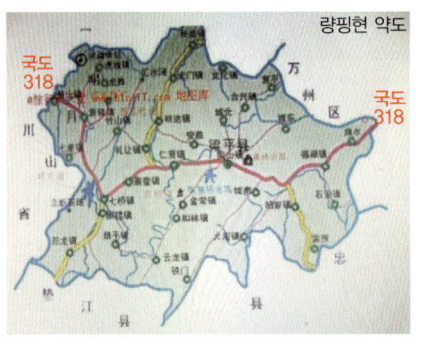

량핑현 약도

량핑현(梁平县, 량핑현)은 동서 폭 52km에 남북길이 60km인 1,892㎢(제주도 상응면적)의 크기이며, 인구는 91만 명이다(2009년). 북쪽으로 밍위예샨(明月山)을 사이로 하여 쓰촨성(四川省)의 다쪼우시(达州市)와 접하고, 동쪽으로는 완쪼우구(万州区)와 그리고 남쪽으로는 챵쟝유역의 쫑현(忠县)과 맞닿는다. 대부분이 구릉인 이 지역의 평균해발높이는 450m이며, 기후 상으로는 아열대계절풍기후구(亚热带季节风气候区)에 속한다.

4계가 분명하고, 기후는 온화하며, 강우량은 넉넉한 편이다.

량핑현(梁平县)의 교통환경은 전반적으로 양호하다. 318번국도가 동서방향으로 관통하고, 유만(渝 万)고속도로가 남북방향으로 달린다. 고속도로 상으로는 총칭(重庆)까지가 160km이고, 완쪼우(万州)까지가 60km이다. 또한 달만철도(达万铁道: 达州 四川 – 万洲 重庆 158km)가 량핑(梁平)을 경유하며, 이를 통해 총칭(重庆)·청두(成都, 四川省)·우한(武汉, 湖北省)·이챵(宜昌, 湖北省)·베이징(北京)·난챵(南昌, 江西省)·꾸이양(贵阳, 贵州省)·샹하이(上海) 등지로 연결된다.

량핑(梁平)의 볼거리로는 동명호(东明湖)가 있다.

동명호는 손바닥모양으로 생겼으며, 수면의 면적은 14만 ㎢이다. 9곡

동명호 풍광

동명호 풍광

18만(九曲十八灣)의 맑은 호수는 그 주위에 보살정(菩薩頂)을 비롯, 해발 1,000m가 넘는 산들이 둘러싸고 있어 호산공존(湖山共存)의 아름다움을 보여준다.

(2) 카이현(开县)

개현

카이현의 위치

카이현의 약도

카이현(开县)은 총칭시로부터 동북쪽으로 280km거리에 있다. 전체 면적이 4,000km²(제주도의 2.2배)인 카이현(开县)은 인구가 162만 명이며(2009년), 북으로는 빠샨(巴山)을 엎고, 남으로는 가까이에 챵쟝이 흐른다.

카이현(开县)의 볼거리로는 산천협곡이 신비로운 화선협(花仙峡)과 생태관광지인 설보산(雪宝山) 국가삼림공원이 있다.

화선협(花仙峡)

화선협은 롱씨허강 상류에 있는 협곡이다. 롱씨허(龙溪河)는 다빠샨 남쪽 기슭에서 발원하여 카이·량핑·치쟝·챵쇼우·위뻬이 등의 지역 500

화신협 풍경

여 km를 흘러 쟈링쟝으로 합류되는 강이다.

길이 8km인 협곡은 그 폭이 좁은 곳

화선협

화선협

은 1.8m이고, 넓은 곳은 308m이며, 협곡의 깊이는 30m정도이다. 원시처녀지인 협곡 안에는 꽃향기가 그득하고, 풍광이 아름다우며, 귀한 약재가 많이 자생한다고 해서 그 이름이 비롯됐다고 한다.

쉐바오샨(雪宝山, 설보산)

설보산은 국가삼림공원으로 지정돼 있다. 총면적 5,500만평의 삼림공원 중 3,000만평은 원시삼림이며, 그 원시삼림이 관광의 대상이다.

광활한 원시삼림의 웅장한 아름다움, 종류와 형태가 다양한 생물경관, 험준한 산악의 골격, 신비스럽기조차 한 다양한 모습의 폭포들, 자연 속에 피어난 그곳 소수민족 사람들의 생활문화 등이 꿈같이 펼쳐진다.

설보산 근경

설보산 설경

설보산 풍광

설보산 풍광

설보산 오동나무꽃

설보산 원경

(3) 청코우현(城口縣)

청코우현의 위치

청코우현 약도

청코우현(城口縣)은 총칭직할시의 동북 변두리에 위치하며, 3,294㎢(제주도의 1.8배) 면적에 인구는 26만 명이다. 청코우현은 다빠산(大巴山)을 경계로 하여 후난성(湖南省)·샤안시성(陝西省)과 접하는 산간오지이며, 그러한 지리적 여건으로 말미암아 산가(山歌)·민간고사(民間故事)·화고(花鼓)·사자무(獅子舞)·전곤무(錢棍舞)·채선무(彩船舞)·라고(鑼鼓)·효가(孝歌) 등 전통적인 파촉문화(巴蜀文化)가 원형그대로 보전돼 내려오고 있다.

청코우의 볼거리로는 신전초원(神田草原)·유섬계량(陝界梁)·황안연하석인만(黃安燕河石人湾)·청룡협(青龙峽)·계명사(雞鸣寺)·구중산(九重山)·다빠산국가급자연보호구(大巴山国家级自然保护区)·황안빠(黄安坝) 등이 있다.

신전초원(神田草原)

션티앤차오위엔(神田草原)은 동서 폭 15km에 남북길이 4km인 64㎢의 넓이이며, 해발 2,300~2,540m범위의 다빠샨 정상에 펼쳐져 있다. 신전초원의 주위 원근에 돋아나듯 솟아있는 산봉우리들이 푸른 하늘을 나는 흰 구름과 어우러진 풍광은 선경이 따로 없다. 청코우 현성으로부터는 45km거리이다.

신전초원으로의 관광노선은 다음과 같다.

현성(縣城)→소하구폭포(小河口瀑布)→용담하폭포(龙潭河瀑布)→유방구발

션티앤초원 풍광

션티앤초원풍광

션티앤초원풍광

전소(油坊沟电站)→북병댐(北屏水库)→유섬계량(渝陕界梁)→신전풍광(神田风景)→신선하(神仙河)

황안연하석인만
(黄安燕河石人湾)

황안향(黄安乡)의 연하촌(燕河村)에서 냇물이 흐르는 계곡을 거슬러 올라가다보면 형상이 기이한 바위들이 있다. 연못의 물을 마시고 있는 거북(龟)도 있고, 쌓아놓은 관(棺)도 있으며, 사람의 발자국이 선명하게 나있는 절벽바위도 있다. 이곳에서 냇물의 상류가 오른쪽으로 만(湾)처럼 굽어지는데, 여기에 사람처럼 생긴 바위가 우뚝 서있다. 사람들은 이곳을 일러 석인만(石人湾)이라고 한다.

석인만에 다음과 같은 이야기가 전해온다.

판구(盤古, 반고)가 천지개벽을 하여 세상이 생겨나고, 옥황대제(玉皇大帝)가 세상일을 주재할 때였다. 다빠샨(大巴山)의 마상수(马桑树)나무가 수만 년의 세월과 더불어 자라고 또 자라 그 키가 구름을 뚫고 하늘에 닿았다.

어느 날, 제천대성(齐天大圣이라 자칭하는 손오공이 이 마상수를 타고 천궁(天宮)에 숨어들어 장난을 치다가 동이에 들어있는 천하수(天河水)를 엎어 쏟으매, 인간 세상에 대홍수가 일어났다. 천하수는 옥황대제가 하계인 인간세상의 날씨를 봐가면서 조금씩 뿌려 비를 내리게 하는 물이었는데, 물동이가 넘어지는 바람에 몇 달을 두고 장대비가 내렸던 것이다.

이 홍수로 말미암아 온 세상이 물에 잠기고, 수많은 사람들이 떠내려가 죽자 옥황대제는 측근대신 황안(黄安)으로 하여금 하계로 내려가 넘치나는 물을 다스리도록 하였다. 황안은 홍수를 일으킨 물을 못 내려가게 가로막고 있는 아홉 자리의 큰 산을 일거에 뚫어 물길을 냄으로써 홍수를 다스렸다.

홍수가 잦아들자 옥황대제는 황안의 노고를 치하하고자 향연을 베풀고, 금동옥녀(金童玉女)와 백조, 그리고 봉황을 불러 가야금을 뜯고, 춤을 추도록 하는 한편, 황안에게 "택령후(泽灵侯)"라는 작위(爵位)를 내리고, 장수 양사(杨四)로 하여금 호위토록 하였다. 옥황대제는 또한 홍수가 졌던 지역을 평지로 만들어 황안빠(黄安坝)라 이름 짓고, 황안에게 봉토(封土)로 주면서 그 지역 백성들의 권선징악에 관한 대사도 아울러 관장토록 하였다.

이후 황안은 금동옥녀와 백조, 그리고 봉황과 더불어 황안빠에 내려와 살면서 손오공과 같은 지상의 망나니들이 다시는 천궁에 오르는 일이 안 생기도록 하고자 마상수(马桑树)를 오늘날과 같은 모습의 작은 관목(灌木)으로 만들어버렸다. 지금도 그 옛날의 얘기를 입증이라도 하듯 엄청나게 큰 마상수를 기둥으로 삼아지은 고옥이 황안향(黄安乡) 금연촌(金燕村)에 남아있고, 황안빠의 물이 아홉 골짜기로 흘러나가는 출구 근처에 황안을 비롯해 그와 함께 살았던 금동옥녀와 거북, 그리고 봉황 모양의 바위들이 서있다.

석인만

석인

유섬계량
(渝陕界梁, 위샨지에량)

"유(渝)"는 총칭시를, "섬(陕)"은 샤안시성을, "계(界)"는 경계를, "량(梁)"은 산량(山梁, 산등성이)을 각각 의미한다. 위샨지에량은 총칭직할시(重庆直辖市)와 샤안시성(陕西省)의 경계에 있는 산등성이인 것이다.

위샨지에량(渝陕界梁)은 다빠샨 정상에 있으며, 북으로는 400km의 진천

유섬계량

고산천지

(秦川)강이 있고, 남쪽으로는 운무가 감도는 다빠샨국가급자연보호구(大巴山国家级自然保护区)가 있다. 동서길이 15km에 남북 폭 4km인 64k㎡크기의, 사방이 원시삼림에 둘려있는 신전초원(神田草原)이 있고, 그 초원에 푸른 보석을 박아놓은 듯한 고산천지(高山天池)가 있다. 고산천지는 션허(神河) 강의 발원지이며, 전해오는 말로는 돌을 던져 수면을 건드리면 비가 온다고 한다.

다빠샨국가급자연보호구 (大巴山国家级自然保护区)

다빠샨자연보호구는 화중지구(华中地区)의 한가운데에 들어있다. 화중지구는 중국북부의 황허(黃河) 중하류지대와 중국남부의 챵쟝(长江) 중류지대에 위치하며, 허난(河南)·후베이(湖北)·후난(湖南)의 세 성(省)을 포괄한다.

이 지역은 북반구아열대(北半球)의 핵심지구로서 일본식물구의 서쪽변두리와 히말라야식물구의 동쪽변두리가 중복되며, 중국 내부에서만도 남부지구와 북부지구가 교차한다. 이러한 생태계의 지리적 특징으로 말미암아 희

다빠샨공원 위치

다빠샨 원경

다빠샨 근경

황안빠(黃安土貝)

황안빠는 다빠샨 주봉의 남쪽기슭에 있는, 동서길이 50여 km에 남북 폭이 10여 km인 초원이다. 운무에 휘감겨있는 산봉우리들이 주변원근에 연이어 있는 풍광은 마치 천상(天上)의 목장 같다.

다빠샨 공원

황안빠 고산풍경

귀동식물과 멸종위기에 처한 생물들이 다수 존재하고 있는 것으로 조사되고 있다. 중국정부는 중국의 생물다양성보호를 위해 다빠샨(大巴山)을 국가급자연보호구로 지정하고, 생물자원 전략기지로 활용하고 있다.

황안빠 초원

황안빠 설경

(4) 우씨현(巫溪县)

무계현

우씨현의 위치

우씨현의 약도

우씨현(巫溪县, 우씨현)은 다빠샨 동쪽 끝의 남쪽 기슭에 자리 잡고 있다. 이곳에 챵장의 지류인 다닝허(大宁河)가 흐른다. 우씨현의 북쪽으로는 샤안시성(陕西省)과 접하고, 동쪽은 후베이성(湖北省)이다. 우씨현은 아열대습윤계절풍기후구에 속하며, 4계절이 분명하고, 연평균기온은 18℃ 이다.

우씨현(巫溪县)은 4,030㎢(제주도의 2.2배)의 면적에 인구는 52만 명이며, 전체면적의 93%가 산이다. 우씨현의 전반적인 지세는 동(东)·북(北)·서(西)쪽으로 높고, 남쪽으로 낮아진다. 동쪽의 신농쟈(神农架) 원시삼림 산맥의 주봉인 인탸오링(阴条岭, 음조령)이 해발 2,797m로 가장 높고, 다닝허가 우씨현 관내를 벗어나는 쮸쟈허(祝家河)가 139m로 가장 낮다. 인탸오링(阴条岭)은 전체 충칭시에서 가장 높은 지점이다.

우씨현(巫溪县)에는 총연장 3,551km의 도로가 있다(2010년). 그중 67%가 촌도(村道)이고, 16%가 향도(乡道)이며, 8%가 현도(县道)이다. 성도(省道)는 9%에 불과하다. 따라서 이 지역의 교통은 가고자 하는 데까지는 가지지만, 그리 편안하기만한 길은 못된다.

우씨현(巫溪县)은 챵쟝3협(长江三峡)과 다닝허풍경구(大宁河风景区)에 포괄되며, 황금관광삼각대인 펑지에(奉节)-우씨(巫溪)-우샨(巫山)의 중심에 들어있다. 주된 볼거리로는 다닝허풍경구(大宁河风景区)·인탸오링자연보호구(阴条岭自然保护区)·홍치빠국가삼림공원(红池坝国家森林公园)·닝챵고진경구(宁厂古镇景区)·따관샨경구(大官山景区)·챠오양석림경구(朝阳石林景区)·투완청유협경구(团城幽峡景区) 등이 있다.

다닝허(大宁河, 대녕하)

다닝허(大宁河)는 창쟝3협(长江三峡)

우씨현 다닝허

우씨 다닝허 풍광

우씨 다닝허 풍광

으로 흘러드는 챵쟝의 지류이며, 예전에는 챵쟝(昌江, 창강) 또는 우씨슈이(巫溪水, 무계수)라고 불렸다. 다닝허는 청코우현(城口县)의 션티앤현(神田县)에서 발원(发源)하여 챵쟝에 합류하기까지 142km를 흐르며, 그 고도차는 1,540m에 이른다. 이러한 고도차 때문에 다닝허의 물 흐름은 몹시 사납다.

다닝허(大宁河)가 흐르는 계곡은 물에 잘 침식되는 카스터지모(喀斯特地貌)로 지반이 취약하다. 하지만, 면밀한 지질학적 조사와 세심한 기술설계를 통해 크고 작은 댐을 막아 쏟아져 내려오는 물을 발전용으로 활용하고 있다.

다닝허(大宁河)의 하류인 우샨현(巫山县, 무산현)에는 소삼협(小三峡)으로 불리는 롱먼샤(龙门峡, 용문협)·바우샤(巴雾峡, 파무협)·디추이샤(滴翠峡, 적취협)가 있다. 60km 계곡에 이어져있는 이들 협곡은 "중국국가풍경명승구"로 지정돼있으며, 중국관광명승지 40선에 들어있다.

인탸오링자연보호구
(阴条岭自然保护区)

인탸오링자연보호구(阴条岭自然保护区)는 신농쟈원시삼림(神农架原始森林)의 한 지맥(支脉)이며, 그 면적은 2,400만평이다. 인탸오링보호구의 평균해발높이는 1,900m이고, 주봉인 인탸오링(阴条岭)은 2,797m의 높이로 총칭시 전역에서 가장 높다.

보호구 안에는 홍두삼(红豆杉) 등 국

인탸오링 원경

인탸오링 치장물

① 고산초원(高山草原)
홍치빠 고산초원

인탸오링 근경

홍치빠 풍광

가1급 보호식물 15종을 비롯한 각종 희귀식물과 멸종위기식물 등 모두 1,500여 종의 식물이 분포돼있으며, 진댜오(金雕, 황금빛 독수리)·빠이숑(白熊, 백곰)·빠이후(白狐, 백여우) 등 300여 종의 동물들이 서식하고 있다

홍치빠국가삼림공원
(红池坝国家森林公园)

홍치빠삼림공원은 챵쟝3협에 접한 우씨현(巫溪县) 관내에 있다. 중고산간지대(中高山间地带)에 있는, 동서 간 길이 33km에 남북 폭 18km인 7,260만평 넓이의 평지이며, 삼림 43%, 초원 57%의 구성이다. 이곳의 주요 경점으로는 고산초원(高山草原)·하빙동(夏氷洞)·삼색치(三色池)가 있다.

해발 1,800~2,500m높이의 400만평 초원으로 1만두가 넘는 면양들이 방목되고 있으며, 약효가 좋은 각종 약초들이 자생한다. 여름철에는 새파란 풀이 요처럼 깔려있고, 떼지어 피어있는 들꽃들은 마치 비단을 깔아놓은 듯하다. 또한 겨울철의 눈덮인 초원은 북극의 풍광 그대로이다.

② 씨아빙동(夏氷洞, 하빙동)
홍치빠(红池坝) 평원에는 중국의 괴

씨아동방 풍광

씨아동방

씨아동방 풍광

쪽으로 80km 떨어진 훙치빠고산초원의 원시삼림에 들어있다. 해발 2,200m높이에 있는 동굴의 입구는 삼각형으로 5m높이에 아래 폭은 10m이다. 동굴 안은 동굴입구보다 낮게 있으며, 동굴의 크기는 길이 40m, 아래 폭 50m, 높이 20m이다.

이 동굴의 불가사의한 점은 동굴 속이 일 년 내내 꽁꽁 얼어있다는 것이다. 한여름의 동굴 밖은 녹음이 우거지고, 덥기조차 한데, 동굴 안은 한겨울인 것이다. 이와 같은 현상은 동굴 안 사방의 벽이 땅 속의 빙폭(氷瀑, 비탈진 빙하)에 둘러싸여있기 때문으로 보고 있다.

③ 싼써치(三色池, 삼색지)

서로 가까이에 있는 세 자리의 연못이 홍(紅)·청(靑)·흑(黑)의 서로 다른 빛깔을 띠고 있어 이를 일러 삼색지(三色池)라고 하는 것이다. 홍치(紅池)의 물은 붉은 놀 같고, 청치(靑池)의 물

삼색치 흑치

삼색치 설경

이한 동굴 10곳 중 하나로 꼽히는 씨아빙동(夏氷洞)이 있다. 씨아빙동은 다닝허의 상류, 우씨현 현성으로부터 서

은 쪽빛이며, 흑치(黑池)의 물은 갈아 놓은 먹물 같다. 홍치빠(红池坝)고산공원의 명칭은 이들 싼써치 중 홍치에서 비롯된 것이다.

따관샨경구(大官山景区)

따관샨(大官山, 대관산)은 우씨현의 동북부에 위치하며, 선농쟈(神农架)원시삼림의 인탸오링(阴条岭)자연보호구에 속한다. 해발 1,600~2,500m 범위의 중고산간평원(中高山间平原)에 자리잡고 있는 2,000만평 넓이의 따관샨경구는 교통접근이 막혀있어 그 대부분이 원시상태로 남아있다. "동방천산(东方天山)"으로도 불리는 이곳은 동식물의 왕국이라 할 만하며, 역사적으로도 이름난 "5대약산(五大药山)" 중 하나이다.

따관샨에 묘협비취곡(庙峡翡翠谷)이 있다. 묘협(庙峡)은 "다닝허7협(大宁河七峡)"의 으뜸으로 치며, 이곳에 백룡폭포(白龙瀑布)가 있다. 다닝허를 날아서 건너기라도 할 것 같은 기세로 떨어져 내리는 오색찬란한 폭포는 장관이며, 배를 타고 그 옆을 지나가는 정취는 느껴볼 만하다. 백룡은 전국적으로 이름난 폭포이며, 배를 타고 감상하는 백룡은 국가1급의 경점으로 돼 있다.

따관산 풍광

묘협비취곡

백룡폭포

남부 챵쟝지역

(5) 쫑현(忠县)
충현

쫑현의 위치

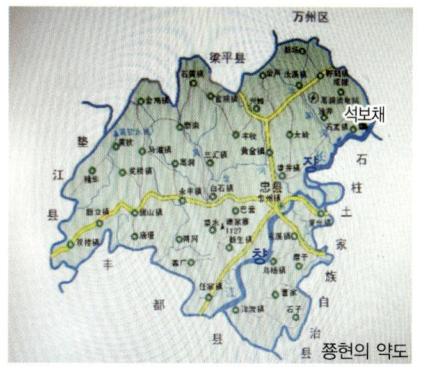

쫑현의 약도

팡도우샨(方斗山, 방두산) 서쪽 자락의 끝에 위치한 쫑현(忠县)은 구릉이 이어지는 지세이며, 관내에는 총연장 3,811km의 도로가 깔려있다. 그 중 촌도(村道)가 74%, 향도(乡道)가 11%, 현도(县道)가 10%, 성도(省道)가 5%이다. 큰 도로가 현성(县城)을 지나가지만, 관내의 전반적인 교통상황은 여의치 못하다.

쫑현의 볼거리로는 옥인산(玉印山) 절벽의 석보채(石宝寨), 당(唐, 618~907)나라 시인 백거이(白居易)의 사당인 백공사(白公祠), 챵쟝의 외로운 섬 황화성(皇华城), 그리고 두 곳의 천연호수가 있어 그리 불리는 천지산(天池山) 등이 있다.

석보채(石宝寨, 쉬바오쨔이)

쉬바오쨔이(石宝寨)는 산채(山寨)로 쫑현(忠县)을 흐르는 챵쟝의 북쪽 연안

석보채 원경

쫑현(忠县)은 총칭시의 중부, 챵쟝싼샤(长江三峡)의 중심지대에 위치한다. 총칭시의 주성구(主城区)로부터는 180km의 거리이다. 해발높이 117~1,680m 범위의 쫑현은 2,184km²(제주도의 1.2배)의 면적에 인구는 97만 명이다.

석보채 근경

석보채 정상

석보채 표지석

석보채 측면

에 있다. 쉬바오쨔이는 옥인산(玉印山, 위인샨) 절벽에 붙여지어진 채문(寨門)과 각루(閣樓), 그리고 360여 평 넓이의 정상에 터를 잡은 천자전(天子殿, 티앤즈디앤)과 란약전(兰若殿 란러디

석보채 전면

앤) 등으로 조성돼있다.

위인샨(玉印山)은 해발 230m 높이의 외톨박이 산으로 정상면적은 360여 평이다. 전해오기로는 여와보천(女媧補天)에 쓰였던 오색채석(五色彩石)이 이곳에 있어 석보(石宝)라 했고, 그 석보의 모양이 옥으로 만든 도장 같다 하여 옥인산(玉印山, 위인샨)이라 했다. 명(明)나라의 마지막 황제인 숭정(禎, 1627~1644)년간에 농민봉기군의 탄홍(譚宏)이 이곳에 산채를 지었고, 사람들은 그 이름을 석보채(石宝寨, 쉬바오쨔이)라 했다.

쉬바오쨔이로 들어가는 채문(寨門)은 6m높이의 벽돌구조이며, 그 상방에는 "소봉래(小蓬萊)"석 자가 새겨져 있다. 채문에 이어지는 각루(阁楼)는 목조건물로 12층 56m의 높이이다. 명(明)나라의 14대 황제 만력(万历, 1572~1620)년간에 세워지고, 청(清)나라의 4대와 6대 황제인 강희(康熙, 1661~1722)·건륭(乾隆, 1735~1796)년간에 개 보수된 당초의 각루는 9층이었다. "구중천(九重天)"은 "높디높은 하늘"·"제왕(帝王)"·"조정(朝廷)"을 의미한다. 이것이 12층으로 된 것은 1956년의 개보수 때였다. 각루의 각 층은 돌아 올라가는 계단으로 연결되며, 각층의 벽에는 쟝쟝의 원근 풍광을 내다볼 수 있도록 창문이 나있고, 더불어 전래의 전설과 고사를 표현한 조각·그림·시문이 새겨져있다. 각루(阁楼)가 지어진 배경에 관하여 다음과 같은 이야기가 전해온다.

위인산 꼭대기의 란러디앤(兰若殿)절로 예불을 하러 다니는 사람들은 위인산의 깎아지른 절벽을 타고 오르내려야 했다. 그런 중에 추락하여 생기는 불상사에 대하여 사람들은 그 원인을 신심의 부족으로 치부하였다.

그러한 위험을 무릅쓰고 절벽을 오르내리는 불자들에게 감동한 한 장인(匠人) 목수가 어느 날 무심코 물 위를 날고 있는 매를 보는데, 그 매는 공중을 빙빙 돌아 올라가더니 위인산 너머로 사라져가는 것이었다. 그 매의 비상(飞翔)을 본 장인목수는 절벽 타는 불자들을 위해 그 원리를 적용하는 길을 만들기로 하고, 절벽에 날아오르는 맵시의 누각을 지어 붙인 다음 그 안에 빙빙 돌아 오르내리는 계단을 설치한 것이다.

이 누각은 중국에서도 그리 많이 남아있지 않은 목조 건물의 하나인 데다가 그 생김새 또한 괴이하여 국내외로 널리 알려져 있다.

천자전의 영문장(迎门墙) 벽에는 대형벽화가 조각돼있는데, 여와부천 (女娲补天)의 고사를 내용으로 하고 있다.

여기서 잠깐 여와부천(女娲补天)

여와(女娲)는 중국 상고시대의 신화에 나오는 창세여신(创世女神)이다. 그 여와가 무너진 하늘을 보수하였다는 신화가 "여와보천(女娲补天)"이다. 그 전말은 다음과 같다.

판구(盘古)가 천지개벽을 하여 하늘과 땅을 만들고, 여와가 진흙으로 사람을 만들어 모여 살게 하니 사해(四海)가 편안하였다. 훗날 공공(共公)과 전욱(颛顼)이 왕위를 놓고 다투다 공공이 패하매 그는 분함을 못 이겨 불주산(不周山)을 들이받는데, 그 충격으로 하늘을 받치고 있던 기둥들이 무너져 내려 하늘이 서북쪽으로 기울고, 땅이 동남쪽으로 꺼져 내려갔다. 이로써 세상은 화마와 수마가 휩쓸어 지상의 모든 생물이 멸종의 위기를 맞게 되는데, 이를 본 여와가 그 참상을 보다 못해 하늘을 보수한다.

여와는 우선 동해의 다섯 자리 선산(仙山) 중 하나인 천태산(天台山)에서 오색토(五色土)를 파다가 태양신화(太阳神火)불로 9일 밤 9일 낮 동안 3만6,501개의 벽돌을 굽고, 다시 9일 밤 9일 낮 동안 3만6,500개의 벽돌을 들여 하늘보수를 끝낸다. 그 때 남은 오색채석(五色彩石) 하나가 천태산(天台山)의 탕곡(汤谷) 정상에 있다고 한다.

위인샨 절벽위의 란러디앤(兰若殿) 절 뒤쪽에 있는 바위에 술잔 크기의 돌구멍이 나있다. 출미동(出米洞)이라는 이름으로 불리는 이 구멍에서는 쌀이 나왔고, 그 양은 절의 식구들이 먹을 만큼이었다. 어느 때인가 탐심이 있는 승려가 더 많은 쌀을 취하고자 그 구멍을 키웠는데, 그때부터 쌀은 나오지 않고, 지금은 그 구멍만이 남아서 탐심을 경계하라 하고 있다.

쉬바오쨔이로 오는 차편은 총칭의 경우 위쭝구(渝中区)의 챠오티앤먼(朝天门) 시외버스터미널에서 있고, 쫑현(忠县) 현성의 시외버스종합터미널까지 3시간 30분이 소요된다. 이곳에서 매 30분마다 석보채로 가는 버스가 출발하며, 50분간 소요된다.

접해 있다. 이 지역은 분동평행령곡구(盆东平行岭谷区)의 구릉지대로 챵쟝(长江)의 삼협(三峡)과 다닝허(大宁河)의 소삼협(小三峡)이 이 지대에 있다. 관광산업의 발전 잠재력이 풍부한 고장인 것이다.

완쪼우구(万州区)는 거리와 건물들

완쪼우구의 위치

(6) 완쪼우구(万州区)

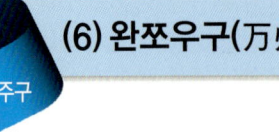
만주구

완쪼우구(万州区)는 쓰촨분지의 동부 변두리에 위치하며, 챵쟝 싼샤댐에

완쪼우구 약도

이 산을 등지고 강을 바라보고 있다. 그래서 사람들은 완쪼우구를 일러 "강성(江城)"이라 한다. 완쪼우구는 그 면적이 3,457㎢(제주도의 1.9배)이며, 인구는 172만 명이다. 총칭시의 40개 구현(区县) 중에 인구가 가장 많다. 완쪼우구는 총칭의 주성구로부터 동쪽으로 327km, 후베이성(湖北省)의 이창시(宜昌市)로부터는 서쪽으로 321km 떨어져 있다.

완쪼우구(万州区)의 교통은 날로 좋아져 머지않은 장래에 챵쟝관광의 중심지로 발돋움할 것으로 전망되고 있다. 완쪼우구는 챵쟝의 10대 항구 중 하나로 꼽히며, 318번 국도가 관내를 동서로 관통한다. 완쪼우공항이 2003년에 개통, 하늘길이 열렸으며, 쓰촨성의 다쪼우(达州)에서 동쪽으로 달려온 달만철도(达万铁道)가 2010년 12월에 후베이성의 이창(宜昌)까지 연결되었다.

완쪼우구(万州区)의 볼거리로는 청룡폭포(青龙瀑布)·담장협(潭獐峡)·용천서산비(龙泉西山碑)·고리신과묘(库里申科墓)·천생성(天生城)·철봉산(铁峰山) 등이 있다.

청룡폭포(青龙瀑布)

청룡폭포(青龙瀑布, 칭룽푸부)는 간닝진(甘宁镇)을 흐르는 간닝허(甘宁河)

청룡폭포

석동광장

청룡폭포의 물발

강의 하단에 있다. 높이 65m에 물의 폭이 115m인 이 폭포는 물 폭이 19m인 황과수폭포(黃果树瀑布, 贵州省) 보다 규모가 훨씬 크다. 그래서 이곳 사람들은 청룡폭포를 일러 동양 최대라고 한다.

이 지역은 전형적인 카스터지모(喀斯特地貌)이다. 숲이 울창한 가운데 절벽은 곧추서있으며, 활처럼 휘어져 있는 경계면으로부터 떨어지는 폭포는 마치 절벽에 거대한 수렴(水帘) 발을 쳐놓은 것 같이 그 풍광이 웅장하고 아름답다. 폭포의 안쪽으로 나있는 길을 따라 폭포 밖의 풍광을 내다보며 걷는 재미도 쏠쏠하려니와 600여 평 석동광장(石洞广场)의 기괴함과 폭포 아래 물풀의 신선함이 어우러진 풍광은 가위 도화원(桃花源)이라 할 만하다.

청룡폭포로부터 멀지 않은 곳에 삼국(三国, 220~280)시기의 장군인 간닝(甘宁)의 묘가 있고, 그 이름을 딴 간닝폭포의 위쪽으로 간닝댐(甘宁水库)이 있다. 청룡폭포는 완쪼우 신성(新城)으로부터 26km의 거리이며, 교통은 편리한 편이다.

담장협(潭獐峡, 탄쨩샤)

탄쨩샤(潭獐峡)는 길이 20km에 폭이 30~80m인 산간계곡으로 담연(潭渊, 깊은 못)이 있고, 노루(獐子)가 흔하다 해서 그 이름이 비롯되었다고 한다.

협곡 안에는 일곱 갈래의 계곡과 24자리의 산봉우리, 그리고 48갈래의 냇물과 그 각각에 붙은 심연(深渊, 깊은 연못)이 있으며, 협곡의 양쪽 절벽은 그 형태가 기기묘묘하고 아기자기 하여 보는 눈을 즐겁게 한다.

또한 금계(锦鸡)·백작(白鹊, 흰 까치)·노루(獐子)·사슴(鹿)·구절리(九节狸, 사향고양이과의 작은 동물)·수달(水獭)·고슴도치(刺猬)·원숭이(猴子) 등의 야생동물을 가까이에서 볼 수도 있다. 자연의 맨얼굴을 접해볼

담장협

담장협 풍광

담장협 풍광

수 있는 체험공간으로 인기가 높다.
 탄쨩샤(潭獐峽)를 가려면 완쪼우의 우챠오난쨘(五桥南站) 버스터미널에서 탄쨩샤(潭獐峽)를 경유하는 디바오(地宝)행 버스를 탄다. 탄쨩샤를 경유하는지를 반드시 확인하도록 한다.

철봉산(铁峰山, 티에펑샨)

 티에펑샨(铁峰山) 공원은 해발 1,000~ 3,000m의 높이에 있으며, 2,700만 평의 넓이이다. 공원은 금사령(金狮岭)·봉황산(凤凰山)·철불사(铁佛寺)·패각산(贝壳山)의 네 경구로 나뉘며, 불교문화를 비롯한 인문경관과 계절 따라 그 위용을 달리하는 자연경관이 잘 조화를 이룬다는 평이다.
 완쪼우 시가지로부터 15km의 거리이며, 교통은 편리하다.

철봉산 전경

금사령

봉황산

(7) 원양현(云阳县)

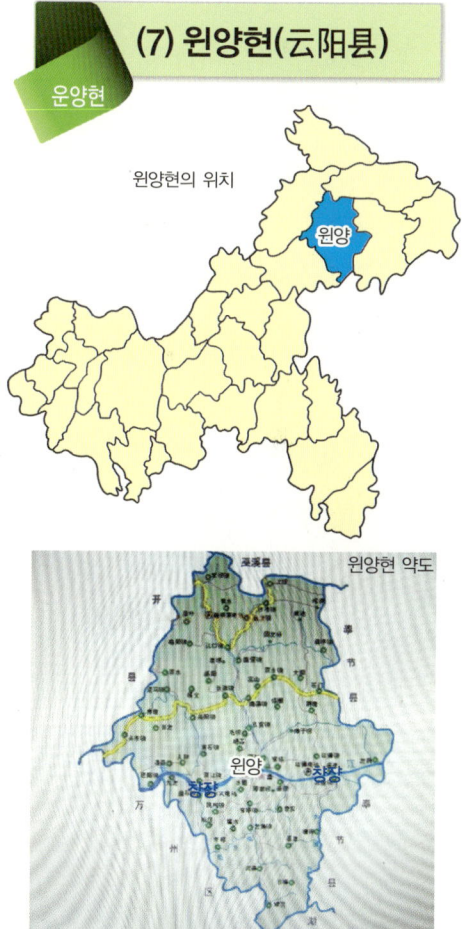

원양현의 위치

원양현 약도

 원양현(云阳县)은 총칭시의 동북부

에 위치하며, 창장(长江)이 관내의 동서를 관통한다. 원양은 동서 간의 폭 70km에 남북길이가 100km의 크기이며, 면적으로는 3,649㎢(제주도의 2배)이다. 원양의 볼거리로는 용항(龙缸)·장항후묘(张恒侯庙)·용척석(龙脊石) 등이 있다.

용항(龙缸, 롱강)

롱강(龙缸)은 지질공원이자 풍경구로 총칭평행령곡구(重庆平行岭谷区)의 동남부에 위치하며, 총체적인 지세는 남쪽으로 높고, 북쪽으로 낮아진다. 롱강(龙缸)은 예전에 "루강(炉缸)"으로도 불렸다. 이곳에 큰 화로(火炉)모양의 천갱(天坑)이 있기 때문이었다. 주요 경점으로 천갱(天坑)·석순하(石笋河)·나한봉(罗汉峰)·토가풍정(土家风情) 등이 있다.

① 천갱(天坑, 티앤컹)

티앤컹(天坑)은 불규칙한 타원형의, 규모가 큰 구덩이로 직경이 긴 곳은 326m, 짧은 곳은 178m이고, 깊이는 325m이며, 그 절벽은 수직에 가깝다. 깊이로는 중국에서 세 번째이고, 세계를 통틀어서는 다섯 번째이며, 절벽의 경사도로는 세계 으뜸이라고 한다.

이곳의 지층은 물에 잘 녹는 석회암이다. 물을 머금어 본래보다 무거워진 석회암층의 무게를 지반이 지탱하지 못해 꺼져 내리면서 생겨난 것으로 그 생성배경을 이해하고 있다.

② 석순하(石笋河, 쉬쑨허)

티앤컹 북쪽의 벼랑 끝에서 좁디좁은 산길을 따라 네 시간 정도 내려오면 사람들을 홀딱 반하게 하는 쉬쑨허(石笋河)에 닿는다. 치야오샨(七曜山)에

용항 천갱

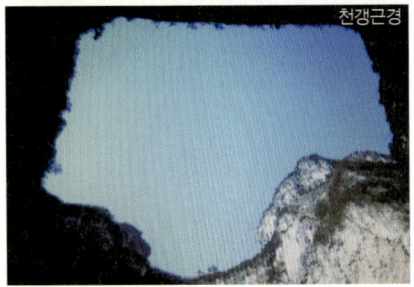

천갱근경

쉬쑨허 풍광

쉬쑨허

청수향 풍광

청수향 풍광

서 흘러내린 물이 세월과 더불어 이곳의 석회암층을 파고 내려가 신비할 정도로 깊고 그윽한 협곡을 만든 것이다. 대협곡의 동쪽기슭에는 200m이상의, 죽순(竹笋)처럼 생긴 돌기둥이 우뚝 솟아있는데, 참으로 웅장하고 아름다워 보인다. 석순하(石笋河)라는 이름도 이 돌기둥에서 비롯된 것이라고 한다. 쉬쑨허는 챵쟝으로 흘러든다.

③ 나한봉(罗汉峰, 루워한펑)

루워한펑(罗汉峰)은 70~100m높이의 용봉(溶峰, 용암이 굳어서 된 봉우

나한봉 원경

리)들로 그 모양새가 불교의 나한(罗汉)들과 비슷하게 생겼다 해서 붙여진 이름이다. 모두 18자리인 루워한펑들이 기껏해야 5~6km²의 범위 안에 들어차있고, 각 루워한펑(罗汉峰)에는 저습지(低湿地)가 하나씩 달려있는데, 루워한펑에서 흘러나온 물을 맑게 담고 있다.

이 루워한펑(罗汉峰)들을 멀리에서 내려다보면 푸르른 숲 위로 불쑥불쑥 솟아오른 봉우리 사이로 흰 구름이 지나고, 구름 아래로 보이는 투쟈족(土家族) 마을이 평화롭다. 습지의 맑은 물은 군데군데 보석을 박아놓은 양 눈부시고, 그 위에 놓인 다리들이 정겹다.

④ 토가풍정(土家风情)

룽강(龙缸)이 있는 윈양현(云阳县)의 칭슈이향(清水乡)은 지리상으로 오지

천초공도(천갱길)

천초공도(운양관)

천초공도(석순하길)

투자족 사람들

이고, 교통접근이 쉽지 않았기에 이곳 투쟈족(土家族) 사람들의 생활은 원시 그대로나 다름없다. 외부의 언어와 글자는 통용되지 않고 있으며, 자신들의 몸놀림인 파수무(摆手舞)를 비롯해 투쟈족의 문화가 고스란히 전승돼오고 있다. 칭슈이향(清水乡)은 쓰촨(四川)과 후베이(湖北)를 잇는, 옛사람들의 장사 길이 지나던 곳이었다. 천초공도(川楚孔道)로 불리던 이 길의 청석판고도(青石板古道) 일부가 우거진 숲 속에 남아 있어, 역사 속으로 사라지는 그 길의 존재를 실증하고 있다.

장환후묘
(张桓侯庙, 쨩환호우먀오)

쨩환호우먀오(张桓侯庙)는 삼국시대(三国时代, 220~280) 촉한(蜀汉, 221~263)의 무장이었던 장비(张飞, 쨩페이, ?~221)의 사당이다.

속칭 쨩페이먀오(张飞庙, 장비사당)라 하며, 다음과 같은 이야기가 전해 온다.

적벽대전(赤壁大战)에서 유비를 도와 조조의 대군을 물리친 장비는 유비가 촉한의 임금 자리에 오르면서 지금의 난총시(南充市 四川省)를 중심으로 한 파서태수(巴西太守)가 된다. 유비와 더불어 도원결의(桃园结义)를 한 관우가 조조와 손권의 협공으로 형주

(荊州)에서 죽임을 당하자 장비는 유비의 명을 받아 손권의 오(吳)나라 정벌 길에 나설 준비를 한다. 이 때 오나라 정벌을 반대하는 장비(张飞)의 휘하 장수 범강(范疆)과 장달(张达)이 모의, 장비의 목을 잘라 오(吳)나라로 도망간다.

범강과 장달이 도망 길에 원양(云阳) 땅을 지나다가 촉한(蜀汉)과 오(吳)의 두 나라가 화해했다는 소식을 듣고, 장비의 머리를 창쟝의 강물에 던져버리는데, 한 어부가 이를 건져 비봉산(飞凤山, 페이펑샨) 양지바른 곳에 묻어줬고, 그것이 장비의 머리라는 것을 알게 된 사람들은 촉한의 명장 장비가 그렇게 죽어 떠도는 것을 못내 아쉬워하며 그의 머리가 묻힌 곳에 사당을 짓고 제사를 지내주었다. 그리고 사람들은 장비에 대하여 말하기를 "머리는 윈양에 있고(头在云阳), 몸은 랑쫑에 있다(身在廊中)"고 하였다. 랑쫑은 장비가 공무를 보던 파서군(巴西郡)의 관아가 있던 곳이며, 지금은 쓰촨성의 난총시(南充市) 관할에 있다.

쟝환호우먀오(张桓侯庙)는 윈양(云阳) 현성(县城)에서 강 건너로 보이는 페이펑샨(飞凤山, 비봉산) 기슭에 있으며, 촉한 말기에 지어졌고, 송(宋, 960~1279)·원(元, 1206~1368)·명(明, 1368~1644)·청(清, 1616~1911)

장비사당 전경

장비도원결의

장비소상

장비사당정문

도원결의

의 역대 왕조를 거치면서 보수 확장되어 오늘에 이르고 있다.

쨩환호우먀오(张桓侯庙)는 산에 기대어 물가에 앉은 듯 지형을 최대한 살려가면서 지었기에 주변의 산수원림(山水园林)과 혼연일체가 되어있다는 평이다. 사당 안에는 결의루(结义楼)·서화랑(书画廊)·정전(正殿)·조풍각(助风阁)·망운헌(望云轩)·두견정(杜鹃亭)·청도정(听涛亭) 등의 옛 건물들이 비탈을 따라 질서정연하게 자리를 잡고 있다. 이들 건물은 북방건축의 웅장한 기품과 남방건축의 준수한 아름다움을 함께 갖추고 있는데다가 주변의 원림과 잘 조화돼있다 하여 사람들은 이곳을 "파촉승경(巴蜀胜景)"이라고도 부른다.

쨩페이(张飞)는 무장이었을 뿐만 아니라 그만의 서체(书体, 书法)가 정립돼있을 만큼 서예에 뛰어났다. 이런 연유로 하여 이곳에는 한당(汉唐, BC206~AD907) 이래의 석각(石刻)·목각(木刻)·자화비각(字画碑刻) 등 수많은 서예관련 유물들이 소장돼있기도 하다.

용척석(龙脊石, 롱지쉬)

롱지쉬(龙脊石)는 원양현(云阳县)의 현성(县城) 앞을 흐르는 챵쟝(长江) 강물의 석량(石梁, 돌마루)이다. 지금은 싼샤땜(三峡坝)의 물로 말미암아 길이 200여m 폭 10여m크기의 석량(石梁) 일부만이 물 위로 나와 있지만, 예전에는 강 가운데에 동도(东岛)와 서도(西岛)로 들어나 있다가 봄철 갈수기에 수위가 낮아지면, 그 두 섬이 붙어 하나로 되고, 그 모양이 마치 한 마리의 흰

원양 용척산

원양3협문물원

용척석

용이 강물에 몸을 담그고 있는 것 같았는데, 그래서 사람들은 이 석량을 일러 롱지쉬(龙脊石, 용척석) 또는 롱치앤쉬 (龙潜石, 용잠석)이라 하였다. 이 석량(石梁)에 다음과 같은 이야기가 전해온다.

한 마리의 용이 용궁의 질서를 어지럽혀 인간세상으로 쫓겨나는 벌을 받게 되었다. 이 용이 인간세상으로 쫓겨 온 후에도 그 못된 행실을 고치지 않고 나쁜 짓을 일삼으매, 옥황상제는 다위(大禹, 대우)로 하여금 신의 도끼를 가지고 인간세상으로 내려가 그 용을 징벌하도록 하였다.
다위는 용을 만나 악행을 하지 말도록 종용하였으나 용은 더욱 거세게 날뛰며 강물을 뒤집어 홍수를 일으키는 등 백성들을 해치므로 다위(大禹)는 하는 수 없이 신침(神钋)못을 그 용의 배꼽에 박아버렸다. 이로써 용은 더 이상 발광하지 못하고 죽어서 돌로 변했는데, 이것이 오늘날의 용척석(龙脊石, 롱지쉬)인 것이다.
전설은 전설임에도 사람들은 롱지쉬에 올라 그 용의 배꼽 구멍을 찾아 동전을 던져 넣는다. 지름 30㎝정도의 배꼽 구멍에 동전을 넣으면 병을 앓지 않는다는 말을 떠올리며 전설을 즐기는 것이다.

(8) 펑지에현(奉节县)

봉절현

펑지에현의 위치

펑지에현 약도

펑지에현(奉节县)은 총칭시의 동부에 동서 폭 71km, 남북길이 98km인 4,087㎢(제주도의 2.2배)의 넓이로 자리 잡고 있다. 이 지역은 쓰촨분지의 동쪽 끝머리이며, 남쪽으로는 후베이성(湖北省)과 접한다. 이 지역은 또한 샤안시성(陕西省)의 남부, 총칭시(重庆市)의 동부, 후베이성(湖北省)의 서부, 후난성(湖南省)의 북부를 잇는 통로가 되며, 그래서 사람들은 이곳을 일러 상악유섬(湘鄂渝陕) 경제주랑(经济走廊)의 요충이라고도 한다. 상(湘)은 후난성(湖南省)을, 악(鄂)은 후베이성(湖北省)을, 유(渝)는 총칭시(重庆市)를, 섬(陕)은 샤안시성(陕西省)을 각각 지칭하는 약어(略语)들이다.

펑지에현(奉节县)의 명칭유래에 관하여 다음과 같은 이야기가 전해온다.

(1)
 옛날 어느 땐가 이 고장에 쉬요우(许由)라는 이름의 현관(县官)이 부임해왔다. 그는 죽은 사람의 묘 속에 보물들이 묻혀있을 것이라는 생각을 오래 전부터 해오던 터라 부임한지 오래지 않아 류뻬이(刘备, 유비)의 부인인 감씨(甘氏)의 묘를 도굴하기로 마음먹었다.

 준비를 마친 쉬요우 현관은 심복부하 몇을 데리고 와 묘를 파헤치려 하는데, 갑자기 장명등(长明灯)에서 쪽지 하나가 나오더니 이내 쉬요우에게로 날라 왔다. 그 쪽지에는 붉은 빛으로 선명하게 "쉬요우야, 쉬요우야, 너와 나 사이에는 아무런 원한도 없지 않느냐, 그러니 네가 사사로이 내 무덤을 파헤친다면 내가 너를 기름에 태우는 징벌을 가할 것이다(许由 许由, 无冤无仇 私开吾墓, 罚尔上油)."라고 쓰여 있었다. 기겁을 하게 놀란 쉬요우(许由)는 감히 그 묘를 열지 못하고 돌아왔다. 그 일이 있은 후, 쉬요우는 자신의 마음가짐과 행동거지를 크게 후회했으며, 손수 "봉공수절(奉公守节)"이라는 편액을 써서 걸고, 참회하는 마음에서 공무를 중히 하고 절개를 지키니 온 고장이 태평성세였다. 이에 백성들은 자신들의 고장을 "봉절(奉节, 펑지에)"이라 부르고 현관을 칭송해 마지않았다.

(2)
 이 고장은 옛날부터 수운(水运)을 통해 오가는 사람도 많고, 싣고 내리는 물건도 많은, 수륙교통의 요충지였다. 여건이 이렇다보니 방탕한 여인들이 거리 도처에 자리를 잡고 사회기강을 어지럽혔다. 새로 부임한 현관이 이러한 거리의 모습을 보고, 편액을 써서 거는데, 그것은 "봉리수절(奉理守节)" 네 글자였다. 도리를 중히 하고, 절개를 지킨다는 의미일 터이다. 이 현관(县官)이 솔선하여 모범을 보이며 선정을 베풀매, 인륜도덕과 사회기강이 다시 섰으며, 그래서 사람들은 현관을 칭송하고, 고장의 이름을 "봉절(奉节, 펑지에)"이라고 하였다.

펑지에현(奉节县)은 그 면적의 88%가 산지이고, 해발 1,000m이상의 중산(中山)만도 80%에 이른다. 펑지에현의 북부는 다빠샨(大巴山)의 남쪽기슭으로 이어지고, 동부는 우샨(巫山)이며, 남부는 치야오샨(七曜山)에 걸친다. 이렇듯 산이 많은 펑지에현을 챵쟝이 동서로 42km를 관통하는데, 특히 챵쟝이 치야오샨(七曜山)을 자르고 지나가는 협곡이 챵쟝싼샤(长江三峡) 중의 하나인 취탕샤(瞿塘峡)이며, 펑지에현(奉节县)에 있다.

펑지에현(奉节县)은 중아열대습윤계절풍기후구(中亚热带湿润季节风气候区)에 속하며, 4계절이 분명하다. 봄이 일찍 오고, 여름은 더우며, 가을은 서늘하고, 겨울은 푸근하다. 이곳은 해발고도가 크게 차이가 나기 때문에 전형적인 입체기후현상이 나타난다. 연평균기온만 하더라도 해발고도에 따라 차이가 나는데, 그 정황과 기타 기상요소를 보면 다음 표와 같다.

(표) 펑지에현의 해발고도별 연평균기온

해발고도(m)	~600	600~1,000	1,000~1,400	1,400~
연평균기온(℃)	16.4	~13.7	~10.8	7.2

극최고기온 39.8℃, 극최저기온 -9.2℃, 연평균강수량 1,132mm

펑지에현(奉节县)의 볼거리로는 취탕샤(瞿塘峡)·빠이디청(白帝城)·티앤컹디펑(天坑地缝)·쿠이쪼우고성(夔州古城)·지우판허(九盘河) 등이 있다.

취탕샤(瞿塘峡, 구당협)

취탕샤(瞿塘峡)는 펑지에현(奉节县)과 우샨현(巫山县)에 걸친, 8km길이의 챵쟝(长江) 협곡이다. 씨링샤(西陵峡)·우샤(巫峡)와 더불어 챵쟝싼샤(长江三峡)를 이루는 취탕샤(瞿塘峡)는 싼샤(三峡) 중에 그 길이가 가장 짧지만, 산세풍광(山势风光)이 웅장하고 험준하기로는 으뜸이다.

동서방향 8km길이의 취탕샤(瞿塘峡) 협곡은 쿠이샤(夔峡)라고도 하며, 강을 사이에 두고 500m정도 높이의 절벽이 넓게는 100m폭으로, 더 좁은 곳은 수십m폭으로 마주하고 있어 강물은 험하게 용솟음치며 지나간다. 강 양쪽으로 우뚝 서있는 절벽이 마치 대문 같기도 하다하여 쿠이먼(夔门, 기문)이라고도 하며, 이곳을 묘사하여 "쇄전천지수(锁全川之水), 액파촉인후(扼巴蜀

취탕샤 약도

취탕샤

빠이옌샨(좌)과 치쟈샨(우)

취탕샤 풍광

취탕샤 풍광

咽喉."라고 하였다. 챵쟝의 물 흐름이 이곳에서 목 죄이고, 파촉(巴蜀)으로 통하는 길목이 이곳에서 지켜진다는 의미일 터이다.

또한 강의 남쪽으로는 흰빛 인상의 빠이옌샨(白鹽山 또는 白燕山)이 상대고도 1,500m의 높이로 솟아있고, 강의 북쪽으로는 붉은빛 인상의 치쟈샨(赤甲山)이 빠이옌샨에 버금가는 높이로 솟아 있다. 빠이옌샨이 흰빛을 띠는 것은 석회암층에서 녹아나온 칼슘 수용액이 암석에 흡수됐기 때문이고, 치쟈샨의 붉은빛은 산화철의 수용액이 산지(山地) 점토에 스몄기 때문이다. 이렇듯 좁은 계곡의 챵쟝을 사이에 두고 제비(燕)모양의 빠이옌 봉우리와 붉은 갑옷을 떨쳐입은 모습의 치쟈샨(赤甲山)이 마주하고 있는 풍광은 절경중의 절경으로 회자된다.

예로부터 사람들은 취탕샤의 전체적인 풍광에 대해 말하기를 "험막약검각(險莫若劍閣), 웅막약기(雄莫若夔)"라고 하였는데, 이는 "험준하기로는 쓰촨 북부의 지앤거(劍閣)만한 곳이 없고, 웅장하기로는 이곳 쿠이샤(夔峽)만한 곳이 없다."고 하였다. 취탕샤(瞿塘峽)는 중국의 10위옌(元)짜리 지폐 뒷면의 도안으로도 인용되고 있다.

빠이디청(白帝城, 백제성)

빠이디청(白帝城)은 서한(西汉, BC206~ AD25) 말 공쑨슈(公孫述, 공손술)가 세운 성(城)으로 취탕샤(瞿塘

빠이디청 원경 빠이디청 근경

峽) 서쪽 입구 북안(北岸)에 자리 잡고 있다. 빠이디청은 싼샤(三峽)의 이름난 관광지이며, 취탕샤의 쿠이먼(夔门)을 한 눈에 내려다 볼 수 있는 최적지이다. 이백(李白)·두보(杜甫)·백거이(白居易)·류우석(刘禹锡)·소식(苏轼) 등 중국 역대의 저명한 시인들이 이곳에 와 많은 시를 써서 남겼기에 사람들은 빠이디청을 시성(诗城)이라고도 한다. 빠이디청의 내력은 다음과 같다.

서한 말년에 왕망(王莽, AD9~23)이 왕위에 있으면서 그의 수하 대장군인 공쑨슈(公孙述)로 하여금 쓰촨지방을 다스리도록 하였다. 공쑨슈는 물산이 풍부한 천부지국(天府之国) 쓰촨에서 세를 키우다가 야심이 발동, 언젠가는 자신이 왕위에 오르겠다고 벼르던 중에 이곳의 지세가 비범함을 알아차리고 난공이수(难攻易守)의 성(城)을 쌓았다. 그리고 쯔양청(子阳城, 자양성)이라 이름 붙였다.

쯔양청 안에 백학정(白鹤井)이라는 작은 우물이 있었는데, 우물 속에서 낮밤 없이 한 줄기 흰 안개가 뿜어져 나와 용트림하듯 퍼지는 것이었다. 이를 본 공쑨슈는 이 우물을 "백룡출정(白龙出井)"이라 이름 짓고, 술수를 부려 공쑨슈가 임금이 될 징조라는 소문을 퍼뜨렸다. 백성들의 분위기가 그리 쏠리자 공쑨슈는 자신을 "빠이디(白帝)"라 칭하고, 쯔양청(子阳城)을 빠이디청(白帝城)으로 개명하였으며, 삼면이 산으로 둘러싸여있는 뒷산을 "빠이디샨(白帝山)"이라고 하였다.

AD36년, 공쑨슈가 리유씨유(刘秀)와 천하를 놓고 싸우다가 패하는데, 그 전란으로 온 지역이 황폐해졌으나 빠이디청(白帝城)만은 온전하였다. 이에 이곳의 백성들은 공쑨슈에 대한 고마움을 표하고자 빠이디청(白帝城)을 빠이디먀오(白帝庙)사당으로 삼아 그의 조각상을 만들어 세움과 아울러 해마다 그를 위한 제사를 지내주었다.

삼국시대(三国时, 220~280) 말, 리유뻬이(刘备, 유비)가 동오(东吴)와의 전쟁에서 패하여 이곳 빠이디청(白帝城)으로 피해있게 되었는데, 뭇 신하들을 볼 면목이 없었다. 그래서 그는 빠이디청(白帝城) 안에 용안궁(永安宫, 영안궁)을 짓고 칩거했으며, 오래지 않아 화병으로 죽었다. 죽음을 앞두고 리유뻬이는 쮸거량(诸葛亮)에게 자신의 아들 리유찬(刘禅)을 군신관계로 받들고 보살펴 줄 것을 부탁하는데, 역사에서는 이를 "유비탁고(치備托孤)"라고 한다.

명(明, 1368~1644)나라 때 이르러 공쑨슈의 조각상이 리유뻬이의 조각상으로 대체되고, 더불어 관위(关羽, 관우)·쟝페이(张飞, 장비)·쥬거량(诸葛亮, 제갈량)의 조각상도 진설된다. 이로써 공쑨슈의 사당은 촉한(蜀汉)의 군신(君臣)에 대한 사당으로 바뀌게 되는데, 그러나 그 이름만은 빠이디먀오(白帝庙) 그대로 이어지고 있다.

빠이디청(白帝城)에는 명량전(明良殿)·무후사(武侯祠)·관경정(观景亭)·망강루(望江楼) 등 명(明, 1368~1644)·청(清, 1616~1911) 시대의 건물이 자리 잡고 있다. 싼샤공정(三峡工程)이 마무리 되고, 물이 갇히면서 취탕샤(瞿塘峡)의 수위도 올라갔는데, 그 영향으로 과거에는 3면이 강이던 빠이디청(白帝城)이 지금은 4면 모두가 강으로 에워싸여 있다. 인간선경의 경색이 따로 없다는 평이다.

빠이디청의 주요 경점으로는 진열실(阵列室)·탁고당(托孤堂)·명량전(明良殿)·무후사(武侯祠)·관성정(观星亭)·비림(碑林) 등이 있다.

① 진열실(阵列室)

취탕샤(瞿塘峡)의 절벽에 매달려 있던 현관(悬棺) 속의 문물과 수(隋, 581~618)·당(唐, 618~907) 이래의 서화비각(书画碑刻) 13점 및 역대문물 1,000여 점, 그리고 고금의 명필과 서화 110여 점이 진열되어 있다.

② 탁고당(托孤堂)

탁고당

리유뻬이가 쥬거량에게 자신의 아들 리유찬(刘禅)을 군신관계로 대하고, 보살펴 줄 것을 부탁하는 장면이 재현되어 있다.

③ 명량전(明良殿)

명(明)나라의 12대 황제 가정(嘉靖, 1521~1566)년간에 세워진, 크고 높은 전당이다. 당초 당초의 명량전에는 이곳 백성들이 빚어 만든 공쑨슈(公孙述)의 조각상이 있었으나, 새로운 건물이 세워지면서 촉한의 군신(君臣) 조

명량전

각상으로 대체됐다.

④ 무후사(武侯祠)

명량전 서쪽으로 있다. 쮸거량과 그 후손의 조각상이 들어있다.

무후사

⑤ 관성정(观星亭)

무후사의 앞쪽으로 있다. 12개의 6각 기둥과 날아오를 것 같은 처마가 비범하다. 전해오기로는 쮸거량이 전장에 나갈 때면 이곳에 올라 별자리를 보고 용병전략을 세웠다고 한다. 정각 위에는 종(钟)이 높게 걸려있고, 정각

관성정

안에는 돌 탁자가 놓여있으며, 뾰쪽 솟아오른 돌에는 두보(杜甫)의 시《추흥팔수(秋兴八首)》가 독특정세(独特精細)하게 새겨져 있다.

⑥ 비림(碑林)

명량전과 무후사 양쪽으로 나뉘어 있다. 수(隋)로부터 청(清)나라에 이르기까지의 70여개 비각(碑刻)이 서있으며, 이들 비각의 전서(篆书)·예서(隶书)·해서(楷书)·행서(行书)·초서(草书) 등의 서체는 중국 서예예술의 정품으로 알려져 있다.

비림

천갱지봉(天坑地缝)

"갱(坑)"은 구멍이나 구덩이를 의미하고, "봉(缝)"은 찢어진 것을 꿰맨다

천갱

는 뜻이다. "천갱(天坑)"은 커다란 우물처럼 땅이 아래로 꺼져 내려간 것이고, "지봉(地缝)"은 땅이 찢어진 것처럼 길게 갈라져있는 것을 말한다. 이런 현상들은 지질학적인 것으로 두터운 석회암층이 물에 쉽게 침식되면서 생긴 것이다. 천갱의 바닥에서 올려다 본 하늘은 둥근 구멍 같기에 "하늘우물"이라고도 하고, 지봉의 아래에서 올려다 본 하늘은 실타래 같기도 하여 일선천(一线天)이라 부르기도 한다.

펑지에현(奉节县) 남부 산간의 치야오샨(七曜山)과 우샨(巫山) 일부에 걸쳐 천갱과 지봉이 밀집해 있다. 천갱지봉 풍경명승구(天坑地缝风景名胜区)로 지정돼있는 이 지역은 동서간의 길이 38km, 남북 간의 폭 20km에 340km²의 넓이이며, 천갱지봉(天坑地缝)·롱챠오허(龙桥河)·미궁허(迷宫河)·지유판허(九盘河)·마오차오빠(茅草土贝)의 다섯 소경구(小景区)로 나뉜다.

천갱(天坑)으로는 징쮸향(荆竹乡) 샤오쨔이촌(小寨村)의 것이 유명하다. 천갱 아가리의 최대직경이 626m, 최소직경이 537m, 수직높이 666m 크기이며, 세계에서 가장 큰 것으로 알려져 있다. 지봉(地缝)은 티앤징샤(天井峡)의 다챠오(大桥)에서부터 후이토우쉬(回头)의 끝까지 5km에 걸쳐 개발, 공개되고 있다. 이 구간에는 저 마다의 전설을 지닌, 각양각색의 볼거리들이 많이 분포돼있다.

천갱하늘

지봉

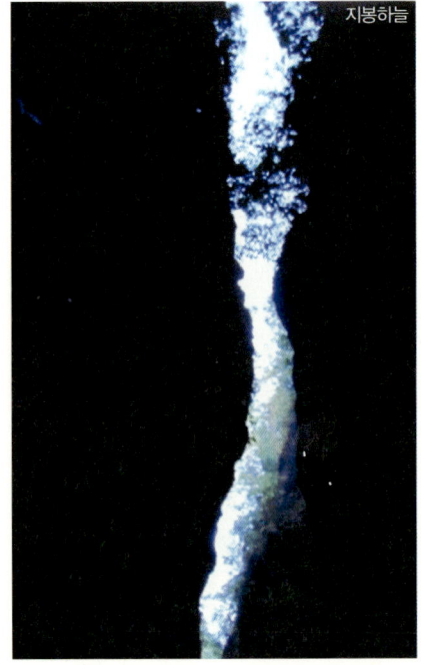
지봉하늘

(9) 우샨현(巫山县)

무산현

우샨현의 위치

하여 빠져나간다.

우샨현(巫山县)은 토지가 척박하여 60만 인구 중에 10%가 넘는 6만 5,000명이 빈곤층으로 분류되며, 경제적으로는 국가구호사업의 중점지역이 되고 있다. 하지만 지리적으로는 광산자원과 관광자원이 풍부한 지역이다. 우샨현(巫山县)의 볼거리로는 무협(巫峡)·소삼협(小三峡)·소소삼협(小小三峡)·대창고진(大昌古镇)·무산12봉(巫山十二峰) 등이 있다.

무협(巫峡, 우샤)

우샨현의 약도

우샤(巫峡)는 우샨현(巫山县)의 다닝허(大宁河) 하구(河口)를 서쪽 끝으로 하고, 후베이성(湖北省)의 바똥(巴东)을 동쪽 끝으로 하는, 46km길이의 챵쟝(长江) 협곡이다.

우샤(巫峡)의 깊고 고요한 협곡에는 온통 기이하게 생긴 산봉우리들이 불쑥불쑥 솟아있고, 이상하게 생긴 바위들이 겹겹이 붙어있으며, 깎아지른 절벽들이 병풍처럼 늘어서 있다.

우샤(巫峡)의 주요 경점으로는 공명

우샨현(巫山县)은 총칭시(重庆市)의 동쪽 끝 지역에 동서(东西)간 거리 61km에 남북(南北)간 거리 80km인 2,958km²(제주도의 1.6배)의 넓이로 위치하고 있다. 이 지역은 총칭평행령곡구(重庆平行岭谷区)의 동남부이며, 쓰촨분지를 흐르는 챵쟝(长江)의 물이 우샨현(巫山县)의 우샤(巫峡)협곡을 출구로

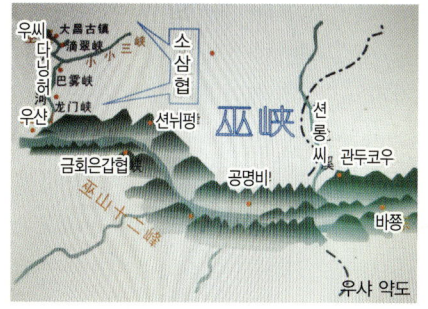

유샤 약도

우샤

우샤 창장대교

우샤 풍광

대(三台)·8경(八景)·12봉(峰)이 있다.

① 공명비(孔明碑)

우샤(巫峽)의 열두 봉우리중 하나인 지씨앤펑(集仙峰, 집선봉)의 아래 물가 절벽에 비석 모양의 편편하고 매끄러운 돌 판이 있다. 공명비(孔明碑)라 하며, 다음과 같은 이야기가 전해온다.

비(孔明碑)와 추풍정(秋風亭), 그리고 3

> 쮸거량(诸葛亮) 공명(孔明)이 군사를 이끌고 촉(蜀)의 땅으로 들어오는 길에 우샤(巫峽)의 지씨앤펑(集仙峰) 물가를 지나다가 매끄러운 돌 판을 보고, 그곳에 자신이 역점을 두어 주장하는 《롱쭝뚜이(隆中对, 융중대)》를 새겨 넣었다. 롱쭝뚜이(隆中对)의 요지는 손권의 오(吳)나라와 연합하여 조조의 위(魏)나라를 물리친다는 것이었다.
>
> 훗날, 오촉(吳蜀) 간의 싸움에서 동오(东吴)의 장수 루쒼(陆逊)이 쮸거량의 군사를 꺾고, 패퇴하는 쮸거량의 뒤를 쫓아오다가 지씨앤펑의 물가에서 롱쭝뚜이를 읽는다. 그리고 그것이 쮸거량의 것이라는 것을 알고는 크게 감동하여 되돌아갔다.

사실상으로는 쮸거량이 거기에 글을 새겼다는 증거도 없고, 거기에 새겨진 글들이 쮸거량의 롱쭝뚜이(隆中对)라는 확증도 없다. 장구한 세월이 흐르는 동안 암석이 풍화되어 알아볼 수 있는 글자는 "중암첩장무협(重岩叠山章巫峽), 명봉용수(名峰耸秀), 무산십이봉(巫山十二峰)"의 15자 뿐이다. "깎아지른 바위산들이 첩첩이 병풍처럼 둘러선 이곳 무협에, 빼어난 명산 봉우리들이 우뚝 솟아있으니, 이들이 무산십이봉이다"라는 의미이다.

전해오기로는 이 글자들은 쮸거량이 쓴 것이고, 그래서 "공명비(孔明

공명비

추풍정

"碑"라고 부르는 것이며, 우샤에서는 이름난 고적(古址)으로 회자된다. 싼샤공정(三峽工程)에 따른 수몰선(水没线) 아래에 위치하기 때문에 다른 곳으로 이전할 계획이라고 한다.

② 추풍정(秋风亭)

추풍정은 바똥(巴东)의 옛 현성(县城)에 있다. 바똥(巴東)은 다빠샨(大巴山)의 동(东)쪽이라는 의미를 지닌다. 바똥은 챵쟝(长江) 따라 위쪽으로는 우샨(巫山)과 쿠이쪼우(夔州)에 닿고, 아래쪽으로는 징쪼우(荆州)와 쟝링(江陵)에 이른다 하여 예로부터 교통의 요충지로 꼽혔다.

추풍정(秋风亭)에 다음과 같은 이야기가 전해온다.

> 송(宋, 960~1279)나라 때, 샨시성(山西省) 출신의 코우쭌(寇准)이 19세의 나이로 3년 임기의 바똥현(巴东县) 현령(县令)으로 부임해 왔다. 그는 현성(县城)에 "추풍정(秋风亭)"이란 이름의 정각을 짓고, 틈만 나면 이곳에 올라 술을 마시고, 경치를 감상하며, 시를 짓고, 읊조렸다.
>
> 훗날 그가 재상(宰相)이 되자 추풍정(秋风亭)은 유명해졌고, 후임의 현령들은 추풍정이 관운을 터주는 존재로 여기게 되었으며, 그래서 그들은 현령으로 부임하기 전에 이곳에 먼저 들러 코우쭌이 했듯이 음주부시(饮酒赋诗)하고 입신양명을 기구하며 하룻밤을 묵고 갔다.

오늘 날에도 추풍정을 찾는 관광객들이 많지만, 당시에도 문인묵객들이 많이 찾아와 풍류를 즐겼는데, 추풍정에 올라 산바람을 맞으며 한참을 서서 녹음이 가득한 첩첩산중과 유유히 흘러가는 대강(大江)을 바라다보고 있노라면 가슴이 트이고 기분이 상쾌해짐을 느끼게 된다.

그 옛날 코우쭌이 그 젊은 나이에 그러한 기분으로 이곳에 서서 현신양

상(賢臣良相)·제세제민(济世济民)의 포부를 키웠음직도 하다.

③ 3대(三台)·8경(八景)·12봉(峰)

우샤(巫峽)의 전반적인 풍광을 분류, 압축하여 "3대(三台)·8경(八景)·12봉(十二峰)"이라고 표현하는데, 이를 표로써 정리해보면 다음과 같다.

(표) 3대(三台)·8경(八景)·12봉(十二峰) 일람

구 분	명 칭
3대(三台)	초양대(楚阳台), 수서대(授书台), 참룡대(斩龙台)
8경(八景)	난릉산정(南陵山顶)의 "남릉춘효(南陵春晓), 양류평(杨柳坪)의 "석양반조(夕阳返照), 대녕하구(大宁河口)의 "녕하만도(宁河晚渡), 청계하(清溪河) 상의 "청계어표(清溪鱼钓)", 녕하도구(宁河渡口)의 "징담추월(澄潭秋月)", 오봉산(五凤山)의 "수봉선찰(秀峰禅刹)", 성서망부(城西望夫)의 "여관정석(女观贞石)", 고당관(高塘观)의 "조운모우(朝云暮雨)
12봉(十二峰)	〈챵쟝북안(长江北岸)〉 등롱(登龙, 덩롱), 성천(圣泉, 성취앤), 조운(朝云, 챠오윈), 신녀(神女, 션뉘), 송련(松恋, 송리앤), 집선6봉(集仙六峰, 지씨앤리유펑) 〈챵쟝남안(长江南岸)〉 비봉(飞凤, 페이펑), 취병(翠屏, 추이빙), 취학(聚鹤, 쥐허), 정단(净坛, 징탄), 기운(起云, 치윈), 상승6봉(上升六峰, 상성리유펑)

우샤의 12봉을 읊은 글귀에 다음과 같은 것도 있다.

> 수봉개지12좌(秀峰岂止十二座),
> 빼어난 산봉우리가 어찌 열두 자리 뿐이겠는가,
>
> 갱유영성백만봉(更有零星百万峰).
> 자유로이 자리 잡은 수많은 봉우리들이 더 있다.
>
> 방주하무협(放舟下巫峡),
> 배를 놓아 우샤를 따라 내려가는데,
>
> 심재십이봉(心在十二峰).
> 마음은 12자리 산봉우리에 가있다.

소삼협 · 소소삼협 · 대창고진

소삼협(小三峽)

가. 개요

소삼협은 챵쟝(长江)의 지류 다닝허(大宁河)강 하류에 있는 롱먼샤(龙门峡)·바우샤(巴雾峡)·디추이샤(滴翠峡)의 세 협곡을 말한다. 세 협곡이 이어지는 길이는 60km이고, 하류의 롱먼샤는 챵쟝삼협(长江三峡)의 하나인 우샤(巫峡)에 닿아있다.

다닝허(大宁河)는 다빠산(大巴山) 남쪽기슭에 위치한 우씨현(巫溪县, 무계현)의 신티앤(新天)에서 발원, 시씨허(西溪河)로 흐르다가 따허(大河)와 만나 다닝허(大宁河)가 되며, 디추이샤(滴翠峡)로 흘르는 마두허(马渡河)강의 물을 받은 후 챵쟝으로 들어간다. 발원지로부터 우샤(巫峡)에 이르기까지의 전체길이는 142km이며, 천연의 낙차는 1,540m이다. 평균적으로는 1km거리에 10.8m씩의 고도변화가 있는 것이다.

다닝허(大宁河)가 흐르는 지역은 기후상으로 협곡지형의 영향을 받는 중아열대온습기후구(中亚热带温湿气候区)이다. 연평균기온은 18.4℃이고, 1월평균 7.1℃, 7월평균 29.3℃이다. 연평균 강우량은 1,000~1,400mm이고, 7~8월에 집중된다. 전반적으로 겨울철은 온화하고, 여름철은 찌는 듯 덥다. 여름철의 협곡 안은 막혀있는 것 같이 매우 습하다. 이러한 기후조건 때문에, 석회암을 기층으로 하는 카스터지모(喀斯特地貌)의 다닝허(大宁河)는 물에 파여 내려가는 계곡은 깊고, 계곡의 바위들은 물에 녹아내리면서 기기묘묘한 형상을 연출하고 있다.

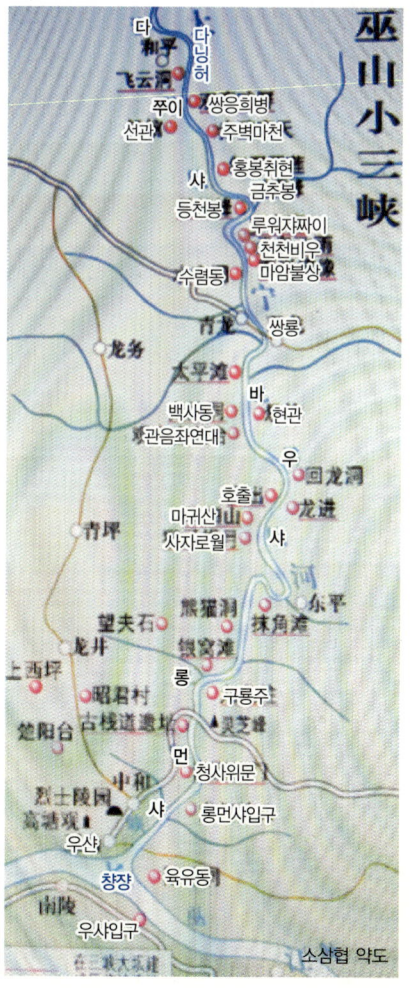

소삼협 약도

나. 볼거리

다닝허소삼협(大宁河小三峡)의 주요 경점으로는 룽먼샤(龙门峡)·바우샤(巴雾峡)·디추이샤(滴翠峡)의 세 협곡과 더불어 따챵고진(大昌古镇)·루요우동(陆游洞)·고잔도(古栈道)·룽구포어고원인유지(龙骨坡古猿人遗址) 등이 있다.

소삼협 관광은 우샨현(巫山县) 현성 부근의 다닝허(大宁河) 하구에서 배를 타고 강을 거슬러 올라갔다 다시 내려오는 행보이고, 관광의 중심대상은 룽먼샤·바우샤·디추이샤의 자연경관을 감상하는 것이다. 때로는 원숭이 등 야생동물의 출몰과 절벽에 매달린 고대의 관(棺), 그리고 절벽에 매달린 잔도(栈道)를 보기도 한다.

① 룽먼샤(龙门峡, 용문협)

룽먼샤는 다닝허(大宁河) 하구에서 위로 거슬러 올라가면서 첫 번째 만나는 협곡으로 우샨현(巫山县) 현성으로부터 3㎞거리에 있다. 높은 산봉우리들이 구름을 뚫고, 양안(两岸)의 절벽은 깎아지른 듯 서있어 그 형상이 마치 무슨 요새의 문 같다. 사람들은 이런 모습을 표현하기를 "쿠이먼도 아닌 것이 꼭 쿠이먼 같다(不是夔门, 胜似夔门)."고 한다. 이 협곡에 걸린 184m길이의 룽먼교(龙门桥)가 운치를 돋운다.

룽먼샤의 동쪽기슭 뒤로 높이 25m, 폭 20m, 두께 12m의 반월형천연석문(半月形天然石门)이 있다. 사람들은 이를 "룽먼(龙門, 용문)"이라 하고, 이를 중심으로 펼쳐진 아름다운 경치를 "룽먼승경(龙门胜景)"이라고 한다. 룽먼샤(龙门峡)라는 협곡의 이름도 여기

우샨선착장

소삼협 관광선

룽먼샤

룽먼교

서 비롯된 것이다.

② 바우샤(巴雾峡, 파무협)

롱먼샤를 지나면서 바우샤(巴雾峡)로 들어간다. 산모퉁이가 이어지고 물길이 휘돌아 흐르기 때문에 위험하기조차 하다는 "인워탄(银窝滩, 은와탄)을 지나면, 10km길이의 티에관샤(铁棺峡, 철관협)로 들어간다. 이곳의 양쪽 기슭에는 조각상과도 같은 기암괴석들이 겹겹이 서있고, 동쪽절벽에는 용처럼 생긴 긴 바위가 자리를 잡고 있다. 맞은편 산허리에는 입구에 황색의 둥근 돌이 놓여있는 굴이 있는데, 당장에라도 호랑이가 뛰쳐나올 것 같다. 서쪽기슭 절벽에는 나갔던 말이 대문을 들어서는 형상이 들어난다. 이러한 경치를 지니고 있는 이들 산을 사람들은 롱진샨(龙进山, 용진산), 후츄샨(虎出山, 호출산), 마꾸이샨(马归山, 마귀산)이라고 부른다.

다닝허(大宁河) 동쪽기슭에 서있는 절벽에는 수면으로부터 45m 높이에 석봉(石缝, 돌이 갈라진 틈)이 있고, 옛날 사람들의 검은색 관(棺)이 걸려있다. 비록 주철(铸铁)로 만든 관은 아니지만, 그 빛깔이 쇠 같아 철관(铁棺)이라 불리며, 이곳을 "철관협(铁棺峡)"이라 부르는 것도 그 관에서 비롯된 것이다. 고고학 연구에 의하면 이 관은 전국(战国, BC475~BC221)시대의 바런(巴人)의 것이며, 우씨현(巫溪县)의 현성(县城) 동북쪽 25km쯤에 있는 징쪼우빠(荆州土贝)에는 이와 같은 현관(悬棺)이 24개가 있다.

③ 디추이샤(滴翠峡, 적취협)

디추이샤는 쐉롱(双龙)으로부터 투쟈빠(涂家土贝)까지에 이르는 협곡으로 20km길이이다. 디추이샤는 다닝허의 소삼협 중에서는 가장 길고, 다채로운 경점이 가장 많다.

바우샤

바우샤 잔도

바우샤

다음 표는 주요 경점과 그 개요를 정리한 것이다.

(표) 디추이샤의 주요경점과 개요

경 점	개 요
수렴동 (水帘洞)	바우샤를 벗어나 디추이샤로 들어서면서 서쪽절벽 위로 보이는 동굴임. 10m 깊이의 동굴에서 나오는 물이 조개껍질모양의 종유석을 타고내리며 은색발처럼 반짝임. 비가 많이 내리는 여름에는 5~6m길이의 폭포로 그 세가 불어남.
마애불상 (摩崖佛像)	나한당(罗汉堂, 루워한탕)이라고도 부름. 수렴동으로부터 강 위쪽으로 1㎞ 거리의 동쪽절벽에 있음. 수면위로 30m쯤 높은 곳에 높이 3m, 폭 6m인 동굴이 있는데, 흐르는 세월과 더불어 무성하게 낀 이끼와 물에 침식된 흔적들이 어우러져 마치 수백 명의 나한들이 모여 있는 것 같은 형상을 하고 있음.
천천비우 (天泉飞雨)	나한당으로부터 상류 1㎞거리의 동쪽절벽에 있음. 절벽에서 공중으로높게 내뿜어진 샘물이 안개처럼, 가랑비처럼 흩어져 내림. 아련하기가 꿈만 같다고 회자됨.
채유적 (寨遗迹)	천천비우 옆에 있는, 높이 80m의 돌담장임. 바위에 의지하듯 세워진 400㎡넓이의 이 채유적은 청(淸)나라 7대 황제 가경(嘉庆, 1796~1820) 년간의 것임. 루워(罗) 가문의 것이라 하여 루워쟈짜이(罗家寨)라고도 함.
적벽마천 (赤壁摩天)	적벽마천은 붉은색을 띤 거대한 절벽으로 디추이샤의 가장 위쪽의 동쪽 기슭에 있음. 5~6㎞의 길이에 300여m높이의 절벽은 구름에 닿아있으며, 햇빛을 받으면 붉은색으로 변하는데 그 경관이 참으로 아름다움.
선관유지 (船棺遗址)	디추이샤(滴翠峡) 서쪽기슭에 200여m높이의 편암(片岩) 바위가 비스듬히 놓여있고, 그곳에 나있는 굴에 한 척의 흑색 배가 놓여있음. 바런(巴人) 현관(悬棺)의 일종으로 보고 있으며, 이런 형태의 장례를 "선관장(船棺葬)"이라고 함.
쌍응희병 (双鹰戏屏)	적벽마천(赤壁摩天에서 그리 멀지않은 동쪽기슭에 있음. 폭 500~600m의 산봉우리가 마치 병풍처럼 놓여있고, 그 앞 좌우에 매(鹰)모양의 산봉우리가 하나씩 서있는데, 그 형상이 쌍둥이처럼 같음.
비운동 (飞云洞)	비운동은 디추이샤(滴翠峡의 마지막 경점임. 깎아지른 절벽의 수면 위100m 쯤에 동굴이 있음. 동굴 입구의 높이는 10m정도이고, 그 안은 매우 넓어 1만 명의 사람이 들어설 정도임. 동굴 주위를 구름이 감돌고 있다고 해서 비운동이라고 함.

〈경점풍모〉

채유적

적벽마천

선관유지

쌍응희병

비운동

④ 루요우동(陆游洞, 육유동)

　루요우동은 우샨현(巫山县) 현성으로부터 1km거리의, 다닝허(大宁河)가 우샤(巫峡)로 들어가는 강 입구의 북쪽 기슭에 있다. 아래위의 두 동굴이 서로 통해있는 석회암(石灰岩)의 용동(溶洞)으로 위의 것이 "인화동(人和洞)"이고, 아래의 것이 "청수동(清水洞)"이다. 남송(南宋, 1127~1279)때의 시인 루요우(陆游, 육유)가 쿠이쪼우(夔州)의 수령으로 부임하는 길에 이곳에 들

선관

루요우동 풍광

루요우동

루요우 인화동

고인원 유지

고인원 두상

고인원 체형

렸는데, 그 후로부터 루요우동(陆游洞)으로 불렸다.

　동굴에 오르는 길에는 "통천제(通天梯)"라 불리는, 70여m높이의 똬리모양 철제 사다리가 허공에 걸리듯 설치돼있어 사람들로 하여금 아슬아슬함을 맛보게 한다.

⑤ 롱구포어고원인유지(龙骨坡古猿人遗址)

　롱구포어(龙骨坡) 고인원유적지는 우산현(巫山县) 용평촌(龙坪村)의 롱구포어(龙骨坡) 언덕에 있다. 1986년, 이곳 200여 평의 부지에서 고인류의 앞니와 송곳니가 붙어있는 턱뼈 등의 화석이 발굴된 것인데, 200여 만 년 전의 것으로 판명됐다. 중국에서의 조기 인류화석의 공백을 메워줌과 아울러 인류의 기원과 발육에 관한 연구에 있어 매우 중요한 가치가 있는 것으로 평가되고 있다.

소소삼협(小小三峽)

소소삼협은 다닝허(大宁河)의 샛강 마두허(马渡河)를 따라 있는 챵탄샤(长滩峡)·친왕샤(秦王峡)·싼청샤(三撑峡)의 세 협곡을 말한다. 이들 삼협 골짜기의 산봉우리들은 그 모양이 괴이(怪異)하고, 좁고 깊은 골짜기의 분위기는 괴괴하다. 골짜기 사이로 올려다 보이는 하늘은 실타래 같아 보이고, 울창한 숲과 더불어 바위에 달린 종유석들은 원시 자연의 모습을 보여준다.

챵탄샤

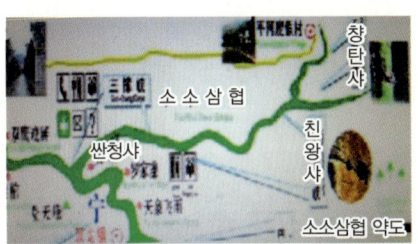
소소삼협 약도

챵탄샤 총명천

소소삼협 입구

챵탄샤 적수암

① **챵탄샤**(长滩峡, 장탄협)

챵탄샤는 쐉허(双河)로부터 핑허(平河)에 이르는 5km길이의 협곡이다. 그 안에는 길이 2km에 폭이 10m인 모래톱이 있다. 바닥까지 들여다보이는 맑은 물과 어우러진 주변 경관이 아름답다. 물가에는 동글동글한 난석(卵石)이 무더기로 깔려있고, 종종 고생물의 화석이 눈에 띄기도 한다. 경점으로는 적수암(滴水岩, 디슈이옌)·총명천(聡明泉, 총밍취앤)·수파암(手爬岩, 쇼우파옌)·천동자(穿洞子, 촨동즈) 등이 있다.

② 친왕샤(秦王峽, 진왕협)

친왕샤는 샹두코우(上渡口)에서 쐉허(双河)에 이르는 4km길이의 협곡이다. 조용히 흐르는 물은 바닥까지 내려다보이고, 동쪽기슭에 "친왕동(秦王洞)"이라 불리는 큰 용동(溶洞)이 있다. 그 이름의 유래에 관하여 다음과 같은 얘기들이 전해온다.

> 명(明)나라의 마지막 황제 숭정(崇禎, 1627~1644)년간에 친가(秦哥) 성을 가진 산적이 자칭 친왕(秦王)이라 하고, 이 동굴에 기거하면서 백성들을 함부로 유린하였다. 이 산적들은 쨩씨앤쭝(张献忠)이 이끄는 농민의용군에 의해 소탕되는데, 그 동굴의 이름만은 그대로 친왕동(秦王洞)으로 불려오고 있다는 것이다.
>
> 명(明, 1368~1644)나라 때, 이곳에 친가(秦哥) 성을 가진 농부가 평생을 황제의 명을 받아 약 달이는 일을 해왔다. 약을 달이는 정성과 솜씨가 남달랐고, 약의 효험도 뛰어났기에 조정에서는 그의 공로를 기리고자 그를 친왕(秦王)으로 봉하고, 그가 약을 달이던 그 동굴을 친왕동(秦王洞)이라 하였다.
>
> 그 이름의 연원이 어느 쪽이든 간에 협곡이 친왕샤(秦王峽)로 불리는 것은 이곳에 친왕동(秦王洞)이 있어서인 것이다.

소소삼협 풍광

소소삼협 현관

친왕샤의 경점으로는 망향대(望乡台, 왕썅타이)·호두암(虎头岩, 후토우옌)·황용과강(黄龙过江, 황룽궈쟝)·이어약용문(鲤鱼跃龙门, 리위위예룽먼)·선녀영빈(仙女迎宾, 씨앤뉘잉빈)·선락종(仙乐钟, 씨앤러쫑)·나한당(罗汉堂, 루워한탕) 등이 있다.

③ 싼청샤(三撑峽, 삼탱협)

마두허(马渡河) 입구로부터 위쪽으로 5km길이의 협곡이다. 양쪽기슭은 마치 도끼로 깊게 찍어 내린 듯 깎아지른 절벽이고, 물 흐름은 사납다. 배를 끌고 올라갈 마땅한 길도 없어 상류로 올라가려면 오직 있는 힘을 다해

싼청샤

싼청샤 풍광

따챵구쩐(大昌古镇)

따챵구쩐(大昌古镇, 대창고진)은 국가 5A급의 소삼협풍경구(小三峡风景区) 안에 있다. 진(晋, AD265~420)나라 때 세워져 1,700여년의 역사를 이어오고 있는 따챵구쩐은 동서길이 350m에 남북길이 200m의 아주 작은 마을로 "사문가통화(四门可通话), 일등조전성(一灯照全城)"으로 묘사된다. 마을에서는 아무리 멀리 떨어져 있어도 대화가 가능하고, 등 하나로 마을 안 온 구석을 다 비출 수 있다는 의미이다.

따챵구쩐은 본래는 이곳에 있지 않았다. 싼샤댐이 만수위가 되면, 다닝허(大宁河)의 물도 불어나 마을이 수몰되게 돼있었다. 이에 관계기관에서는 2003년 5월부터의 싼샤댐 물가두기에 앞서 2002년 2월부터 따챵구쩐을 해체하여 원 터로부터 8km 떨어진 이곳 시빠오링(西包岭) 아래로 옮겨다 놓은 것이다. 2007년 5월부터 일반에 공개되고 있으며, 옛 모습 그대로라고 한다.

따챵구쩐은 동(东)·남(南)·서(西)의 세 방위에 문이 있다. 동쪽의 조양문(朝阳门, 챠오양먼), 남쪽의 통제문(通济门, 통지먼), 서쪽의 영풍문(永丰门, 용펑먼)들이 그것이다. 거리는 명(明, 1368~1644)·청(淸, 1616~1911)때 지어진 모습 그대로이고, 고풍스런

배가 아래로 흘러내리지 않게 지탱하면서 노를 저어 올라가는 방법밖에 없는 것이다. "탱(撑)"자는 떠받치거나 버틴다는 의미를 갖고 있으며, 협곡의 이름도 거기서 비롯된 것이다.

싼청샤의 경점으로는 녹회두(鹿回头, 루후이토우)·수성봉(寿星峰, 쇼우씽펑)·석주만(石柱湾, 쉬쮜완)·상사천(相思泉, 샹쓰취앤)·용호담(龙虎潭, 롱후탄)·팔계과하(八戒过河, 빠지에궈허)·월량채(月亮寨, 위예량짜이) 등이 있다.

따챵구쩐 풍광

남문 홰나무

따챵고진 전경

따챵구쩐 관문

따챵구쩐 패방

거리풍광

패방(牌坊)과 가옥들은 금방이라도 날아갈듯 한 모습으로 관광객을 맞는다. 따챵구쩐의 경점으로는 남문의 홰나무(槐树), 명(明)·청(清)의 건축양태, 원쟈대원(温家大院) 등이 있다.

① 남문 홰나무

통지먼(通济门)의 바깥으로는 다닝허(大宁河)로 통하는 수십 계단의 반들반들한 석판(石板) 길이 나있다. 통지먼(通济门)의 아치형 출입문 바깥쪽 돌 틈을 따라 올라가면서 뿌리를 박고 있는, 수백 년 수령의 홰나무는 가지와 잎이 무성하여 마치 통지먼(通济门)의 수문장 같아 보인다. 또한 돌계단의 양쪽으로 있는, 홰나무와 더불어 조화를 이루고 있는 한 쌍의 돌사자는 그 황량한 모습을 통해 풍성했던 지난날이 허망함을 보여주는 것 같다.

② 옛 건축의 풍모

청석돌의 조붓한 길 양쪽으로 날아갈 듯 한 처마의 옛집들이 37채가 있다. 명(明)나라와 청(清)나라 때 집들의 멋스러움을 오늘날 실감나게 감상할 수 있다.

③ 원쟈대원(溫家大院)

원쟈대원은 따챵구쩐에서 그 규모가 가장 크고, 보존상태도 가장 양호한, 청(淸, 1616~1911)나라 초기의 건축물이다. 동쪽을 보고 자리를 잡고 있는 97평 넓이의 터에 문청(門厅)·정청(正厅)·후청(后厅)의 세 건물이 들어서 있는데, 이들 모두는 12개의 기둥에 37개의 서까래를 걸은, 산모양의 지붕을 하고 있다. 원쟈대원은 따챵꾸쩐의 대표적인 건물로 되어 있는데, 전국(战国 BC475~BC221)시대

원쟈다위엔 정문

로 거슬러 올라가면, 이곳은 우현(巫县)의 현성(县城)이었던 곳이다. 고고학의 연구결과를 토대로 하여 볼 때, 이곳이 옛 바런(巴人)의 도성(都城)일 가능성도 있다.

원쟈다위엔 내경

원쟈다위엔 조벽

제3장
위동난지역(渝东南地域)

　　위(渝)는 총칭(重庆)의 간칭(简称)이며, 동난(东南)은 동남방향을 말하는 것이다. 따라서 "위동난지역(渝东北地域)"은 중경의 동남부지역을 일컫는 것이며, 총칭시(重庆市) 전체면적의 20% 정도를 차지한다.

　　위동난지역(渝东南地域)은 총칭시의 1권역(一圈域)으로부터 동남쪽으로 뻗어 윈꾸이고원(云贵高原)으로 올라가며, 그 끝은 우링샨(武陵山, 무릉산)의 북쪽기슭에 닿는다. 우링샨은 그 주봉인 판징샨(梵净山, 범정산, 해발 2,493m)을 윈꾸이고원의 동북지역에 두고 동북방향의 양후평원(两湖平原)으로 뻗어 내린다. 양후평원(两湖平原)은 챵쟝중하류평원(长江中下流平原)의 일부로 후베이(湖北, 호북)와 후난(湖南, 호남)의 두 성(省)에 걸쳐있다.
　　위동난지역(渝东南地域)은 그 서부와 남부가 꾸이쪼우성(贵州省) 접하고, 동북부는 후베이성(湖北省)과 접하며, 동남부는 후난성(湖南省)과 접한다. 위동난지역(渝东南地域)의 북부는 제1권역(第一圈域)·위동뻬이지역(渝东北地域)과 접하며, 경계지역에 챵쟝(长江)과 팡도우샨(方斗山)이 놓여있다.

　　위동난지역(渝东南地域)은 그 대부분의 지역이 윈꾸이고원(云贵高原)의 동북부에 위치한다. 따라서 교통사정은 그리 좋은 편은 아니나, 319번국도와 고속도로, 그리고 천검선(川黔线) 철도가 나란히 가면서 북부지역을 동서로 관통하고, 중남부지역을 남부로 종단하기 때문에 외지대처(外地大处)로 통하는 데는 불편이 없다.

이러한 지리적 여건을 감안하여 위동난지역(渝東南地域)을 챵쟝팡도우샨지역(长江方斗山地域)과 319번국도변지역으로 구분 짓고, 위동난지역(渝東南地域)의 여러 현(县)을 그 각각의 지역에 분포시켜보면 다음 표와 같다.

(표) 위동난지역의 현별 분포

지역구분	분 포 현
챵쟝팡도우샨지역	펑두(丰都) 쉬쭤(石柱)
319번국도변지역	펑슈이(彭水) 치앤쟝(黔江) 요우양(酉阳) 씨유샨(秀山)

챵장팡도우샨지역

(1) 펑두현(丰都县)
풍도

펑두현의 위치

펑두현 약도

펑두현은 총칭시의 제1권역(第一圈域)·위동뻬이지역(渝东北地域)·위동난지역(渝东南地域)이 중첩되는 지역에 자리 잡고 있다.

총칭시(重庆市) 전체로 볼 때 펑두현(丰都县)은 그 한가운데에 있는 셈이다. 총칭의 주성구로부터는 국도 상으로 150km, 챵장(长江)의 물길로는 172km의 거리이다.

펑두현(丰都县)은 쓰촨분지의 동남쪽 변두리인 이곳에 동서간의 폭 54km에 남북길이 87km인 2,900k㎡의 넓이로 자리 잡고 있으며, 챵장(长江)이 동서 간 47km를 관통한다. 이 지역은 아열대계절풍기후구에 속하며 4계절이 분명하고, 날씨는 온화하며, 강수량도 풍족하다.

펑두(丰都)는 귀신과 도깨비를 소재로 하는 귀성문화(鬼城文)의 관광도시이다.

도깨비와 귀신의 신비롭고 고상한 운치를 가미하여 회식자리를 연출한 "귀성신운정품만회(鬼城神韵精品晚会)", 도깨비시장의 면모를 보여주는 "귀성묘회문화활동(鬼城庙会文化活动)", 도깨비와 귀신을 소재로 하여 연출하는 "남천호산지문화공연(南天湖山地文化表演)" 등을 한 권역에서 즐길 수 있는 관광지가 있는가 하면, 특색여행상품이 개발되고 있으며, 특색음식들을 선보이고 있다.

펑두의 특색음식

① 귀성자채(鬼城榨菜, 꾸이청쨔차이)

꾸이청쨔차이(鬼城榨菜)의 "쨔차이(榨菜)"는 사천성 특산의 2년생 초본식물이며, 꾸이청쨔차이는 그 쨔차이의 뿌리줄기를 그늘에 말려 소금에 절인 다음 물기를 뺀 뒤, 고추·산초·생강·감초·회향·소주 등을 섞어 버무린 것이다. 위생적인 처리와 화학재료의 무 첨가를 강조하고, 영양

상의 뛰어남을 내세운다.

② 선가두부(仙家豆腐, 씨앤쟈도우푸)

씨앤쟈도우푸(仙家豆腐)에 관하여 다음과 같은 이야기가 전해온다.

아주 오랜 옛날에 펑두(丰都)의 밍샨(名山) 뒤쪽 칭니유샨(青牛山) 산기슭에 도화촌(桃花村)이란 마을이 있었다. 이 마을에 왕가(王哥) 성의 농민이 살았는데, 두부를 아주 잘 만들었다. 그가 만든 두부는 눈같이 희고, 야들야들하며, 맛이 고소하고 깨끗하였다. 펑두성 사람들은 그의 두부를 "왕도우푸(王豆腐, 왕두부)라 했고, 그가 두부를 가지고 마을에 내려오면 기다리기라도 했다는 듯 모두 사갔다.

어느 날, 그 농부는 다른 일이 있어 아들 왕샤오(王曉)로 하여금 마을에 내려가 두부를 팔아오라고 하였다. 왕샤오는 멜대에 두부광주리를 달아 메고 산을 내려가다가 길옆 이선루(二仙楼) 정자에서 바둑을 두는 두 백발노인을 보았다. 왕샤오는 호기심에 멜대를 내려놓고, 시간가는 줄도 모르고 바둑 구경을 하다가 깜짝 놀랐다. 검은 곰팡이가 희디희던 두부들 까맣게 뒤덮고 있었던 것이다. 왕샤오는 어찌 할 바를 몰라 울음을 터뜨렸다. 바둑을 두던 두 노인은 왕쌍오에게 그 까닭을 묻고는 시중들던 동자로 하여금 소금 한 주먹과 향이 타고 남은 재 한 봉지를 잘 섞어 왕샤오의 두부에 고루 뿌리도록 하였다. 그리고 두 노인은 왕샤오에게 말하기를 내일 마을에 내려가면 좋은 값을 받을 수 있을 것이라고 하였다.

왕샤오는 두 노인에게 고맙다는 인사를 하고 마을로 되돌아왔는데, 마을 사람들

이 자기를 못 알아볼 뿐만 아니라 자신의 부친은 이미 죽은 지 오래됐고, 자신의 처도 하얀 할머니가 되어있었다. 왕샤오가 만난 두 노인은 신선들이었고, 신선세계의 하루는 인간세상의 수십 년이었던 것이다.

왕샤오가 크게 낙담하고 하릴없이 멜대를 들어 메려하다 보니 좀 전까지 두부 판을 덮고 있던 시꺼먼 곰팡이는 사라지고, 옥돌 같이 뽀얀 두부가 눈부시게 들어나 있었다. 왕샤오가 쪽을 떼어 입에 넣어 보는데, 산뜻한 그 맛이 이루 다 표현할 수 없을 정도로 기가 막혔다.

왕샤오는 신선들이 동자에게 시켰던 그 방법을 활용하면서 두부 장사를 계속했다. 왕샤오의 두부는 그의 부친의 두부 보다 더 잘 팔려나갔다. 생활이 넉넉해진 왕샤오는 그것이 모두 두 노인의 은덕이라 생각하고, 고마움을 표시하고자 정성껏 두부를 만들어 이선루(二仙樓)를 찾았다. 하지만, 두 노인의 흔적은 어디에도 없었다. 왕샤오는 하는 수 없이 그 두부를 산 위에 있는 절에 가지고 가서 스님에게 보시하였는데, 그 맛을 본 스님이 말하기를 이 맛은 인간세상의 것이 아니니 말로만 듯던 "선가두부(仙家豆腐)"일시 분명하다고 했다. 이때부터 왕샤오의 두부는 "선가두부(仙家豆腐)"로 불리기 시작했고, 그 이름이 널리 알려져 오늘날에까지 이르고 있다.

③ 삼원홍심유(三元红心柚)

삼원홍심유(三元红心柚)의 "삼원(三元)"은 지방명(地方名)이고, "유(柚)"는 유자이며, "홍심(红心)"은 속이 붉은 것을 의미한다.

전체적으로는 삼원지방에서 생산된, 속살이 붉은 유자인 것이다. 개당 평균 1.5kg의 무게에 껍질이 얇고 속심이 작아 먹을 수 있는 과육이 많은 데다가 부드럽고, 물기가 많으며, 적당하게 새콤달콤하여 인기가 높다. 관련 품평회에서 대상을 받는 등 널리 알려진 유자이다.

④ 꾸이청마라지(鬼城麻辣鸡)

"꾸이청마라지(鬼城麻辣鸡)"의 "마라(麻辣)"는 톡톡 쏘며 아리다는 의미이고, "지(鸡)"는 닭을 말한다. 닭을 고아 적당한 크기로 썬 닭고기에 홍유(红油)·미정(米精)·향유(香油)·백당(白糖)·화쟈오미앤(花椒面)·쟝요우(酱油) 등을 잘 섞은 양념을 발라먹는 음식이다. 펑두의 마라지(麻辣鸡)용 닭고기는 푹 삶지 않아 육질이 질기면서도 잘 씹히며, 독특한 양념과 어우러진 닭고기 맛이 일품이다. 술안주로서도 인기가 높다.

펑두현(丰都县)에는 국가 4A급의 명산풍경구(名山风景区)·설옥동풍경구(雪玉洞风景区)와 더불어 국가 급의 쑝꾸이샨삼림공원(双桂山森林公园)과 귀왕석각(鬼王石刻) 등 여러 볼거리가 있다.

 펑두의 볼거리

① 명산풍경구(名山风景区)

명산풍경구는 챵쟝(长江)의 이름난 인문경관으로 충칭시의 주성구로부터 챵쟝 하류 172km쯤의 북쪽기슭에 있다.

물길로는 3시간 정도 소요된다. 이곳에 사후세계의 관아인 음조지부(阴曹地府, 인차오디푸)가 꾸며져 있다. 죄짓고 죽은 자를 체포하여 가두고, 심문하며, 벌주고, 교화하는 과정을 나타내고 있는데, 비록 염라대왕의 전설을 믿지 않는 사람이라 할지라도 선악(善恶)의 관점에서 자신을 돌아보는 계기가 되고, 권선징악의 도리도 느끼게 된다.

경내의 경점으로는 내하교(奈何桥, 나이허챠오)·귀문관(鬼门关, 꾸이먼관)·황천로(黄泉路, 황취앤루)·18

귀도전경

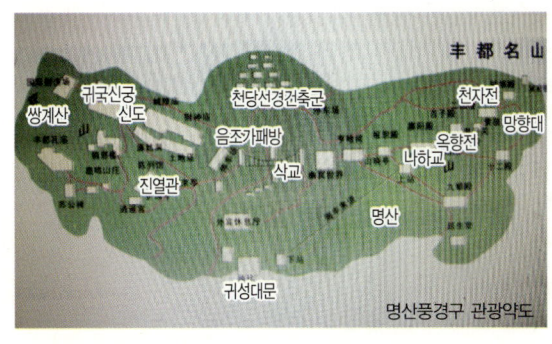
명산풍경구 관광약도

명산풍광

천자전

충지옥(十八层地狱, 쉬빠청디위)·성진돈(星辰墩, 싱천둔)·옥황전(玉皇殿, 위황디앤)·천자전(天子殿, 티앤즈디앤)·고죄석(考罪石, 카오쭈이쉬)·얼경대(孽镜台, 니에징타이)·망향대(望乡台, 왕썅타이) 등이 있다.

울창한 숲 속에 자리를 잡고 있는 이들 고색창연한 경점은 신비감을 느끼게 한다.

② 솽꾸이샨삼림공원(双桂山森林公园)

솽꾸이샨(双桂山)은 1km²의 넓이에 해발높이 401m인 국

귀문관

18층지옥

가삼림공원으로 펑두현 현성의 서북쪽 모서리에 있다. 펑두명산과 마주보고 있는 쑹꾸이샨에는 100여 종의 수목 50여만 그루가 있으며, 그 중에는 희귀수목 20여 종이 있다.

주요 경점으로는 록명사(鹿鸣寺, 루밍쓰)·소공사(苏公祠, 쑤공츠)·은래정(恩来亭, 은라이팅)·양연정(良缘亭, 량위옌팅)·하룡각(贺龙阁, 허룽거)·공묘(孔庙, 콩먀오) 등이 있다.

고죄석

옥황전

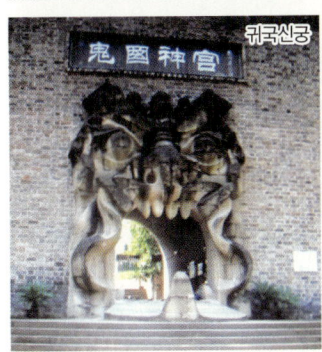

귀국신궁

명산신도

망향대

롱허협곡(溶河峽谷)의 깎아지른 암벽 속에 있다. 이 설옥동(雪玉洞)을 중심으로 하는 설옥동풍경구에는 미호우(獼猴)원숭이·멧돼지·홍복금계(紅腹錦鷄) 등의 야생동물과 더불어 뱀이 기어가듯 구불구불 흐르는 롱허(龙河) 강물, 날아 떨어지는 폭포, 공중에 걸린 것처럼 깎아지른 절벽, 거기에 걸린 현관(懸棺) 등이 조화를 이루고 있다. 이들 자연경관은 이곳에서 오랫동안 살아온 투자족(土家族) 사람들의 풍

③ 설옥동풍경구(雪玉洞风景区)

설옥동(雪玉洞)은 총칭시에서 이름난 용동형(溶洞型, 동굴형) 풍경구로 펑두 현성의 챵쟝(长江) 건너 맞은편,

롱허협곡

설옥동입구

속이 있어 더욱 정겹고 아름답다.

동굴 속의 종유석들 대부분이 옥처럼 희다고 해서 설옥동(雪玉洞)인 이곳 동굴의 길이는 1,644m이며, 여섯 곳의 유람구로 나뉘어 있다. 군영회췌(群英荟萃)·천상인간(天上人间)·보보등고(步步登高)·북국풍광(北国风光)·경루옥우(琼楼玉宇)·전정사금(前程似锦)들이다.

설옥동의 특징으로 "빙설세계(氷雪世界)", "묘령소녀(妙龄少女)", "백옥조탁영롱계(白玉雕琢玲珑界)"의 세 가지를 꼽는다.

"빙설세계"는 이곳의 지질이 탄산염암(碳酸盐岩)인데서 비롯된 순백의 동굴 안 색채에서 비롯된 것이고, "묘령소녀"는 동굴의 생성기간이 다른 동굴에 비해 상대적으로 월등히 짧아 동굴 안의 색채가 영롱하고, 모양새가 산뜻한 데서 나온 표현이다. "백옥조탁영롱계"는 이 세상에 있을 수 있는 모든 사물의 형체와 행태를 백옥에 영롱하게 새겨놓은 것 같다는 것을 묘사한 것이다.

④ 내하교(奈何桥, 나이허챠오)

나이허챠오는 펑두명산(丰都名山)의 료양전(寥阳殿, 랴오양디앤) 앞마당에 나란히 붙여 지은 세 벌의 아치형 다리 중 하나이다. 나머지 둘은 진챠오(金桥, 금교)와 인챠오(银桥, 은교)이다. 다리 아래에는 4각형으로 파내려 간 못이 있다. 길이가 넉자(四尺, 5.2m) 남짓인 다리의 바닥은 위로 약간 솟아올랐고, 청석이 깔려있다. 각 다리의 양쪽으로는 두 개씩의 계단이 놓여있고, 양 가장자리에는 꽃이 새겨진 돌난간이 쳐져있다. 다리의 벽채와 연못은 모두 가늘고 긴 돌을 이어 박았다.

나이허챠오는 원래 명(明)나라의 주원장이 태조(太祖, 1368~1398)로 재위할 때, 촉헌왕(蜀献王) 주춘(朱椿)을 위해 지은 랴오양디앤(寥阳殿)의 꾸밈 설치물이었는데, 이곳이 귀신과 도깨비를 주제로 하는 귀성(鬼城)으로 꾸며지면서 불교의 전설적 이야기가 도입됐고, 다리 이름 나이허챠오(奈何桥)도 허(何)자를 허(河)자로 바꿔 나이허챠오(奈河桥)로 하였다.

불교에서 나이허챠오(奈何桥)는 죽은 사람의 혼백이 저승으로 갈 때 건너야만 하는 다리이다. 착한 일만 한 사람은 죽은 후 그 혼백이 금교(金桥)를 건너 저승으로 가고, 착한일도 하고 악한 일도 한 사람의 혼백은 은교(银桥)를 건너가며, 악한 일만 한 사람의 혼백은 이 나이허챠오(奈何桥)를 건너야 했는데, 건너는 중에 다리 밑의 혈하지(血河池)로 떨어져 아귀들에게 먹혔다. 때문에 악인의 혼백이 나이허챠오(奈何桥, 내하교) 다리에 이르러

군영화췌

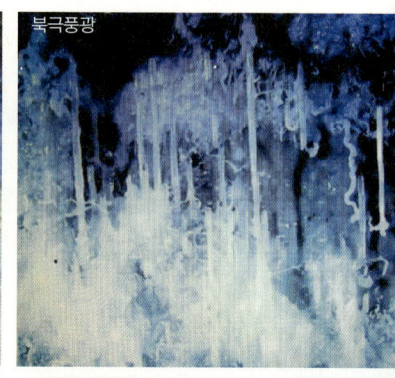
북극풍광

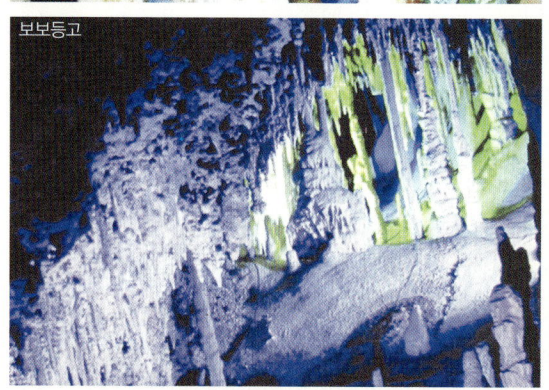
보보등고

천상인간

경루옥우

전정사금

건너가지도 못하고, 달리 갈 길도 없어 어찌할 바를 모르게 되는 다리라 하여 나이허챠오(奈何桥)라는 이름이 붙었다고 한다. "나이허챠오(奈何桥)"의 "나이허(奈何)"는 "어찌 해야 하나?"라는 의미를 지니고 있다.

이 나이허챠오(奈何桥)의 다리는 미끄러웠으며, 낮에는 일유신(日游神)이 다리를 지켰고, 밤에는 야유신(夜游神)이 파수를 섰다. 이 다리에서 한번 미끄러지면 다리 아래의 혈하지(血河池)로 던져졌다. 그래서 많은 사람들이 생전에 이곳에 와 저승길이 순탄하길 기원하는 불공을 드리는 한편, 죽어서 나이허챠오를 건널 때 잘 봐줄 것을 부탁하는 의미에서 혈하지(血河池)의 아귀들에게 돈이나 찰밥을 말려 볶아 만든 챠오미(炒米)를 연못에 던져 넣는다.

그런가 하면 절에는 불도들의 돈을 뜯어내는데 도가 튼 승려도 있어 다리 바닥에 기름이나 계란 흰자위를 발라 사람들이 넘어지게 한다. 그리하여 넘어진 사람은 겁에 질리거나 기분이 찜

나이허챠오 풍광

나이허챠오

찝하여 돈을 내고 액땜을 하고자 한다.

오늘날에는 과학기술이 발전하여 그 모든 것이 신화로 치부되고, 믿는 사람도 없지만, 관광길에 재미삼아 다리를 건너보면서 선한 마음을 가져보는 것도 즐거운 추억이 될 것이다.

(2) 쉬쮸투쟈족자치현 (石柱土家族自治县)

석주

쉬쮸현의 위치

쉬쮸현 약도

쉬쮸현(石柱县)은 충칭시의 동부, 챵쟝(长江)의 남쪽 연안에 자리 잡고 있다.

당(唐, 618~907)나라의 고조(高祖, 618~626) 때 현(县)이 설치됐으며, 현(县)의 명칭이 쉬쮸(石柱)로 된 것은 이 고장에 "남녀석주(男女石柱)"라 불리는, 소년과 소녀를 닮은 두 개의 거석(巨石)이 있던 데서 비롯된 것이라고 한다.

쉬쮸현(石柱县)은 동서 폭 52km에 남북길이 98km인 3,013km²(제주도의 1.6배)의 넓이이며, 인구는 52만 명이다. 이 지역은 쓰촨분지의 동쪽경계를 벗어나 윈꾸이고원(云贵高原)으로 올라가는 비탈면으로 팡도우샨(方斗山)이 동북쪽에서 서남쪽으로 놓여있고, 뭇 산봉우리들이 겹치면서 계곡들이 종횡으로 교차한다. 쉬쮸현의 해발고도는 높낮이 차가 크게 난다. 전체면적의 6%정도는 해발 500m이하이고, 해발 1,000m이상은 전체면적의 64%를 차지한다.

이러한 지리환경에 비춰볼 때, 쉬쮸현의 교통여건은 양호한 편이다. 4고(四高)·1철(一铁)·1항(一港)으로 함축되는 교통체계가 구축되고 있어 앞으로 위동지역(渝东地域)의 교통요충지가 될 것으로 전망되고 있다. 4고(四高)는 후위(沪渝, 上海-重庆)·옌쟝(沿

江, 涪陵-石柱)·펑쉬(丰石, 丰都-石柱)·량치앤(梁黔, 梁坪-贵州)의 네 고속도로이고, 1철(一铁)은 후롱고속철로(沪蓉高速铁路: 上海-成都, 2,078km)를 지칭하는 것이며, 1항(一港)은 챵쟝의 물 깊고 배 대기가 좋은 시투오항(西沱 港)을 말하는 것이다.

쉬쮸현은 서북쪽으로 챵쟝(长江)에 접하고, 동남쪽으로는 팡도우샨(方斗山)과 치야오샨(七曜山)에 오르고 있어 풍광이 다채롭다. 쉬쮸이현의 볼거리는 녹색생태(绿色生态)·투쟈풍정(土家风情)·역사문화(历史文化)의 세 부문으로 포괄되며, 이 지역의 관광산업 발전이 추구하는 주제(主题)로 일원(一园: 黄水国家森林公园)·일장(一场: 千野草场)·일가(一街: 西沱 土家风情街)·일인(一人: 巾帼英雄 秦良玉)을 내세우고 있다.

황슈이국가삼림공원 (黄水国家森林公园)

황슈이공원(黄水公园)은 500km²의 넓이로 쉬쮸현의 동북부, 치야오샨(七曜山)의 원줄기에 있다. 우샨(巫山, 무산)의 침적암(沈积岩) 층이 이어지는 이 지역은 해발고도가 800~1,934m의 범위에 있고, 평균으로는 1000m이다. 전반적으로 지세는 험하고, 고도의 높낮이 차가 커 수직기후현상이 나

황슈이공원 약도

황슈이산

타난다. 연평균기온은 12.1℃이고, 해발 1,600m되는 곳의 7월평균온도는 20℃이다. 낮은 곳에 있는 현성(县城)에 비해 8℃가 낮은데, 때문에 하계 피서지로서의 인기가 높다.

황슈이국가산림공원의 경점으로는 수삼모수(水杉母树)·황디앤무산림욕장(黄店木森林浴场)·따펑바오원시임해(大风堡原始林海)를 꼽는다.

황슈이산 풍경

따펑바오임해

① 수삼모수(水杉母树)

수삼모수는 중국의 임업부(林业部)가 공식적으로 인정한, 중국에서 가장 오래된 수삼(水杉)나무로 쉬쮸현(石柱县) 황슈이진(黄水镇)의 헝먀오촌(横庙村)에 있다. 둘레16m에 높이 45m인 이 나무는 수령이 300년이 지났음에도 나무의 세력이 왕성하다. 1972년에 쪼우언라이(周恩来) 총리가 이 수삼나무의 종자 2kg을 채취하여 북한의 김일성에게 선물했고, 그 씨앗이 북한 땅에서 트고 뿌리를 내림으로써 중국·북한 간 우호의 상징으로 되어 있다.

② 따펑바오원시임해(大风堡原始林海)

따펑바오(大风堡)는 원시의 나무숲이 150km²넓이에 바다와 같이 펼쳐진 곳이다. 녹색 파도위에 솟아있는 산봉우리는 쉬쮸(石柱)에서 가장 높은 곳이며, 숲속에서는 표범(豹)·노루(獐)·

수삼모수

원숭이(猴)・여우(狐)・이리(狼) 등의 네발짐승이 출몰하고, 죽계(竹鸡)・까치(喜鹊)・자규(子规)・뻐꾸기(布谷)・상사조(相思鸟)・홍복금계(红腹锦鸡) 등의 날짐승들이 날아 노닌다.

③ 황디앤무산림욕장(黄店木森林浴场)
황디앤무(黄店木) 삼림욕장은 178㎢의 면적이며, 키가 10m이상인 소나무와 유삼(柳杉)나무가 빽빽이 들어서 있다.

치앤예차오챵(千野草场)

치앤예차오챵(千野草场)은 야초와 나무들이 무성한 자연초지로 650여 ㎢의 넓이다.

풀밭(草场)・화극(火棘, 홰나무)・돌순(石牙)・삼림(森林)이 뒤섞여있는 가운데 산(山)・림(林)・풀(草)・돌(石)・가축(家畜)이 어우러져있는 곳이다. 사람들은 이 풍광을 일러 하늘이 그린 한 폭의 그림이라고 한다.

이곳에는 관광휴한오락시설이 갖춰져 있다. 더불어 전국의 전형적인 카스터지모(喀斯特地貌)를 한 눈에 볼 수 있는 대관원(大观院)이 있고, 홰나무를 주제로 한 화극원(火棘园)・화극미궁(火棘迷宫) 등도 있다.

또한 이곳에서는 불같이 붉은 꽃, 백설같이 하얀 꽃, 황금같이 누런 꽃 등 온갖 빛깔의 들꽃을 볼 수 있으며, 산등성이에 올라 주위원근을 바라보면 가슴이 트이고 심신이 상쾌해진다. 고원의 들바람이 스치는 가운데 온갖 새소리를 들으며 돌배로 빚은 리즈지유(梨子酒술)을 곁들여 먹는 통양구이 맛은 그 풍치와 더불어 평생 잊지 못할 것이다.

치앤예차오챵

치앤예차오챵풍광

치앤예차오챵풍광

씨투워지에

씨투워지에

비추카녹궁

씨투워윈티

시투워투쟈펑칭지에
(西沱土家风情街)

시투워(西沱)는 진(镇)으로 쉬쮸현(石柱县)의 32개 향진(乡镇) 중 하나이다. 쉬쮸현의 서북쪽에 자리 잡고 있으며, 현 전체인구 52만 명의 73%가 이곳에 살고 있다.

쉬쮸현의 챵쟝(长江) 강가 마을들은 일반적으로 강을 따라 옆으로 길게 자리를 잡고 있으나 시투워진(西沱镇)은 이와는 다르게 산을 타고 올라가며 3km길이의 길을 내고, 그 양쪽으로 집들을 지었다.

거리의 아래쪽은 강변이고, 거리의 위쪽은 산허리인 것이다.

거리의 시작인 강변에서부터 거리의 끝인 산허리에 까지는 계단이 놓여 있는데, 그 모양새가 마치 하늘로 올라가는 다리 같다하여 윈티(云梯, 운제)라 했고, 그래서 거리 이름도 윈티지에(云梯街, 운제가)가 된 것이다. 원래의 윈티지에는 1,111개의 계단에 18곳의 평대(平台)가 놓여있다. 이 윈티지에(云梯街)와 나란히 올라가는 윈티대도(云梯大道)가 근래에 새로 놓였다. 14m폭으로 320계단이며, 13곳에 평대가 있다.

시투워는 민족문화를 주제로 하는 관광지로 그 개발이 추진되고 있다. 농경문화구(农耕文化区)·음식문화구(饮食文化区)·예술공연구(艺术公演区)·관광상품구(观光商品区)·삼협수몰전시구(三峡水没展示区)가 설치될 계획이며, 개발이 완료되면 챵쟝싼샤(长江三峡)의 매력적인 관광요충지가 될 것으로 기대되고 있다.

건괵영웅 친량위
(巾帼英雄 秦良玉)

"건괵영웅(巾帼英雄)"의 "건괵(巾帼)"은 옛날에 부녀자들이 쓰던 두건과 머리장식을 말하며, 부녀자를 지칭하기도 한다. 이러한 의미에서 "건괵영웅(巾帼英雄)"은 여장부·여걸이 된다.

친량위(秦良玉)는 총칭시의 쭝현(忠县)에서 낳아 쉬쮸현(石柱县)으로 출가한, 명(明, 1368~1644)나라 말기의 여장군이자 군사 전략가였다. 명(明)나라 역사서에 "친량위는 인품이 관대하고, 담대하며, 슬기로운데다가 행동거지가 우아하였다. 달리는 말에서의 활쏘기에 능하고, 언변과 문장에 달통했으며, 부대를 지휘할 때는 엄하여 대오가 흐트러지는 일이 없었다."고 기록되어 있다.

친량위가 21살에 쉬쮸현의 선무사(宣抚使, 백성을 위로하고 도와주는 직책의 사람) 마치앤청(马千乘)에게 시집을 간 후, 그의 남편과 더불어 창설한 백간병(白杆兵, 빠이간빙)은 일당백의 전력을 자랑했으며, 그 이름만으로도 겁을 내게 하는 군사였다. 친량위는 185cm의 거구로 빠이간빙을 지휘하며 평파(平播)·원료(援辽)·평사(平奢)·근왕(勤王)·항청(抗清)·토역(讨逆, 将献忠) 등의 임무를 성공적으로 수행함으로써 쓰촨지역의 총병관(总兵官)에까지 오르며, 사후에는 조정으로부터 "충정(忠贞)"이라는 시호를 받는다.

지금도 베이징의 쉬옌우먼(宣武门, 선무문) 쓰촨잉후통(四川营胡同, 사천영골목)에를 가면 "촉녀계위인진소보주병유지(蜀女界伟人秦少保驻兵遗址)"의 12글자가 큼지막하게 새겨져있는 것을 볼 수 있다. 이곳이 친량위의 군사가 황실 보위를 위해 주둔했던 곳임을 말하고 있는 것이다.

친량위는 죽어서 후이롱샨(回龙山) 등성이의 6만4,000평 부지에 꾸며진 친량위능원(秦良玉陵园)에 묻혔다. 어느 한 장수(将帅)만을 항목으로 삼아 기술한 것이 없는 중국의 정사(正史) 장상열전(将相列传)에서조차 친량위에 대해서만은 "건괵영웅(巾帼英雄)"이라 하여 단독으로 기술할 만큼 친량위(秦良玉)는 중국역사에서 큰 인물로 치부되고 있다.

319번 국도변지역

(3) 펑슈이먀오족투쟈족자치현 (彭水苗族土家族自治县)

팽수

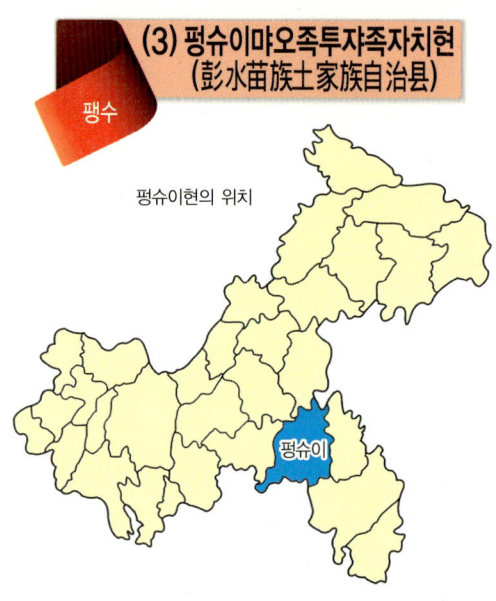

펑슈이현의 위치

펑슈이현 약도

펑슈이자치현(彭水自治县)은 총칭시의 동남부에 동서 폭 78km, 남북길이 96km인 3,903km²(제주도의 2배)의 넓이로 자리 잡고 있다. 이 지역은 우링샨(武陵江, 무릉산)의 산간지대이며, 챵쟝(长江)의 1급 지류인 우쟝(乌江)의 하류 유역이다. 인구는 67만 명(2008년)이며, 그중 먀오족(苗族)이 40%, 투쟈족(土家族)이 14%이고, 그 밖에 멍구족(蒙古族)·후이족(回族)·짱족(藏族)·짱족(壮族)·이족(彝族) 등의 소수민족이 함께 살고 있다.

펑슈이(彭水)는 중아열대온윤계절풍기후구(中亚热带温润季节风气候区)에 속하며, 그래서 밤에는 비가 자주 내리고, 여름에는 가물고 덥다. 가을에는 가랑비가 자주 내리고 상쾌하며, 겨울에는 서리만 내리는 정도이다. 다년간의 평균기온은 17.5℃이고, 평균 강우량은 1,104mm이다.

펑슈이(彭水)는 현(县) 서쪽의 다로우샨(大娄山)과 현(县) 동쪽의 팡도우샨(方斗山) 사이를 흐르는 우쟝(乌江) 유역에 자리를 잡고 있기 때문에 현(县) 내의 낮은 곳과 높은 곳 사이의 해발고도 차가 크다. 이러한 지형으로 말미암아 펑슈이에는 고도에 따라 기후가 달라지는 입체기후가 존재한다.

펑슈이(彭水)는 윈꾸이고원(云贵高原)의 동북끝단 등성이에 올라앉아 있기 때문에 교통지리 여건으로는 험지이다. 그러나 우쟝(烏江) 계곡을 따라 올라와 후난성(湖南省)으로 넘어가는 위썅고속도로(渝湘高速公路: 重庆-长沙, 414㎞)와 319번국도(四川 成都 − 福建 厦门: 2,984m), 그리고 천검선(川黔线 重庆−贵阳, 438㎞) 철도가 있어 외지로의 소통은 원활한 편이다.

펑슈이(彭水)는 예로부터 중국의 소수민족이 모여 살던 지역이며, 지리적으로 외진 곳이어서 옛 그대로 이어져 오고 있는 문화가 비교적 많은 것으로 회자되고 있다.

그런 것 중의 하나에 함채항(咸菜缸, 씨앤차이강)이라는 것이 있다. 씨앤차이(咸菜)는 소름에 절인 야채이고, 강(缸)은 항아리이다. 씨앤차이강(咸菜缸)은 일종의 김치인 것이다. 무·배추·짐승고기·물고기·고추 등을 한데 버무려 항아리에 넣어 밀봉한 다음 일정기간 발효시켜 만든다. 사람들은 이렇게 발효시킨 것을 산채(酸菜, 쑤안차이)라 했고, 집집마다 담가 먹는다. 또한 이 고장 사람들은 삭힌 음식을 좋아하여 잡은 물고기를 소금에 버무려 젓갈류로 해 먹는다.

펑슈이(彭水)의 볼거리로는 아이허(阿依河)관광경구, 무어웨이샨경구(摩围山景区), 안즈먀오쨔이(鞍子苗寨), 션롱구경구(神龙谷景区), 샹쟈빠몽고족촌(向家坝蒙古族村) 등이 있다.

아이허(阿依河)관광경구

아이허(阿依河)강은 꾸이쪼우성(贵州省)의 우촨현(务川县)에서 발원하여 펑슈이현을 흐르는 우쟝(烏江)의 지류이다. 아이허(阿依河)는 2008년에 관광객이 뽑은 총칭(重庆)의 10대 경구 중 하나이고, 2009년에는 전국민족문화 10대 신흥관광지 중 하나로 선정된 바 있다.

아이허 물가마을

아이허 물놀이

아이허 몸짓

아이허 풍광

우쟈오쨔이

쮸반챠오

치리탕

아이허(阿依河)강이 펑슈이현 관내를 흐르는 길이는 21km이다. 깊은 계곡 속에서 좁게 흐르는 강의 주변에서 바위산이 그려내는 아기자기한 풍광은 천상의 세계 같다고 사람들은 말한다.

주요 경점으로는 쮸반챠오(竹板橋, 죽판교)·치리탕(七里塘, 칠리당)·홍치앤탕(虹潛塘, 홍잠당)·니유쟈오쨔이(牛角寨, 우각채) 등이 있다.

무어웨이샨경구(摩围山景区)

무어웨이샨(摩围山)은 자연경관과 민속풍정이 한데 어우러진 산악형자연풍경구이다. 경구 면적은 120㎢이며, 펑슈이 현성으로부터 30km 거리의 마오윈샨(茂云山)자락에 있다. 마오윈샨(茂云山)은 윈꾸이고원의 동북쪽 변두리에 있는 다로우샨(大娄山) 산맥의 한 지맥이다.

마오윈샨(茂云山)은 그 해발높이 1,300m인 산봉우리 일대가 국가삼림공원으로 지정돼있다. 마오윈샨삼림공원은 공기가 맑아 해와 달, 그리고 별들이 유난히 청명하고, 가을하늘에 떠다니는 각가지 모양의 구름들은 환상적이다. 또한 겨울철의 설경은 대자연의 걸작으로 회자된다.

무어웨이샨(摩围山: 해발 1,395m, 상대고도 1,170m)은 구름위로 솟아있는 그 모습이 참으로 웅장해 보인다. 그러한 산봉우리들이 첩첩이 늘어선 가운데 협곡이 종횡으로 교차하며, 그 안에 석림(石林)·절벽(绝壁)·천갱(天坑)·지봉(地缝)·용동(溶洞)들이 들어 있다.

더불어 산봉우리 사이를 유유히 흘러 다니는 구름과 쭉쭉 뻗은 고목들의 임해가 이곳이 천상의 절경임을 일깨워준다.

무오웨이샨 정상의 동쪽으로 옥순선암(玉笋仙岩)이라 불리는 바위가 우뚝 서

다로우샨

마오윈샨

무어웨이샨

있고, 그 위 130여 평의 넓이에 운정(云顶, 윈딩)이라는 이름의 옛 절터가 있다. 운정사(云顶寺)는 당(唐, 618~907)나라 12대 임금 대종(代宗, 762~769) 때 창건됐고, 청(清, 1616~1911)나라 4대 황제 강희(康熙, 1661~1722)년간에 중건됐던 것이 1960년대 초에 훼멸되고, 지금은 석주(石柱)·석문(石门)·비각(碑刻) 따위만이 남아있다.

무어웨이샨경구(摩围山景区)의 특색 경점으로는 비운구(飞云口)·표두애(豹头崖)·목옥촌(木屋村)·석림(石林)·일월관경대(日月观景台) 등이 있다.

안즈먀오쨔이(鞍子苗寨)

안즈먀오쨔이(鞍子苗寨)는 펑슈이 현성으로부터 54km거리의 안즈향(鞍子乡)에 있는 먀오족(苗族) 사람들의 마을이다. 이곳 안즈먀오쨔이와 더불어 다츠춘(大池村)의 쉬무어옌먀오쨔이(石磨岩苗寨)와 선황치앤먀오쨔이(神皇山开苗寨)를 한데 묶어 펑슈이현의 안즈먀오쨔이민족풍정원(鞍子苗寨民族风情园)으로 지정하고 있다. 관광대상은 묘가(苗街, 먀오족의 거리)·묘가(苗歌, 먀오족의 노래)·묘무(苗舞, 먀오족의 춤)·묘민촌락(苗民村落, 먀오족의 마을)·묘문화습속(苗文化习俗)·묘

안즈먀오쨔이

먀오족 여인들

먀오쨔이 가옥

먀오이 풍속

쉬무어옌

향산수풍광(苗乡山水风光) 등이다.

션롱구경구(神龙谷景区)

션롱구(神龙谷, 신룡곡)는 펑슈이현의 신티앤향(新田乡) 관내에 있는 협곡이다. 디롱샤(地龙峡)로도 불리는 이 협곡은 길이 5km, 폭 300~600m, 깊이 400~700m의 크기이며, 계곡 안에는 대나무와 관목이 우거져있다. 계곡 사이에는 냇물이 흐르고, 절벽에서는 폭포가 날라 떨어진다.

션롱구의 양옆 절벽은 누군가가 신의 도끼를 빌어 다듬은 듯 단정하고, 그 절벽에는 하늘로 오르는 길인 양 은빛 사다리도 걸린 따리모양의 소로가

션롱구 풍광

나있다. 따라 올라가보고 싶은 마음을 일게 한다.

션롱구

션롱구 폭포

치앤쟝구(黔江区)는 동서 간의 폭 45km에 남북길이 90km의 2,399km²넓이로 총칭시의 동남부 가장자리에 자리 잡고 있다. 이 지역은 쓰촨분지(四川盆地)의 동남쪽을 둘러싸고 있는 우링샨(武陵山) 산맥의 한가운데이며, 이 곳에서 총칭직할시(重庆直辖市, 渝)·후베이성(湖北省, 鄂)·후난성(湖南省, 湘·구이쪼우성(贵州省, 黔) 등 네 성시(省市)가 맞닿는다.

치앤쟝구(黔江区)는 그 전반적인 지세가 동북쪽으로 높고, 서남쪽으로 낮다. 관내에서 가장 높은 곳은 후이치앤량즈펑(灰千梁子峰) 봉우리로 해발높이 1,939m이고, 자장 낮은 곳은 흐이씨허(黑溪河)강의 계곡으로 해발 320m이다. 이와 같은 동북고·서남저(东北高·西南低)의 지세에서 해발 1,400m이상의 지역은 전체면적의 4%, 1,000~1,400m의 지역이 17%, 700~1,000m의 지역이 59%, 500~

(4) 치앤쟝구(黔江区)

검강

치앤쟝구의 위치

치앤쟝

치앤쟝구의 약도

700m의 지역이 15%, 500m이하의 지역이 5%를 각각 차지하고 있으며, 지질 구조가 매우 복잡하다.

치앤쟝구(黔江区)의 기후는 기본적으로 중아열대습윤계절풍기후구에 속하며, 고도차에 따른 산지입체기후가 나타난다. 전반적으로 기후는 온화한 가운데 4계절이 분명하고, 강우량은 풍족하다. 연평균기온은 15.4℃, 극최고기온은 38.6℃, 극최저기온은 5.8℃, 7월 월평균기온은 26℃이고, 연간 강우량은 1,200~1,389㎜이다. 강우량의 40~45%는 6~8월에 내린다.

치앤쟝구(黔江区)는 윈꾸이고원의 동북부에 위치함으로써 지리적으로는 교통오지이지만, 319번국도와 유회철로(渝怀铁路: 重庆-怀化)가 관내를 기역(ㄱ)자형으로 나란히 달리고 있어 외지로의 소통은 원활한 편이다. 또한 치앤쟝쪼우바이공항(黔江舟白机场)이 있어 항공편 이용도 가능하다.

치앤쟝구(黔江区)는 여러 소수민족이 모여 사는 고장이다. 민족에 따라 가옥과 의상을 비롯한 문화 습속이 제각각이어서 고장의 분위기가 다채롭다. 게다가 자연경관 또한 아름다워 사람들은 이 고장을 일러 총칭시의 후원(后园)이라고도 한다. 치앤쟝의 볼거리로는 관두샤(官渡峡)·션꾸이샤(神龟峡)·샤오난하이(小南海) 등이 있다.

관두샤(官渡峡, 관두협)

관두샤(官渡峡)는 치앤쟝구(黔江区)

마오쟈슈이짜이

관두샤

에 흐르는 아펑쟝(阿逢江)의 15km길이 협곡이다. 치앤쟝 현성으로부터 18km의 거리에 있는 이곳은 옛날 관(官)에서 운영하던 역도(驿道)가 지나는 길목이었으며, 이곳에서 배를 타고 강을 건넜기 때문에 관두샤(官渡峡)라는 이름이 붙은 것이라고 한다.

관두샤에는 신녀봉(神女峰)과 백수천(白水泉) 등의 자연경관 외에도 양팔을 벌리면 강 양쪽의 절벽이 맞닿을 것 같은 일선천(一线天), 세 면(面)은 강물이 감싸고 한 면은 절벽이 가로 막고 있는 천혜의 피난지 먀오쟈슈이짜이(苗家水寨), 옛날 절벽에 관을 매단 애묘장(崖墓葬) 현관(悬棺) 등의 경점이 있다.

션꾸이샤(神龟峡, 신구협)

션꾸이샤(神龟峡)는 아펑쟝(阿逢江)의 39km길이 협곡으로 치앤쟝(黔江) 현성으로부터 44km의 거리에 있다. 션꾸이샤 협곡 입구에 놓인 두 산의 모양새가 마치 암수 한 쌍의 거북이가 마주보고 누운 것 같다하여 그 이름이 션꾸이샤(神龟峡)가 됐다고 한다. 다음과 같은 이야기가 전해온다.

아주 오랜 옛날에 옥황대제(玉皇大帝)가 신선인 뤼동빈(吕洞宾)으로 하여금 중국의 중원(中原)에서부터 동남아의 필리핀에 이르기까지 백성들의 삶을 살펴 안거낙업(安居乐业)케 하라고 하였다. 뤼동빈이 신거북(神龟)에 올라 여러 수륙병마(水陆兵马)를 거느리고 남쪽을 향해 내려가다가 이곳 탕쟈오완(塘角湾)에 당도해보니 산천은 아름다운데, 거기에 사는 사람들은 가난에 찌들어 형편이 말이 아니었다. 이에 뤼동만은 자신의 심복인 션꾸이(神龟) 내외로 하여금 이곳에 남아 민정을 살피고, 백성들로 하여금 편안하게 살면서 즐겁게 생업을 꾸려가도록 해 주라고 하였다. 션꾸이 내외는 뤼동빈의 분부를 잘 받들어 탕쟈오완 일대를 태태평평(太太平平)하고 만물이 풍성한 고장으로 가꿨으며, 지금도 아펑쟝(阿逢江)의 협곡에 점잖게 누워 백성들을 보살피고 있다.

션꾸이

션꾸이샤

션꾸이샤를 흐르는 물길은 마치 뱀이 기어가듯 구불구불하여 어느 한 곳 똑바른 데가 없다.

39km의 협곡에는 27곳의 구비와 28곳의 일선천(一线天)이 있으며, 그 양쪽의 절벽에는 위아래로 천자백태의 석종유(石钟乳)가 고드름처럼 달려있다.

샤오난하이(小南海)

샤오난하이(小南海)는 해발 370m높이에 있는 담수호(淡水湖)이다. 청(淸)나라 9대 황제 함풍(咸丰 1850~1861)년간인 1857년에 대지진이 일어나면서 무너져 내린 산이 계곡입구를 막아 생긴 언색호로서 그 일대가 국가지질공원으로 지정돼있다. 현성으로부터 북쪽으로 30km의 거리에 있는 샤오난하이 호수는 수면이 20여km에 걸쳐 뻗어있으며, 여기저기에는 아직도 당시에 무너져 내린 바위들이 널려있다.

샤오난하이 호수에는 우배도(牛背岛, 니유뻬이다오)·조양도(朝阳岛, 챠오양다오)·호심도(湖心岛, 후신다오)의 세 섬이 있으며, 나름대로의 아름다움을 지니고 있다. 그 중 우배도가 2만5,000평의 넓이로 가장 크며, 가장 아름답다. 이곳에 여러 종류의 동물과 식물이 서식하고 있으며, 중국의 사향노루 양식기지와 어족(鱼族) 보호기지가 있다.

샤오난하이 공원정문

샤오난하이

샤오난하이 풍광

샤오난하이 풍광

(5) 요우양투쟈족먀오족자치현 (酉陽土家族苗族自治縣)

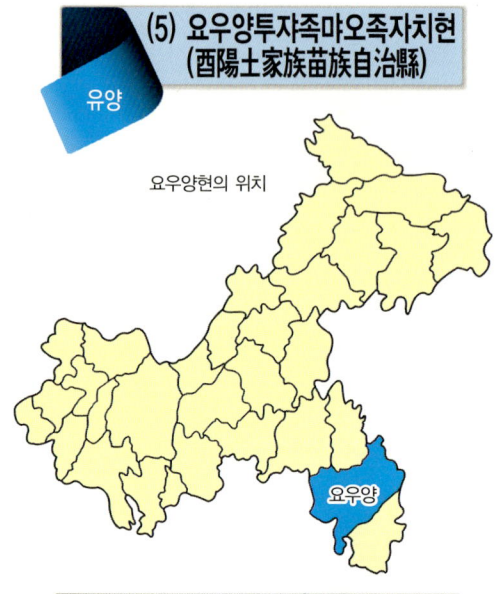

요우양현의 위치

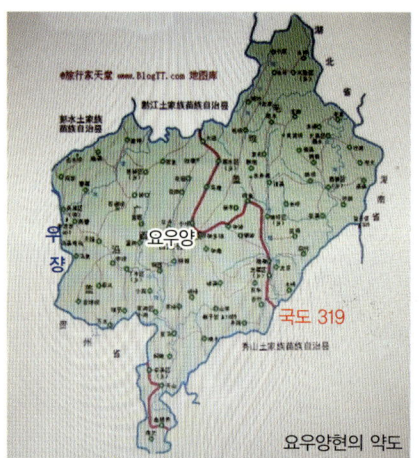

요우양현의 약도

요우양투쟈족먀오족자치현(酉阳土家族苗族自治县)은 총칭시(重庆市) 위동난지역(渝东南地域)의 남쪽에 5,173㎢(제주도의 2.8배)의 넓이로 자리 잡고 있으며, 인구는 81만 명이다. 요우양자치주는 투쟈문화(土家文化)의 발원지이자 다민족잡거지(多民族杂居地)로 불릴 만큼 투쟈족(土家族) 사람들을 비롯한 여러 소수민족이 모여 사는 지역으로 인구의 62%가 투쟈족(土家族)이고, 23%가 먀오족(苗族)이며, 그 외에 만족(满族)·이족(彝族)·후이족(回族)·리족(黎族) 등 16개 소수민족이 함께 살고 있다.

요우양자치현(酉阳自治县)은 그 산수 풍경이 아름답다. 현(县)의 서쪽으로는 험난한 지형의 우쟝(乌江) 계곡이 있고, 현의 동쪽으로는 투쟈족(土家族)의 요람이라 할 요우슈이허(酉水河) 강이 흐르며, 그 유역에 사람들이 모여 마을을 이루고 있다. 요우양(酉阳)은 이러한 지리적 환경과 소수민족의 다채로운 문화가 어우러져 총칭시(重庆市)의 "10대향촌관광지(十大乡村观光地)" 중의 하나로 되어있으며, "중국민간예술지향(中国民间艺术之乡)"으로 불리기도 한다.

요우양(酉阳)은 원꾸이고원(云贵高原)에서 북쪽으로 흘러 챵쟝(长江)으로 합쳐지는 우쟝(乌江)의 중하류 지역이고, 이곳의 풍광이 우쟝(乌江) 1,070km를 통틀어 가장 아름다운 것으로 회자된다. 이곳의 풍광은 총칭시(重庆市) 동북단의 다빠샨(大巴山)에서 남쪽으로 흘러 챵쟝(长江)으로 합류되는 다닝허(大宁河) 강의 풍광과 더불어 챵쟝싼샤(长江三峡)의 관광요지로 되어 있다. 요우양의 주요 볼거리를 정리해보면 다음과 같다.

(표) 요우양투쟈족먀오족자치현의 주요 볼거리

경 점	개 요
도화원 (桃花源)	현성으로부터 500m거리에 있음. 높이 40m, 폭 30m, 길이 100여m의 석회암 동굴을 비롯하여 이 일대의 20여㎢가 도화원 경구로 지정돼 있음. 동굴 안에서 흘러나오는 맑은 물을 수원으로 하여 취앤콩허(泉孔河)가 되고, 그 냇가에 "문진정(问津亭)" 정각이 있음. 정각에는 중국의 저명한 역사학자 마식도(马识途)가 써서 새겼다는 "도화원(桃花源)" 석각이 있어 이 일대가 도화원으로 불리게 됨. 도화원 경구는 도원문화(桃源文化) · 바런문화(巴人文化) · 소수민족문화(少数民族文化) · 토사문화(土司文化) · 도원풍경(桃源风景) 등이 볼거리의 대상이 됨.
롱탄고진 (龙滩古镇)	현성에서 동쪽으로 30여km거리에 있는, 1.5㎢넓이의 옛 마을임. 롱탄허(龙滩河)와 요우슈이허(酉水河)를 끼고 있어 원근의 물자가 이곳으로 모이는 상업고장이며, 일본에 맞서 싸울 때는 천혜의 피난지로 알려져 수많은 사람들이 몰려와 북적거렸기에 "소남경(小南京)"이라고 불리기도 함. 고진에는 200여 년 전의 옛 거리에 사합원(四合院) 건물들과 10~30m높이의 독특한 방화용 벽채가 남아있음. 5m폭의 간선도로에는 청석(青石)이 깔려있으며, 연면적 2만6,000여 평으로 추정되는 이곳의 건물 중에는 우왕궁(禹王宫) · 만수궁(万寿宫) · 사묘(祠庙) · 조세염고거(赵世炎古居) · 롱탄중학(龙滩中学) · 몽가구거(梦柯古居) 등이 있음.
공탄고진 (龚滩古镇)	공탄고진은 1,700여 년의 역사를 지닌 옛 마을로 아펑쟝(阿蓬江)이 흘러드는 우쟝(乌江)의 동쪽기슭에 있음. 석판(石板)이 깔린 3km길이의 거리, 150여 곳의 방화벽채, 200여 채의 4합원(四合院) 건물, 50여 채의 댜오쟈오러우(吊脚楼) 등 명(明, 1368~1644) · 청(清, 1616~1911) 시기의 건축물들이 보전되어 있음. 댜오쟈오러우(吊脚楼, 조각루)는 기둥을 세워 터를 만들고, 그 위에 지은 집으로 댜오러우(吊楼)라고도 함.
창푸가이 (苍蒲盖)	가이(盖, 개)는 덮개나 뚜껑, 동물의 등껍질을 의미하며, 지리(地理)에서는 산등성이의 편편한 지역을 일컬음. 챵푸가이(苍蒲盖)는 요우양(酉阳) 현성으로부터 15km거리의 전형적인 고산초원으로 100㎢의 넓이임. 야생동물이 서식하고, 진귀한 약재가 많이 생산되는 것으로 알려짐.
텅룽동 (腾龙洞)	현성으로부터 10km거리에 있는 동굴임. 30여m높이의 공간과 더불어 화분모양의 지하호수가 있음. 고대인의 석기공구(石器工具)가 발견됐고, 청(清)나라의 9대 황제 함풍(咸丰, 1850~1861)년 간에 홍수전(洪秀全)이 이끈 농민반란 태평군(太平军)의 화약제조 흔적이 남아 있음.
푸씨동 (伏羲洞)	도화원경구(桃花源)에 있는 동굴임. 150여 평 넓이의 유석패(流石贝, 물흐르는 모양의 돌판)가 있고, 민속공연관(民俗公演馆)과 고대인의 동굴원형전시관(洞窟原形展示馆)이 개설돼있음.
롱토우샨 (龙头山)	요우양현의 티앤관진(天馆镇)에 있는, 해발 1,700m높이의 산임. 산꼭대기의 동굴 속에 사찰이 있음. 평시에는 관리인이 없고, 해마다 관세음보살의 생일인 6월 19일에 많은 사람들이 몰려와 소원을 빔. 그날은 어김없이 비가 내리는데, 사람들은 이 비를 일컬어 세샨우(洗山雨, 씨샨위)라고 함.

경 점	개 요
석천고묘채 (石泉古苗寨)	석천고묘채(石泉古苗寨, 쉬취앤구먀오쨔이)는 먀오족 사람들의 마을로 요우양현 창링진(苍岭镇)을 흐르는 아펑쟝(阿蓬江) 강변에 있음. 아펑쟝국가습지공원(阿蓬江国家湿地公园)의 핵심경구임. 상 중 하의 3채(寨)로 나뉘며, 석씨(石氏) 집성촌으로 인구 500여명의 규모임. 쉬취앤구먀오쨔이(石泉古苗寨)의 본래 명칭은 불에탄 계곡이라는 의미의 훠샤오씨(火烧溪)였음. 다음과 같은 이야기가 전해옴. 석씨(石氏) 선조의 할아버지가 일을 마치고 집에 와 방문을 열어보니 방 한가운데에 커다란 이무기가 똬리를 틀고 앉아 있고, 그 주변으로 온갖 형체의 뱀들이 뒤섞여 꿈틀대고 있었다. 원래 사나운 짐승들이 떼로 몰려다니는 숲속이라 어지간한 상황에는 대범한 할아버지였지만, 방 안의 장면에는 크게 놀랐으며, 그 길로 집에 불을 싸질러 태워버렸다. 그런데 그 불이 계곡의 무성한 갈대숲에 옮겨 붙어 온 계곡이 불타버렸으며, 그 때문에 숲속의 온갖 짐승들이 달아나 버렸다. 이렇게 해서 마련된 계곡에 석씨 문중의 사람들이 늘어나고 마을이 생겼다.
허완구쨔이 (河湾古寨)	요우양현 호우씨진(后溪镇)을 흐르는 유우슈이허(酉水河) 강변의 마을임. 명(明)나라 주원장(朱元璋)이 태조(太祖, 1368~1398)로 재위할 때 생긴 마을로 100여 채의 댜오쟈오로우(吊脚楼)가 산비탈에 자리를 잡고 있음. 투쟈족건축박물관(土家族建筑博物馆)이라고도 불릴 만큼 형체도 다양하며, 투쟈족의 민속·문화가 거기에 담겨 있음.
우쟝화랑 (乌江画廊)	꾸이쪼우성(贵州省)에서 발원하여 요우양(酉阳)·펑슈이(彭水)·우룽(武隆)·푸링(涪陵)을 거쳐 창쟝(长江)으로 합류하는 1,070km길이의 우쟝(乌江) 1,070km 물길에서 요우양자치현(酉阳自治县)을 흐르는 60km구간의 아름다운 경관을 말함.
빠얼가이 (巴尔盖)	윈꾸이고원(云贵高原) 동북부에 있는 360km²넓이의 삼림임. 국가삼림공원으로 지정돼있으며, 샨다이고우(山黛沟)·쑨옌따샤구(笋岩大峡谷)·무예허(木叶河)의 세 경구로 나뉘어 있음.
타오포어단샤 (桃坡丹霞)	윈꾸이고원의 우링샨(武陵山) 전체 산지에서 단 한 곳뿐인 카스터단샤지모(喀斯特丹霞地貌) 지역임. 18km에 걸쳐 이어지고 있는 홍암석(红岩石)의 기기묘묘한 산봉우리들과 붉은색 산지의 울창한 삼림이 관광의 주 내용이 됨. 타오포어(桃坡)의 9대 자연경관으로 칭슈이허(清水河, 청수하)·단샤지모(丹霞地貌, 단하지모)·허샹옌(和尚岩, 화상암)·쟈오즈딩(轿子顶, 교자정)·완마꾸이차오(万马归槽, 만마귀조)·니유랑쯔뉘펑(牛郎织女峰, 우랑직녀봉)·이량쓰룽동(一两丝溶洞, 일량사용동)·티앤컹디펑(天坑地缝, 천갱지봉)·위량코우(鱼梁口, 어량구) 등이 꼽힘.
쑨옌대협곡 (笋岩大峡谷)	빠얼가이(巴尔盖)의 한 경구(景区)로 롱탄진(龙潭镇) 화리앤촌(花莲村)에 있음. 10여km길이에 폭이 2~10m이며, 협곡의 수직높이가 차는 1,000m가 넘음. 중첩된 봉우리, 울창한 삼림, 소리내며 흐르는 냇물, 괴괴한 골짜기, 폭포, 다락밭, 석림, 죽해, 촌락 등이 한데 어우러진 계곡풍광과 더불어 심심치 않게 출몰하는 야생동물이 정취를 더함.

빠이리우쟝화랑(百里乌江画廊)

우쟝(乌江)은 요우양현(酉阳县)의 서남쪽 변두리를 흐른다. 윈꾸이고원에서 북쪽으로 흘러 창쟝(长江)으로 들어가는 우쟝(乌江)은 꾸이쪼우성(贵州省)에서 가장 길뿐만 아니라 아름답기로도 소문이 나있는데, 그 중에서도 빼어난 요우양(酉阳) 관내의 60㎞강변 풍경을 빠이리

백리화랑

우쟝화랑(百里乌江画廊)이라 부른다.

빠이리우쟝화랑 약도

빠이리우쟝화랑의 주요 경점으로 공탄샤(龚滩峡)·투투워즈샤(土砣子峡)·빠이지샤(白芨峡)·리쯔샤(荔枝峡)·푸피샤(斧劈峡)·매창봉(梅嫦峰)·만왕동(蛮王洞)·치앤다오(纤道)·우딩랑챠오(无锭廊桥)·라오지에(老街)·허씨아8경(河下八景)·뚜이안8경(对岸八景)·표지성10경(标志性十景) 등이 있다.

백리화랑 풍광

공탄샤

백리화랑 풍광

공탄샤 풍광

공탄샤(龔灘峽)

공탄샤(龔灘峽)는 아펑장(阿蓬江) 강물이 흘러드는 곳의 우장협곡(烏江峽谷)으로 3.5km의 길이이다. 깎아지른 절벽 위에 바위들이 떨어질듯 놓여있고, 옛 사람들의 관(棺)이 절벽에 아슬아슬하게 매달려 있다. 바런(巴人) 사람들이 배를 끌고 올라가던 치앤다오(纤道)길이 절벽에 나있고, 선인암(仙人岩)·웅계석(雄鸡石)·모자봉(帽子峰) 등의 경관이 그림처럼 펼쳐져 있다. 강변마을에는 석판개(石板街)·조각루(吊脚楼)·고묘(古庙)·회관(会馆) 등이 있고, 허씨아8경(河下八景)과 뚜이안8경(对岸八景)이 이어져나간다.

투투워즈샤

투투워즈 풍광

공탄샤 풍광

汉墓·쉬무오(石磨) 등이 있다. 직경이 4m인 쉬무오(石磨)는 중국에서 가장 큰 돌절구로 알려져 있으며, 고고학 분야 연구의 주요 자료로 되어 있다.

투투워즈샤(土坨子峽)

투투워즈샤(土坨子峽)는 공탄진(龔灘鎭)과 칭취앤향(清泉乡) 사이의 협곡으로 3.5km의 길이이다. 물여울이 크고, 물 흐름이 빠르다. 경점(景点)으로는 우꾸이산(乌龟山)·랑챠오(廊桥)·무로우(木楼)·리위츠(鲤鱼池)·고한묘(古

빠이지샤(白苙峽)

칭취앤향(清泉乡)과 호우핑향(后坪乡) 사이의 4km 협곡이다. 강물이 곧게 흐르고, 물의 양쪽기슭은 병풍을 두른 듯하다. 청산녹수(青山绿水)와 더불어 청량한 새소리와 상큼한 꽃향기가 인상적이다.

투투워즈 풍광

빠이지샤

빠이지샤 풍광

리쯔샤

빠이지샤 풍광

리를 품은 안개구름이 운치를 돋운다.

푸피샤(斧劈峽)

호우핑향(后坪乡)과 완무향(万木乡) 사이의 2km길이 협곡이다. 흡사 도끼로 찍어내려 만

푸피샤

리쯔샤(荔枝峽)

호우핑향(后坪乡)에 있는 협곡으로 4km길이이다. 빠이지샤(白芨峽)-리쯔샤(荔枝峽)-푸피샤(斧劈峽)로 이어지는, 우장화랑(乌江画廊)에서 산수가 가장 아름다운 구간이다.

고건축물(古建筑物)·고잔도(古栈道)·현애관(悬崖棺)·죽림모사(竹林茅舍) 등이 뒤를 이어 나타나고, 희귀동물들이 출몰하며, 폭포소

푸피샤 풍광

리쯔샤 풍광

리쯔샤 풍광

푸피샤 풍광

든 협곡 안에는 흐르는 물이 조용하고 맑기가 거울 같아 하늘이 강바닥에 내려앉은 듯하고, 물고기와 날짐승들이 함께 노니는 것처럼 보인다.

메이챵펑(梅嫦峰)

메이챵펑(梅嫦峰, 매창봉)은 메이챵(梅嫦) 낭자의 전설을 지니고 있는 산봉우리이다. 그 전설은 다음과 같다.

메이챵(梅嫦)은 부지런하고 용감한 낭자였다. 그녀가 외출했다가 마을로 돌아오는 길에 사나운 호랑이가 달려들었다. 메이챵은 덤비는 호랑이의 목을 껴안고 죽을힘을 다해 조여들어갔다. 호랑이는 온갖 몸놀림을 다해 메이챵 낭자를 떼어내려 하였으나 어쩌지 못하고 둘이 함께 우쟝(烏江) 강물 속으로 떨어졌다.

마을 사람들이 호랑이와 함께 강물에 떨어진 메이챵을 찾기 위해 강물 속을 더듬는데, 그 때 갑자기 구름이 몰려오고 산봉우리 위에서 작렬하는 번갯불 속에 메이챵의 모습이 스쳐갔다. 이를 본 사람들은 그때부터 그 산봉우리를 "메이챵펑(梅嫦峰, 매창봉)"이라 부르고, 더불어 믿기를 메이챵(梅嫦)이 산중의 온갖 짐승들을 관장하는 엽신(獵神)이 되었다고 했다. 그 후로 사람들은 메이챵 엽신에게 제사를 지내며 사고무탈하고 사냥이 잘 되도록 기원하였다.

메이챵핑 근경

메이챵핑 원경

만왕동(蠻王洞)

만왕동(蠻王洞)은 공탄고진(龔灘古鎮)의 맞은 편 절벽에 있다. 동굴 입구에 두 채의 목조 건물이 있는데, 반(半)은 동굴 밖으로 나와 있고, 반(半)은 동굴 안으로 들어가 있다.

이곳에 만왕(蠻王, 남방 소수민족의 수령)인 빠즈치유(巴子酋)를 봉공하는 보살 한 자리가 있다.

다음과 같은 이야기가 전해온다.

주(周)나라의 제후국인 진(秦)나라의 혜왕(惠王, BC354~BC311)이 바국(巴國)을 멸망시켰을 때, 나라를 잃은 바국(巴國)의 만왕(蠻王) 빠즈치유(巴子酋)는 푸링쟝(涪陵江)의 계곡을 거슬러 요우씨(酉溪)에 이르렀으나, 토착인들에게 공격을 받아 이곳 동굴에 갇혀 지내게 되었다. 여러 해를 그렇게 동굴에서 지내며 호시탐탐 탈출할 기회를 엿보다가 종내는 마음을 바꿔 그곳 사람들의 농사를 돕는 등 사이좋게 지내기로 하였다. 다시 여러 해를 그렇게 지내는 사이에 빠이치유를 신뢰하고 의지하게 된 현지인들은 그를 요우씨(酉溪)의 수령으로 추대하였으며, 훗날 그의 공덕을 기려 이곳에 사당을 짓고 만왕동(蛮王洞)이라 하였다.

만왕동 원경

만완동 근경

만완동 석각상

치앤다오(纤道)

치앤다오(纤道)는 인부들이 물길을 거슬러 위쪽으로 배를 끌고 올라가는 길을 말한다. 공탄(龔灘)에는 이런 길이 열 군데에 있고, 그 길이는 500m정도이다. 한 사람이 지나갈 정도로 절벽을 들여 파서 만든 것으로 그 시기를 청(淸)나라의 11대 황제 광서(光绪, 1875~1908)년간으로 보고 있다. 지금도 홍수 철에는 동력만으로 올라갈 수 없는 배를 사람들이 이 길을 따라 끌고 올라가는데, 그럴 때면 사람들이 힘쓰는 장단을 맞추기 위해 내는 소리가 온 계곡을 진동시킨다.

우딩랑챠오(无锭廊桥)

우딩랑챠오(无锭廊桥)는 칭취앤향(清泉乡)을 흐르는 우쟝(乌江) 강변의 나무다리 이다. 길이 32m에 폭이 4m인 이 다리에 벽과 지붕을 지어 올렸기에 복도식 다리라는 의미의 랑챠오(廊桥)라 하는 것이며, 못을 하나도 쓰지 않고 나무끼리의 아귀를 맞춰 지었기에 우딩(无锭)이라 하는 것이다. 청(淸)나라의 10대 황제 동치(同治, 1861~1875)년간에 지은 것으로 추정

배 끄는 사람들

우딩랑챠오 외관

배 끄는 사람들

우딩랑챠오 외관

하고 있으며, 아직까지는 보전상태가 양호하고, 그 기능이 완벽하다.

기타 경점

빠이리우장화랑(百里乌江画廊)의 여러 경점에 대해 그 소재한 지역으로 뭉뚱그리거나 특징적인 것으로 꿰어 나타내기도 한다. 옛 거리에 산재한 볼거리들을 한데 묶은 "라오지에경점(老街景点)", 강 아래쪽에 있는 대표적 볼거리들을 한데 뭉뚱그린 "허씨아8경(河下八景)", 공탄고진(龚滩古镇)의 맞은편에 있는 볼거리 "뚜이안8경(对岸八景)", 빠이리우장화랑(百里乌江画廊)의 특징을 잘 나타내는 "표지성10경(标志性十景)"이 그런 것들이며, 그들 내역을 보면 다음과 같다.

(표) 기타경점 내역

구 분	명 칭
라오지에경점 (老街景点)	쯔뉘로우(织女楼,직녀루) 판롱로우(盘龙楼,반룡루) 용딩청꾸이(永定成规,영정성규) 챠오샹쟈오(桥上桥,교상교) 위엔양로우(鸳鸯楼,원앙루) 샤오야오로우(逍遥楼,소요루) 촨쮸먀오(川主庙,천주묘) 동즈(董子,동자)사당 공탄마토우(龚滩码头,공탄마두) 양쟈씽(杨家行,양가행) 리위탸오롱먼(鲤鱼跳龙门,리어도룡문) 디이관(第一阅,제일관) 통잉챠오(通瀛桥,통영교) 취앤먼코우(筌门口,전문구) 홍먀오즈(红庙子,홍묘자) 싼푸먀오(三抚庙,삼무료)
허씨아8경 (河下八景)	쉬즈쉬(狮子石,사자석) 리앤화쉬(莲花石,연화석) 루워한쉬(罗汉石,나한석) 먼지앤쉬(门槛石,문함석) 쑤워이쉬(蓑衣石,사의석) 이즈쉬(椅子石,의자석) 관차이쉬(棺材石,관재석) 링파이쉬(灵牌石,령패석)
뚜이안8경 (对岸八景)	만왕동(蛮王洞,만왕동) 옌코우챵(岩口场,암구장) 페이어쉬(飞蛾石,비아석) 양즈치앤(羊子阡,양자천) 빠이슈이고우(白水沟,백수구) 쯔워즈쉬(卓子石,탁자석) 쓰팡동(四方洞,사방동) 썅쮸옌(香烛岩,향촉암)
표지성10경 (标志性十景)	1구18교(一沟十八桥) 교중교(桥中桥) 과교불견교(过桥不见桥) 문창각(文昌阁) 공공배식부(公公背女) 8보암(八步岩) 토지대토지(土地对土地) 조각루(吊脚楼) 8보제왕하대문상(八步梯往河对门上) 1개보살양개뇌각(一个菩萨两个脑壳)

Close Up

공탄고진(龚滩古镇)

공탄고진(龚滩古镇)은 1,700여 년의 역사를 지닌 옛 마을로 아펑쟝(阿蓬江) 하구가 있는 우쟝(乌江)의 동쪽 기슭에 자리 잡고 있다. 319번 국도와 이웃하고 있으며, 치앤쟝민족풍정관광지(黔江民俗风情观光地)의 하나로 되어 있다. 주요 볼거리로는 진로우(锦楼,금루)·씨아쟈위엔즈(夏家院子,하가원자)·쯔뉘로우(织女楼,직녀루)·위엔양로우(鸳鸯楼,원앙루)·쥐런티(巨人梯,거인제)·옌덩(木舂灯,첨등)·반비앤창(半边仓,반변창)·타이핑강(太平缸,태평항)·

공탄고진

공탄고진

공탄고진 풍광

공탄고진풍광

공탄고진풍광

공탄고진풍광

리위탸오롱먼(鯉魚跳龙门,리어도룡문)·촨쥬먀오(川主庙,천주묘)·아미투워포챠오(阿弥陀佛桥,아미타불교)·챠오쭝챠오(桥中桥,교중교) 등이 있다.

진로우(錦樓, 금루)
옛날에 비단 짜던 사람의 집이었다고 한다. 다음과 같은 슬픈 이야기가 전해온다

아주 오래전, 이 집에 투쟈족(土家族) 가족이 살았다. 꽃이 피듯 처녀티가 제법 오르는 그 집의 딸 씨비(昔比)는 영리하고 손재주가 좋아서 비단을 아주 잘 짰는데, 그 중에서도 그녀가 짜내는 "씨란카푸(西兰卡普)"는 타인의 추종을 불허하였다. 씨란카프는 꽃과 나비 그림이 들어가는 비단으로 비단 속의 꽃에서는 향기가 전해지는 듯하였다.

어느 날 씨비(昔比)는 빠이궈화(百果花, 백과화) 꽃이 세상에서 가장 아름답다는, 마을 사람들의 이야기를 들었다. 씨비(昔比)는 자신이 짜는 씨린카프에 빠이궈화 꽃을 넣기로 하였다. 빠이궈화는 묘시(卯时, 03:00~05:00)에 피었다가 인시(寅时, 05:00~07:00)에 시들어 떨어

지는 꽃이었다. 씨비(昔比)는 갓 피어난 빠이궈화 꽃을 따기 위해 빠이궈화 나무 아래서 이틀 밤을 새웠으나 그 시간이 돼서는 깜빡 잠이 들어 뜻을 이루지 못했다.

한편, 씨비(昔比)의 비단 짜는 솜씨를 샘내는 그녀의 올케가 밤을 밖에서 보내고 들어오는 시누이를 자신의 시아버지에게 모함하여 말하기를 씨비(昔比)가 밤새 외간 남자와 함께 지내고 들어온다고 하였다. 며느리의 얘기를 반신반의한 씨비(昔比)의 아버지는 묵직한 몽둥이를 들고 한밤중에 대문 뒤에 숨어서 지켜보기로 하였다.

씨비(昔比)는 사흘째 되던 날 감겨오는 눈꺼풀을 치키고 치켜 올리며 잠을 쫓은 보람이 있어 갓 피어난 빠이궈화 꽃을 딸 수가 있었다. 씨비(昔比)는 소담스럽고 청초한 흰 꽃을 가슴에 안고 대문 안으로 들어서다가 며느리의 이간질 말을 곧이들은 아버지의 몽둥이에 맞아 그 자리에서 즉사하였다. 씨비의 아버지는 자기 딸에게 몽둥이질을 할 때 자기 딸의 몸에서 붉은 빛의 번쩍임과 아울러 자기 딸이 들고 있던 하얀 꽃이 새가 되어 날아오르는 것을 보았다. 그리고 그 새는 대문 앞 나뭇가지에 앉아 울며 짖어대기를 "빠이궈화 꽃을 보고자 함이었는데, 아버지가 잘 못 알고 나를 죽였네, 올케에게 속았다오, 올케에게 속았다오."하였다.

그 후로 다시는 빠이궈화(百果花)가 피지 않았고, 전설 속의 꽃으로만 전해올 뿐이다. 따라서 온갖 꽃이 비단에 놓아지지만 씨비(昔比)가 불행하게 죽는 바람에 빠이궈화 꽃이 영영 사라졌고, 따라서 비단 속의 빠이궈화를 본 사람은 아직도 없는 것이다.

씨아쟈위옌즈(夏家院子, 하가원자)

씨아쟈위옌즈(夏家院子)정원은 천쟈완(陈家湾,진가만)· 탸오롱먼(跳龙门,도룡문)· 황쟈오슈(黄桷树,황각수)들과 더불어 공탄고진(龚滩古镇)의 4대 경점으로 꼽히는데, 그 풍광에 관하여 다음과 같은 시구(诗句)가 있다.

진가만연무침침(陈家湾烟雾沈沈),
천쟈완의 연무가 두텁고,

진가문전리어도룡문(陈家门前鲤鱼跳龙门),
천쟈문전의 용문에서는 잉어가 뛰어오른다.

황각수상출요괴(黄楠上出妖怪),
황각수 고목 위로는 요괴가 출몰하고,

화가원자출미인(夏家院子出美人),
씨아쟈위옌즈 정원으로는 미인들이 들락거린다.

지금은 세월과 더불어 사라지고 없지만, 그 옛날의 황각수(黄桷树) 고목은 높고 우람하여 나무꼭대기를 지나는 바람 소리가 마치 요괴의 울음소리와 같아 사람들이 접근하기를 꺼려했음을 표현한 것이다. 씨아쟈(夏家)는 소금 사업을 영위하던 씨아(夏)성의 갑부 집이고, 그 집 정원인 씨아쟈위옌즈(夏家院子)로는 화려하게 차려입은 씨아쟈(夏家)의 여인들이 정원에

씨아쟈위엔즈 / 황쟈오슈 / 쯔뉘로우

나와 거닐었음을 읊은 것으로 보인다.

쯔뉘로우(织女楼)는 비련의 낭자가 살던 집이다. 다음과 같은 이야기가 전해온다.

쯔뉘로우(织女楼, 직녀루)

한 바런(巴人) 청년이 탕옌허(唐岩河) 강을 따라 공탄(龚滩)에 이르렀는데, 토박이 사람들은 그를 배척하였다. 하지만, 그 청년은 굴욕을 견디며 토박이 사람들에게 다가갔고, 그의 진실 됨이 받아들여져 마을 사람들과 사이좋게 함께 살게 되었다.

마을의 17세 낭자가 이 바런 청년을 사모하게 되어 무슨 꼬투리만 있으면 수줍은 자태로 찾아왔고, 그 청년도 그것이 싫지 않았다. 그렇게 시작된 두 남녀의 사랑이 깊어지고 있을 때, 심한 가뭄이 들었고 양도가 달렸다. 이에 바런 청년은 부족한 식량을 구하려 자신의 고향으로 길을 떠났다.

길을 떠난 청년은 한 달이 지나고 해가 바뀌었는데도 돌아오지를 않았고, 소식도 없었다. 그 청년은 식량을 구하러 가던 길에 변을 당해 돌아올 수가 없었던 것이다. 토박이 낭자는 일구월심(一久月沈), 날이 가면 갈수록 연인을 그리워하는 마음이 커지고 걱정이 쌓이다가 종내에는 숨을 거두고 말았다. 마을 사람들은 두 젊은 연인의 못 다 이룬 사랑을 슬퍼하며, 그 낭자가 살던 집을 쯔뉘로우(织女楼)라고 불렀다.

위엔양로우(鸳鸯楼, 원앙루)

위엔양로우(鸳鸯楼)는 4합원(四合院)으로 이어진 공간을 함께 쓰는 두 가옥을 말한다. 다음과 같은 이야기가 전해온다.

옛날, 4합원(四合院)으로 맞닿은 두 집에 란(冉)씨 성의 가족과 양(杨)씨 성의 가족이 살았다. 란(冉)씨 집에는 라오바니에(绕巴涅: 투쟈족 언어로 사내아이)가 있었고, 양(杨)씨 집에는 러바니에(惹巴涅: 투쟈족 언어로 계집아이)가 있었다. 둘이는 어려서부터 사합원 정원에서 소꿉놀이를 하며 함께 자랐으며, 나이가 들어가면서 서로 사랑하는 마음이 싹트고 커져갔다.

그러나 불행하게도 투쟈족(土家族)의 관습으로는 소꿉동무를 청매죽마(青梅竹马)라 하여 서로 결혼하는 것을 금했기 때문에 그들은 평생 혼인을 하지 않은 채로 살면서 애틋한 사랑을 이어갔다.

훗날 사람들은 관습에 묶인 그들의 비극적인 사랑을 안타까워하면서 그 집을 위엔량로우(鸳鸯楼, 원앙루)라고 불렀다.

위옌량로우

쥐런티

쥐런티(巨人梯, 거인제)

쥐런티(巨人梯)는 6만여 개의 바위 돌을 쌓아올려 이룬, 사다리모양의 길이다. 다음과 같은 이야기가 전해온다

> 오랜 옛날에 투쟈족(土家族)의 선조인 투구(土姑)가 악귀들을 퇴치하기 위해 하늘에서 내려올 때 놓인 길이다. 하늘나라에서 볼 때는 하계인 땅으로 내려가는 길이고, 하계에서 볼 때는 하늘로 통하는 통천석제(通天石梯) 돌사다리인 것이다. 그래서 사람들은 이 통천석제를 신성시 했고, 수시로 향을 사르며 소원을 빌어 왔다. 그러던 중에 어느 때인가, 허영과 탐욕에 사로잡힌 사람들이 흑심을 품고 한 밤중에 이 돌계단을 따라 하늘에 올라가서 법석을 떨었는데, 이를 알아차린 천황(天皇)이 대노하여 그들을 잡아 벌하고, 통천석제를 끊어버렸다. 애석하게도 이 일로 해서 하늘로 통하는 오직 하나의 길이 없어져버린 것이다.

옌덩(檐灯, 첨등)

옌덩(檐灯)은 처마 밑에 달아놓은 등롱(灯笼, 초롱)을 말한다. 투쟈족(土家族) 사람들의 옌덩(檐灯)은 주변을 밝히는 목적도 있지만, 그렇게 하는 것이 그들 민족의 습속이기도 하다. 옌덩(檐灯)에는 여러 장식을 통해 그 가정의 희망을 내보이기도 한다. 예컨대, 딸을 시집보내고자 할 때는 아름다운 인연을 상징하는 연뿌리를 그려 넣는다. 딸을 아내로 맞을 총각을 찾고 있음을 공개적으로 나타내는 것이다.

반비앤창(半边仓, 반변창)

반비앤창(半边仓)은 "사람인(人)"자 지붕을 세로로 반 토막 낸 모양의 집을 말한다. 예전의 소금 창고는 이런 모양으로 생겼고, 그것은 우물소금인 정염(井盐)의 고장 쯔공(自贡)에서 유래된 것으로 알려져 있다.

타이핑강(太平缸, 태평항)

타이핑강(太平缸)은 목조건물의 화재에 대한 취약성에 대비하고자 방화수를 담아놓는

타이핑강

리위탸오롱먼

촨쥬먀오

용기(容器)를 말한다. 공탄고진(龚滩古镇)의 민가에는 커다란 타이핑강이 90m간격으로 놓여 있었으며, 이것이 발전하여 소방치(消防池) 물못이 되기까지 하였다. 과거의 타이핑강이 그대로 남아있기도 하다.

리위탸오롱먼(鲤鱼跳龙门, 리어도롱문)

리위(鲤鱼)는 잉어를 말한다. 도로변의 담장에 끼어있는 바위의 모양이 마치 잉어(鲤鱼)가 뛰어(跳) 용문(龙门)을 넘는 모습 같다하여 그 바위를 일컬어 "리위탸오롱먼(鲤鱼跳龙门,리어도롱문)"이라고 하는 것이다. 공탄에서는 이 돌을 하신(河神)의 화신(化身)으로 여기고 있으며, 그래서 현지인들은 강에 고기를 잡으러 나갈 때 이곳에 절을 하며 "이루쉰펑(一路顺风)"과 "만선(满船)"을 기원한다. 또한 이곳을 찾는 관광객들은 이 신어(神鱼)에게 경건한 마음으로 예를 갖춰 절을 하며 하는 일이 모두 뜻대로 이루어지기를 소원한다.

촨쥬먀오(川主庙, 천주묘)

촨쥬먀오(川主庙)는 천자완(陈家湾)에 있는 리빙(李冰)의 사당이다. 옛날의 쓰촨(四川, 사천)은 황무지인데가 흐르는 하천(河川)들조차 그 강물이 수시로 뒤집어져 백성들의 희생이 컸다. 이는 모두 강물 속에 사는 요괴의 심술이었는데, 리빙(李冰)이 민장(岷江)강에 두장옌(渡江堰)을 지어 물을 다스리면서부터 요괴는 사라지고, 황무지는 옥토로 변해갔다. 이를 고

아미투워포차오

마워한 백성들은 리빙(李冰)을 하천을 관장하는 어른이라는 의미의 촨쥬(川主, 천주)로 받들고, 쓰촨을 흐르는 모든 강에 리빙(李冰)의 조각상을 세워 예(礼)를 올렸다. 공탄의 촨쥬먀오(川主庙)도 그 중의 하나인데, 이곳을 찾아 소원을 비는 사람들이 많아 거리에는 늘 향을 사르는 연기가 자욱했고, 촨쥬먀오(川主庙) 주변의 찻집 음식점 여관들은 늘 사람들로 붐볐다고 기록되어 있다. 하지만, 옛 건물들은 문화혁명 때 모두 훼멸됐고, 현존 건물은 촨쥬먀오(川主庙)의 문화적 가치가 인정되어 근래에 복원된 것이다.

아미투워포챠오(阿弥陀佛桥, 아미타불교)

아미투워포챠오(阿弥陀佛桥)는 아래거리에서 위쪽거리로 가는 길에 제일 먼저 지나게 되는 다리이다. 제법 크게 걸려있는, 구멍 하나의 아치형 다리인데, 다리 벽채에 생동감 있는 표정의 투박한 불상 하나가 자리 잡고 있다. 이곳을 지나다니는 사람들은 이 부처를 향해 허리를 굽혀 절을 하며, 이 다리를 일컬어 아미투워포챠오(阿弥陀佛桥,아미타불교)라고 한다. 다음과 같은 이야기가 전해온다.

해마다 7월 보름이 되면 강물 속의 악귀가 물으로 올라와 살아있는 사람의 몸에 함부로 드나들었고, 그 몸으로 별 요사스러운 짓을 다 하였다. 그럴 때면 마을의 민심이 흉흉해지고 사람들은 불안에 떨었는데, 더는 견디지 못하게 된 물의 백성들은 저 요괴를 물리쳐달라고 하늘에 빌고 또 빌었다. 하늘의 옥황황제는 백성들의 기도도 기도려니와 그 악귀의 소행이 괘씸하여 천녀(天女)인 투구(土姑)로 하여금 악귀를 퇴치하고 백성들이 안거낙업(安居乐业), 편안하게 살면서 즐거운 마음으로 생업에 종사할 수 있도록 하게 하라 하였다.

투구(土姑)는 옥황상제의 명을 따르기 위해 쥐런티(巨人梯) 사다리를 타고 하계로 내려와 꼬박 일곱 낮, 일곱 밤에 걸친 혈투 끝에 악귀를 물리쳤다. 그리고는 그 악귀가 다시는 나타나지 못하도록 봉황석(凤凰石) 바위가 되어 낮밤을 지켰다. 이로써 삶이 편안해진 물의 백성들은 투구(土姑)의 은혜를 잊지 않고자 봉황석 바위가 있는 산을 봉황산(凤凰山)이라 했고, 지나다니는 다리 벽채에 부처를 새겨놓고는 오면서 가면서 절을 하였다.

챠오쫑챠오(桥中桥, 교중교)

챠오쫑챠오(桥中桥)는 아치형 돌다리 위에 놓인 또 다른 아치형 돌다리이다. 아래 돌다리 위에서 옆으로 몇 발짝 비스듬히 방향을 틀어 놓여 있는 챠오쫑챠오(桥中桥)는 크기는 작지만 아담하고 아름답다. 이런 모양의 다리는 중국을 통틀어 공탄(龚滩)에만 있는 것으로 알려져 있으며, 챠오쫑챠오(桥中桥)를 모르는 사람은 공탄인(龚滩人)이 아니라는 말도 있다.

챠오쫑챠오

빠이쇼우우(摆手舞)

빠이쇼우우(摆手舞)는 투쟈족(土家族) 사람들이 흔히 추는 대형 무도(舞蹈)이며, 제례(祭礼)의 색채가 짙은 춤이다. 빠이쇼우춤은 "셔바(社巴)"라고도 하며, 노래를 부르면서 추는데, 노래의 내용은 인류의 기원, 민족의 연혁, 영웅들의 공적이다.

우선 제례의식을 행하고, 의식이 끝나면, "티마(梯吗)" 또는 "쨩탄쉬(掌坛师)"라고 불리는 제주(祭主)가 춤을 추는 무리들을 이끌고 "빠이쇼우탕(摆手堂)" 또는 "빠이쇼우핑(摆手坪)"으로 가서 빠이쇼우우(摆手舞)춤을 춘다. 빠이쇼우우(摆手舞) 춤을 출 때는 북과 꽹과리를 치는데, 사람이 놀랄 정도로 그 기세가 요란하다. 빠이쇼우우(摆手舞)는 규모와 형식, 그리고 시기에 따라 여러 종류로 구분한다. 춤을 추는 사람의 수효에 따라 따빠이쇼우(大摆手舞)와 샤오빠이쇼우(小摆手舞)로 나뉘고, 춤을 추는 형식에 따라 단빠이(单摆)·쐉빠이(双摆)·후이쉬옌빠이(回旋摆)로 나뉘며, 춤을 추는 시기에 따라 정월당(正月堂)·2월당(二月堂)·3월당(三月堂)·5월당(五月堂)·6월당(六月堂)으로도 구분 짓는다.

빠이쇼우우(摆手舞)는 투쟈족(土家族)의 민족 특색을 담고 있는 춤으로 그 근원지가 요우양 투쟈족먀오족자치현(酉阳土家族苗族自治县)으로 되어 있다. 총칭시(重庆市) 당국에서는 소수민족의 문화예술을 보호하고 신장시키는 차원에서 요우양자치현(酉阳自治县)을 "빠이쇼우우지향(摆手舞之乡)"으로 지정하고, 공연을 통해 관광객에게 선을 보이고 있다. 빠이쇼우우(摆手舞)춤은 전장(战场)의 병사들이 전투개시 전에 사기를 북돋우기 위해 추기도 하는데, 1950년대 초, 한국전에 투입된 중공군도 북과 꽹과리를 쳐서 아군을 겁먹게 했다는 이야기도 있다.

빠이쇼우우/초등생

빠이쇼우우/직장인

빠이쇼우우/공연단

(6) 씨유샨투쟈족먀오족자치현
(秀山土家族苗族自治县)

수산

씨유샨 위치

씨유샨 약도

산맥의 가운뎃부분 이다. 동쪽으로는 후베이(湖北)·후난(湖南)의 두 성(省)과 경계를 이루고, 남쪽으로는 꾸이쪼우성(贵州省)과 접한다.

씨유샨자치현(秀山自治县)의 인구는 2004년 말 현재로 61만 명이다. 투쟈족(土家族)과 먀오족(苗族)을 비롯한 17개 소수민족이 전체 인구의 52%를 차지하고 있으며, 각각의 민족 언어를 지니고 있다. 학교에서도 중국의 표준어라 할 한어(汉语)와 더불어 민족 언어를 가르치고 있다.

씨유샨(秀山)은 총칭시의 주성구로부터 가장 먼 지역이다. 시 중심으로부터 390km의 거리이고, 후베이성(湖北省)의 우한(武汉)과의 거리는 656km이며, 후난성(湖南省)의 챵샤(长沙)와는 604km 떨어져 있다. 꾸이쪼우성(贵州省)의 꾸이양(贵阳)과는 556km 떨어져 있다.

씨유샨(秀山)이 이렇듯 대도시와는 멀리 떨어져 있지만, 윈꾸이고원(云贵高原)의 서북부 등성이에 있으면서 319번국도(2,984km:四川·成都-福建·厦门)·326번국도(1,562km:重庆·秀山-云南·河口)·호유고속도로(29,745km:重庆-上海·유회철로(渝怀铁路:重庆-怀化, 625km) 등 간선도로와 철로가 경유함으로써 물류가 활발하고, 사람들의 내왕이 잦다.

씨유샨자치현(秀山自治县)은 총칭시(重庆市)의 동남부에 2,450km²(제주도의 1.3배)의 넓이로 자리 잡고 있다. 이 지역은 쓰촨분지(四川盆地)의 동남쪽 바깥이며, 윈꾸이고원(云贵高原)의 서북부에 놓인 우링산(武陵山, 무릉산)

씨유샨 시가지 풍경

씨유샨 철도역

샨판 좌대

씨유샨 시외버스터미널

비내리는 쉬디

씨유샨쉬디

씨유샨 천등사

씨유샨 봉황산

씨유샨(秀山)은 대도시와의 문화적 거리가 멀기 때문에 아직도 지역 고유의 음식문화와 전통문화가 원형 그대로 전해오는 것이 있다.

그 대표적인 것이 음식문화에 있어서는 먀오쟈라로우(苗家腊肉)·옌루워보(腌萝卜)·먀오쟈차이도우푸(苗家菜豆腐)·셔판(社饭) 등을 들 수 있고, 전통문화에서는 화덩(花灯)이 있다.

씨유샨(秀山)은 전형적인 카스터지모(喀斯特地貌) 지역으로 지상의 산들은 그 생김생김이 기기묘묘하고, 지하에는 동굴이 많다.

이러한 지리적 배경에서 자연경관이 아름답고, 예로부터 보전되어 내려오는 소수민족의 인문경관이 거기에 있어 볼거리가 많다.

개관하면 다음과 같다.

(표) 씨유산투자족먀오족자치현의 주요 볼거리

경 점	개 요
위동 (渔洞)	현성으로부터 65km거리의 바오안향(保安乡)에 있는 동굴임. 해발 332m높이의 이 동굴은 수동(水洞, 물이 흐르는 동굴)과 한동(旱洞, 뽀숭뽀숭한 동굴)의 두 굴로 나뉘며, 높이 차는 20m 정도임. 수동은 7~15m의 높이에 폭이 2~20m이며, 조용히 흐르는 물속에 물고기가 노니는 것이 보임. 한동은 대체로 10~50m의 높이에 폭이 4~20m이며, 곳에 따라서는 높이가 10~30m에 폭이 60~90m가 되는 곳도 있음. 길이 350m의 한동에서 경점이 집중돼있는 곳은 2,400평 넓이의 대청임. 10여개의 거대한 석순(石笋)과 석주(石柱)가 기세등등하게 서있고, 흐르는 물결모양의 돌판 위에는 수많은 다락논이 있음. 그 위로는 각양각색의 종유석이 달려있음.
쉬디 (石堤)	현성으로부터 48km거리에 있음. 이곳을 흐르는 요우슈이(酉水)강 일대가 "쉬디요우슈이풍광경구(石堤酉水风光景区)"로 지정돼있음. 그리 멀지 않은 곳에 후난성(湖南省)의 리예고진(里耶古镇, 15km거리) · 쨩쟈지에(张家界, 150km) · 옌즈동(燕子洞, 49km거리) 등 이름난 관광지가 있음.
먀오취앤 (妙泉)	현성에서 북쪽으로 15km거리에 있음. 이곳에서 4km 떨어진 곳에 메이쟝허(梅江河)와 핑쟝허(平江河)의 두 강이 만나며, 깎아지른 절벽 · 울창한 초목 · 기봉괴석 · 소수민족의 가옥 · 연자방간 · 동굴 · 폭포 · 목동들 · 물새 등이 어우러져 그 풍광이 매우 낭만적임. 천연화랑(天然画廊) · 동화세계(童话世界) 등으로 회자됨. 이곳에 샤오탕(肖塘)이 있음.
푸쮸취앤 (浮珠泉)	위(渝, 重庆) · 썅(湘, 湖南) · 치앤(黔, 贵州)에서 으뜸으로 치는 온천임. 수온 42℃의 물에 인체에 유익한 각종 광물질이 녹아있어, 이 물을 마시면 연년익수(延年益寿)하고, 이 물로 목욕을 하면 피부에 탄력이 생기고 매끄러워진다고 말들 함.
펑황산 (凤凰山)	현성 남쪽 1.5km거리에 있는, 해발 638m높이의 산임. 줄지어 뻗어 내리는 산줄기가 봉황새의 펼쳐진 날개 같다하여 봉황전시(凤凰展翅)라고도 함. 임목이 울창하고, 그윽하여 현성 사람들이 많이 찾음. 펑황산 자락에 촨덩스(传灯寺, 전등사) 절이 있음. 청(清)나라 때 창건된 사찰건물은 문화혁명 때 훼멸됐고, 현존의 정전(正殿)과 대웅보전(大雄宝殿)은 근래에 지은 것임. 사찰 산문의 양쪽 기둥에는 "봉황의 날개와 같이 청정한 땅(凤凰展翅清静地), 등을 켜 불법을 널리 펴니 이곳이 극락이다(传灯弘佛别有天)"라는 문구가 대련으로 걸려있음. 펑황산이 씨유산의 불교성지임을 말해주는 것임.
빠이허린 (白鹤林)	먀오취앤호(妙泉湖) 아래쪽에 있음. 펑황산 일대에서 활동하는 백학들이 이곳에 모여 밤을 지냄. 아침에 떠났다가 저녁에 돌아오는 이들 백학들을 현지 사람들은 신성시하고 있음. 낮에는 푸르렀던 산이 저녁에 하얀 학으로 뒤덮이는 것을 보면서 사람들은 자연의 화합을 느끼게 된다고 함.
먀오왕무 (苗王墓)	현성의 서쪽으로 12km 떨어진 빵하오춘(帮好村)에 있음. 명(明)나라 14대 황제 만력(万历, 1572~1620)년간에 이 지역의 악덕 투쓰(土司, 세습수령)에 맞서 싸우다가 죽은 우(吴)씨성의 의인(义人)의 묘임. 당시 사람들은 그를 민족영웅으로 받들었으며, 그의 시신위에 흙 한 줌씩을 날라다 덮어 장례를 지냈는데, 그것이 계속되어 높이 10m에 분봉직경 9.7m의 무덤이 됐다고 함. 당초에는 묘비가 없었으나, 이 무덤이 갖는 먀오족 역사 연구의 중요성이 평가되면서 1986년에 묘비가 세워짐.

경 점	개 요
예런동 (野人洞)	현성 남쪽 15km되는 곳의 319번국도변에 있는, 깊이 10km의 동굴임. 뭇 산이 둘러서있고, 고목들이 하늘을 찌르듯 서있음. 똬리를 틀며 올라가는 산 위에는 후이롱스(回龙寺)와 리앤화스(莲花寺)의 두 절이 있음. 동굴 입구에는 지난날 먀오족 사람들이 관군에 항거하던 벽채가 있고, 동굴 안에는 종유석이 달려있는데, 그 형상이 천자백태이고, 살아있는 듯함.
커쨔이챠오 (客寨桥)	현성 서쪽으로 25km되는 곳의 핑쟝허(平江河) 강에 놓인 복도식 다리임. 칭씨(清溪)·롱펑(龙凤)·탕아오(塘坳)의 세 향진(乡镇)을 오가는 주요 통로인 이 다리는 그 길이가 21칸 58,2m이고, 높이가 9m이며, 폭이 6.3m임. 원(元, 1206~1368)나라 때 놓였고, 청(清)나라의 11대 황제 광서(光?, 1875~1908)년간에 대대적으로 보수하면서 장랑(长廊)과 5중처마의 정랑(亭廊)을 지었는데, 정랑은 1952년의 폭풍으로 무너지고, 현재는 장랑만 남아있음. 다리 입구에는 청석(青石) 돌로 쌓은 문동(门洞)이 있고, 서쪽으로는 커쨔이춘(客寨村)이, 동쪽으로는 민방(民房, 민가)이 있음. 투쟈족(土家族) 사람들의 민족 집회와 제사활동 장소로 활용되고 있음.
다라오쨔이 (打绕寨)	고대 다야오쟈(大妖家)민족의 수부(首府)였던 고성(古城)의 유적지임. 현성 동북방향 75km거리의 요우슈이허(酉水河)강 동쪽 기슭에 있음. 원(元, 1206~1368)나라 때 축성되고, 명(明, 1368~1644)나라 때 성벽을 보수했으며, 청(清)나라 5대 황제 옹정(雍正, 1722~1735) 때 상인인 완지앤쉬(万鉴仕)가 지주장원(地主庄园)과 유업상(油业商) 상점을 지으면서 그 외곽을 돌담장으로 둘렀으며, 48개의 돌문을 냄. 이것이 이른바 "48암조문(四十八岩朝门)"임.
화덩쨔이 (花灯寨)	현성 교외의 생태농업시범지구에 있음. 씨유샨의 민간예술을 주제로 한 민속풍정을 전시하고 있음.
쫑링슈이쿠 (钟灵水库)	쫑씨허(中溪河)강이 메이쟝허(梅江河)강으로 흘러드는 입구에 있으며, 댐의 저수 수면면적은 93k㎡(제주도의 1/2)임.
메이쟝춘 (梅江村)	진쮸먀오쨔이(金珠苗寨)를 중심으로한 먀오족 문화관광지임. 쫑링댐(钟灵水库)과 란챠오삼림공원(兰桥森林公园)이 인접해 있음.

씨유샨(秀山)의 특산음식(特产饮食)

씨유샨(秀山)의 특산음식으로는 먀오쟈라로우(苗家腊肉)·옌루워보(腌萝卜)·먀오쟈차이도우푸(苗家菜豆腐)·셔판(社钣) 등이 꼽힌다.

먀오쟈라로우(苗家腊肉)
라로우(腊肉)는 3~5근(斤, 중국의 1근은 500g)의 크기로 토막 낸 돼지고기에 소금과 각종 향료를 넣어 고기에 잘 스며들도록 주무른 다음 3~5일간 재워두었다가 이것을 대나무 등의 꼬챙이에 꿰어 불구덩이 위에서 연기를 쐬면서 꾸덕꾸덕하게 말린 것이다. 보관기간이 길어지고 고유의 맛이 배어있다.

먀오자라로우

옌루워보

두(黃豆) 콩가루를 찬 물에 잘 풀은 후, 약한 불에 끓이다가 알맞은 상태가 됐을 때, 여기에 채소를 넣고 다시 저어가며 익힌 다음 가진 양념을 한 것이다. 봉황산(凤凰山) 지역의 먀오족 사람들은 일상의 주식으로 즐겨먹는다.

옌루워보(月奄萝卜)

옌루워보는 무를 썰거나 쪼개어 버무린 다음, 일정기간 발효시킨 것으로 우리의 깍두기나 총각김치와 흡사하다. 집집마다 담그는 솜씨가 다르고, 맛도 제각각이다. 씨유샨(秀山) 사람들은 남녀노소를 불문하고 옌루워보를 즐겨먹으며 없어서는 안 되는 식품이다.

먀오쟈챠이도우푸(苗家菜豆腐)

챠이도우푸는 씨유샨(秀山)에서 생산된 황

셔판(社飯)

셔판(社饭)의 "셔(社)"는 씨유샨(秀山)의 산과 들에서 나는 셔챠이(社菜) 나물을, 그리고 "판(饭)"은 밥을 의미한다. 셔챠이(社菜) 나물을 절구에 찧어 물에 헹굼으로써 고유의 쓴 맛을 씻어버린 후, 센 불에 삶아 익힌 다음 그것을 넣어 지은 찹쌀밥이 셔판인 것이다.

챠이도우푸

셔판

셔판 푸는 여인

Close Up

화덩(花灯)

화덩(花灯)은 씨유샨자치주(秀山自治州)의 여러 민족이 다 함께 즐겨 추는 가무(歌舞)로 그 역사가 유구하다. 씨유샨 화덩의 전통적인 표현 형식에는 속칭 "탸오투안투안(跳团团)"이라고 하는 "쏴덩(要灯)"과 "단비앤씨(单边戏)"라고 하는 "단비앤덩(单边灯)"의 두 가지가 있다. 쏴덩(要灯)은 두 사람이 서로 창(唱)을 주고받으며 춤을 추는 중에 제3자가 다섯 명까지도 끼어들어 춤의 규모와 주고받는 얘기의 범위가 확대되는 형식이고, 단비앤덩(单边灯)은 배역에 따라 각색된 연기자가 주어진 대사를 읊어가며 춤을 추는 모양새이다.

정월중천풍화원내위(正月中天风光院内位)
　　정월 하늘의 아름다움을 내보이는 신에게
　　악왕현주노룡신군위(岳王显主老龙神君位)
　　주변 산야의 터줏대감인 용신에게
　　랍광선인위(腊光先人位)
　　지난해에 작고한 사람에게
　　금화소저은화2랑위(金花小姐银花二娘位)
　　재물을 관장하는 신에게
　　라발선사고반선인위(??先师鼓板先人位)
　　사람을 즐겁게 하는 음악 신에게
　　중성문중선방원조위(众姓门中先亡远祖位)
　　여러 성씨 문중의 선대 조상신에게
　　당조주교일체신지위(唐朝走教一切神祗位)
　　모든 종교의 여러 신들에게

　이러한 화덩(花灯)은 음력 정월 초이틀부터 정월 보름까지 이어지는데, 장등인(掌灯人, 등잡이) 4인, 연기자 4인, 반주자 5인 등 13명으로 팀이 구성된다. 등잡이 4인 중 두 사람은 대홍원등롱(大红圆灯笼)을, 나머지 두 사람은 6각(角)의 댜오댜오덩(吊吊灯)을 든다. 대홍원등롱(大红圆灯笼)을 든 두 사람 중의 하나는 총연출자로서 "덩토우(灯头)"라 불리고, 다른 한 사람은 조연출자이다. 연기자 4인 중 두 명은 자매로 분장하고, 나머지 두 명은 거지로 차린다. 악기 연주자 5인 중 두 사람은 타악기의 하나인 심벌즈를 들고, 나머지 세 사람은 징(马锣)·꽹과리(大锣)·옹금(翁琴)을 나누어 갖는다. 이렇게 화덩(花灯) 춤을 출 팀이 구성되고 나면 덩토우(灯头)의 집으로 가는데, 거기에서는 오색종이를 오려 만들어둔 물고기·가축·채소 등을 꽃잎으로 화려하게 장식된 댜오댜오덩(吊吊灯)에 붙인다. 이렇게 장식이 끝난 댜오댜오덩은 색채도 선명하려니와 전체 모양도 정교하고 조화롭다.

　화덩팀이 이런 식으로 치장되고 나면 전통적인 습속에 따라 예를 갖춰 "덩탕(灯堂, 등집)"을 설치한다. 덩탕(灯堂)은 덩토우(灯头)의 집에 차려지는 것이 일반적이나, 그 해에 특별히 마을 사람들로부터 축하받을 일이 있거나 위로받을 일이 있는 사람의 집으로 하기도 한다. 덩탕(灯堂)은 차려지는 집의 왼쪽 담벼락에 붙여지어지며, 탁자를 놓은 벽에 지전(纸钱)과 더불어 다음과 같이 쓴 지방 일곱 장을 붙인다.

　화덩놀이 채비와 덩탕 설치가 끝나면 댜오댜오등(吊吊灯)을 든 두 사람은 써 붙인 지방의 양쪽으로, 그리고 나머지 사람들은 지방의 신위를 향해 서서 절을 하며 화덩의 개시를 알리는 제등의식(祭灯仪式)을 거행한다.

　제등의식이 끝나면 마을의 가가호호를 돌면서 공하신희(恭贺新禧), 새해맞이 인사를 하고, 본격적으로 화덩놀이에 들어간다. 화덩놀이는 정월 초이틀부터 시작하여 정월보름까지 이어지며, 해가 지고 난 뒤에 한다. 화덩놀이의 내용은 각 가정의 현안사항에 맞춰 내용을 달리 한다. 예컨대, 효(孝)와 복(福)을 원하는 집에 가서는 《24효(二十孝)》와 《12대효(十二大孝)》를 놀아주고, 60세 이상의 노인이 있는 집에서는 《송수월(送寿月)》춤을 쳐준다.

　매일 밤, 그날의 놀이가 끝나면, 덩탕(灯堂)으로 돌아와 등을 쉬게 하는《안등(安灯)》의식을 올리고, 보름날 모든 행사가 마무리된 후에는 등불을 끄는《샤오덩(烧灯)》의식을 거행하여 화덩놀이가 모두 끝났음을 고하고, 놀이기구들을 수습하여 보관한다.

3부 부록

부록 1

챵쟝싼샤(長江三峽, 장강삼협)

챵쟝싼샤(長江三峽)는 쓰촨분지(四川盆地)의 물이 동쪽으로 분지를 빠져나갈 때 지나는 고산준령(高山峻岭) 속의 세 협곡을 말한다. 싼샤(三峽)의 세 협곡은 분동평행령곡구(盆東平行岺谷區)의 동서방향 계곡이 모아지는 우샨(巫山, 무산)의 우샤(巫峽, 무협)를 중심으로 그 서쪽에 취탕샤(瞿塘峽, 구당협)가 있고, 그 동쪽에 씨링샤(西陵峽, 서릉협)가 있다.

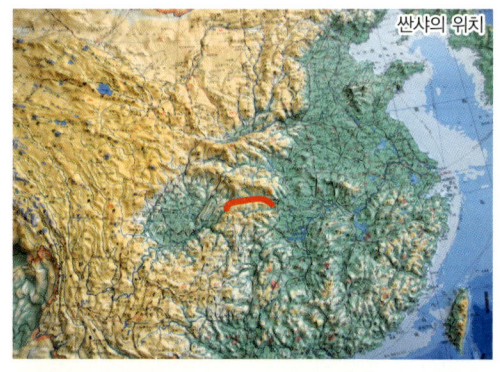

싼샤의 위치

싼샤(三峽)를 흐르는 물은 쓰촨분지(四川盆地)의 서쪽에서 흘러내리는 청장고원(靑藏高原, 티베트고원)의 물, 북쪽에서 흘러내리는 다빠샨(大巴山)의 물, 남쪽에서 흘러내리는 윈꾸이고원(云貴高原)의 물이 모두 합쳐진 것으로, 그 많은 량의 물이 좁은 골짜기에 갇혀 흐르기 때문에 싼샤(三峽)의 물길은 깊고 거세다.

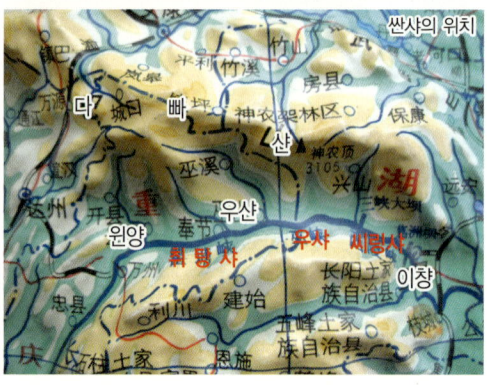

싼샤의 위치

제1장 여행지식

1. 챵쟝(长江)

가. 개요

챵쟝(长江)은 그 길이가 6,397km이다. 강의 길이, 물의 량, 유역면적 등에 있어 아시아에서 가장 큰 강이다. 세계적으로도 아프리카의 나일강(6,670km)과 남아메리카의 아마죤강(6,440km)에 이어 세 번째로 길다.

챵쟝의 발원지는 중국의 서부 칭짱고원(青藏高原, 청장고원)의 탕구라샨(唐古拉山, 당고라산)이다. 탕구라샨(唐古拉山)의 주봉이자 빙산인 거라단동(格拉丹冬)에서 흘러내리기 시작한 물이 칭하이(青海)·시짱(西藏)·쓰촨(四川)·윈난(云南)·총칭(重庆)·후베이(湖北)·후난(湖南)·쟝씨(江西)·안후이(安徽)·쟝쑤(江苏)·샹하이(上海) 등 11개 성시구(省市区)를 거쳐 동쪽으로 6,397km를 흐른 다음 바다에 이른다.

챵쟝(长江)의 유역면적은 181만 km²(남한의 18배)이며, 이는 중국 전체면적의 1/5에 상당한다. 강의 길이 5,464km에 유역면적 80만 km²인 황허(黄河)와 더불어 중국인민의 "무친허(母亲河, 어머니의 강)"라고 불리는 배경이기도 하다.

나. 명칭

중국의 고대 문헌에 등장하는 "강(江)"은 "챵쟝(長江)"을 지칭한다. 챵쟝(長江)이 이심전심으로 그렇게 "강(江)"자 하나로 표기돼오다가 "챵쟝(長江)"으로 표기되기 시작한 것은 동진(东晋, AD317~420) 때 서예가이면서 강주(江州, 오늘날의 江西省 전역과 浙江省 일부)의 자사(刺使)를 지냈고, 영우장군(领右将军)으로 군사를 지휘했던 왕희지(王羲之, AD303~361)가 조정(朝廷)의 대신인 인하오(殷浩, 303~356)에게 보낸 다음의 서찰이 있고서부터라고 한다.

창장과 황허의 물길

> 금군파우외(今军破于外),
> 현재 우리 군이 대패했을 뿐만 아니라
>
> 자갈우내(资竭于内),
> 한편으로는 군수품이 고갈돼있습니다.
>
> 보준지지(保准之志), 비복소급(非复所及),
> 본래의 취지를 다잡아 추스르지 않으면,
>
> 막과환보장강(莫过还保长江).
> 챵쟝(长江)의 수복이 어려울 것입니다.
>
> 《晋书王羲之传》

챵쟝(长江)은 그 물길이 거라단뚱펑(格拉丹冬峰, 해발 6,621m)에서 흘러내려 동쪽의 샹하이(上海) 앞바다에 이르기까지 구간에 따라 따로 불리는 이름이 있는데, 다음 표와 같다.

(표) 챵쟝의 구간별 별칭

구 간	명 칭	길이(km)	성시구(省市区)
거라단뚱(格拉丹冬)-탕취코우(唐曲口)	투워투워허(沱沱河, 타타하)	358	칭하이(青海)
탕취코우(唐曲口)-위슈(玉树)	통티앤허(通天河, 통천하)	813	칭하이(请海)
위슈(玉树)-이빈(宜宾)	진샤쟝(金沙江, 금사강)	2,322	시짱(西藏) 쓰촨(四川) 윈난(云南)
이빈(宜宾)-동해(东海)	챵쟝(长江, 장강)	2,800	후베이(湖北) 후난(湖南) 쟝씨(江西)
이빈(宜宾)-총칭(重庆)-이창(宜昌)	촨쟝(川江, 천강)	1,033	안후이(安徽)
펑지에(奉节)-이창(宜昌)	샤쟝(峡江, 협강)	200	쟝쑤(江西)
쯔청(枝城)-위예양(岳阳)	징쟝(荆江, 형강)	360	샹하이(上海)
양쪼우(扬州)-동해(东海)	양쯔쟝(扬州江, 양자강)	230	

주) 1. 탕취코우(唐曲口): 칭짱철로(青藏铁路)의 탕구라샨역(唐古拉山站) 인근에 있음.
　　2. 펑지에(奉节)는 총칭시(重庆市)의 여러 현(县) 중 하나임.
　　3. 징쟝(荆江)은 굴곡이 심하여 "구곡회장(九曲回肠)"이라고도 함.

챵쟝의 구획과 구간명칭

다. 구획

챵쟝(长江)의 상류(上流)·중류(中流)·하류(下流)는 다음과 같이 구획되어 있다.

(표) 챵쟝의 상류·중류·하류 개요

구 분		개 요
상류 (上流)	구간	거라단뚱펑(格拉丹冬峰, 칭하이셩) - 이챵(宜昌, 후베이셩)
	길이	4,529km(챵쟝 전체길이의 72%)
	유역	101만 km²(남한의 10배)
	지리	챵쟝의 상류는 고원의 준령에서 시작된 물줄기가 산을 내려와 평야지에 내려앉기까지의 구간으로 삼은 것임. 해발4,000m이상의 칭짱고원 등성이를 흐르던 투워투워허(沱沱河)가 통티앤허(通天河)로 이어진 후 헝두안산맥(橫断山脉)을 맞아 진샤쟝(金沙江)으로 바뀌면서 그 계곡을 빠져나와 이빈(宜宾)에 이르는 단계임. 이때 해발고도는 4,000m이상에서 1,000m대로 낮아지며, 물은 고산협곡 속에서 사납게 흐름. 이빈(宜宾)에서부터는 챵쟝(长江)이라는 이름으로 흐르기 시작하며, 쓰촨분지를 지나 싼샤(三峡)를 빠져 나가면서 해발고도는 500m수준으로 낮아짐. 챵쟝이 헝두안산맥을 내려올 때가 중국국토의 1단계지역에서 2단계지역으로 진입하는 과정이고, 챵쟝이 싼샤를 지날 때가 2단계지역에서 3단계지역으로 내려앉는 과정임.
중류 (中流)	구간	이챵(宜昌, 후베이셩) - 후코우(湖口, 쟝씨셩)
	길이	927km(챵쟝 전체길이의 15%)
	유역	68만 km²(남한의 7배)
	지리	해발고도가 100m이하로 낮아짐. 평야를 흐르는 강은 폭이 넓고, 굴곡이 지며, 물 흐름은 완만함. 푸오양후(鄱阳湖)와 동팅후(洞庭湖)의 두 호수와 상통함. 챵쟝의 중류에 징쟝(长江)¹과 쒼쟝(浔江)²으로 불리는 구간이 있음.
하류 (下流)	구간	후코우(湖口, 쟝씨셩) - 루하이코우(入海口, 샹하이)
	길이	844km(챵쟝 전체길이의 13%)
	유역	12만 km²(남한의 1.2배)
	지리	강폭이 넓고, 수심이 깊음. 하루 두 차례 썰물과 밀물이 들락거릴 때 평균 33억

구 분	개 요
	톤의 바닷물이 들고 날며, 이 때 강물에 실려 내려온 토사가 강 하구에 쌓임으로써 수십 개의 작은 갯벌이 생겨났음. 그 중 가장 큰 것이 총밍다오(崇明岛)[3]임.

주) 1. 징쟝(长江)은 후베이성(湖北省)의 쯔청(枝城)에서 후난성(湖南省)의 위예양(岳阳)까지의 420km 구간임. 중간에 있는 오우츠(藕池)를 기점으로 상류는 샹징쟝(上荆江), 하류는 씨아징쟝(下荆江)으로 불리며, 씨아징쟝은 특히 굴곡이 심하여 "구곡회장(九曲回肠)"이라고도 함. 옛날 이 지역이 징쪼우(荆州)였으며, 징쟝(荆江)은 그 지명에서 유래된 것임.
2. 쒼쟝(浔江)은 쟝씨성(江西省) 북단의 지유쟝시(九江市)를 흐르는 챵쟝을 일컫는 것임. 지유쟝시(九江市)의 옛 이름이 쒼양(浔阳)이었음.
3. 총밍다오(崇明岛)는 챵쟝 하구에 있는 충적도(冲积岛)임. 1,041㎢(제주도의 3/5)의 면적에 70만 인구가 살고 있음. 해발높이 3.5~4.5m인 총밍다오는 동해(东海)의 영주(瀛洲), 신선이 사는 고장)로 불리며, 물산이 풍부하여 "어미지향(鱼米之乡)"이라고도 함.

라. 자연특징

연평균 강우량은 1,100mm정도이며, 그 대부분이 계절풍의 영향으로 여름철에 내린다. 하류지역에서는 3~4월에 홍수가 시작, 8개월간 지속되며, 8월의 수위가 자장 높다. 이후 2개월간 수위가 낮아지는데, 홍수기와 갈수기의 수위차가 40~46m에 이른다.

마. 연안도시

챵쟝(长江)을 끼고 있는 도시들을 성시별(省市別)로 짚어보면 다음 표와 같고, 상류지역에서의 그 위치는 그림에서 보는 바와 같다.

(표) 챵쟝 연안도시

성시별(省市別)	도시(城市)
쓰촨성(四川省)	판쯔화(攀枝花) 이빈(宜宾) 루죠우(泸州)
총칭시(重庆市)	총칭(重庆)
후베이성(湖北省)	이챵(宜昌) 징쪼우(荆州) 쉬쇼우(石首)
후난성(湖南省)	위예양(岳阳)
후베이성(湖北省)	씨앤닝(咸宁) 우한(武汉) 어쪼우(鄂州) 황강(黄冈) 황쉬(黄石)
쟝씨성(江西省)	지유쟝(九江)
안후이성(安徽省)	안칭(安庆) 츠쪼우(池州) 통링(铜陵) 허페이(合肥) 우후(芙湖) 마안산(马鞍山)
쟝슈성(江苏省)	난징(南京) 쩐쟝(镇江) 양쪼우(扬州) 타이쪼우(泰州) 난통(南通)
샹하이시(上海市)	샹하이(上海)
쩌쟝성(浙江省)	닝부오(宁波) 쪼우산(舟山)

바. 특색동물

챵쟝(长江)에 서식하고 있는 물고기 중에 특색이 있는 것을 정리해 보면 다음과 같다.

(표) 챵쟝의 특색동물

명칭	개요
양쯔으어 (扬子鄂, 양자악)	세계적으로 멸종위기에 있는 파충류임. 쟝씨(江西)·안후이(安徽)·쩌쟝(浙江)의 여러 성을 흐르는 챵쟝(长江)에 서식함. 다 자란 것들은 길이가 2m정도 되며, 등에는 암갈색의 비늘이, 그리고 배 쪽은 회색의 비늘이 돋아있음. 10월부터 이듬해 5월까지 동면하고, 6월에 짝짓기를 한 후 7~8월에 산란하며, 9월에 새끼가 태어남. 자연보호구와 인공양식장이 있음.
쫑화쒼 (中华鲟, 중화심)	"쒼(鲟, 심)"은 철갑상어를 지칭함. 쫑화쒼은 중국 특유의 희귀어류임. 주(周, BC1046~BC221)나라 때는 왕웨이위(王鲔鱼)라고 했음. 몸체는 타원형의 원통모양이며, 입은 뾰족한 편임. 수명은 길어 200년까지도 산다하며, 10~12년 간의 성숙기를 거치고 나면 2m이상의 길이에 체중이 200~300kg이 됨. 챵쟝(长江) 상류인 진샤쟝(金沙江) 일대에까지 거슬러 올라가 산란하며, 부화된 치어는 먼 바다에까지 나아가 성장한 후, 다시 진샤쟝(金沙江)으로 올라와 산란함. 육질이 좋고, 알은 장을 담가먹음. 진귀한 식품으로 침.
빠이치툰 (白鳍豚, 백기돈)	"치(鳍, 기)"는 물고기의 지느러미를 일컬음. 예전에는 있었지만, 2007년 8월 8일에 챵쟝(长江)에서는 살아져버린 것으로 선언됨. 육식을 주로 하는 민물어류였음.
쟝툰 (江豚, 강돈)	고래목(鯨目)의 해돈과(海豚科)에 속함. 1984~1991년간의 조사결과로는 2,700마리 정도가 있으며, 챵쟝(长江)·쮸쟝(珠江)·야루쟝(鸭绿江) 등의 본류와 연근해에서 서식함.
빠이쒼 (白鲟, 백심)	빠이쒼(白鲟)은 민물어류 중에서는 가장 큰 것으로 알려져 있음. 7~8년이 지나면 2m이상의 길이에 체중이 100kg이상이 됨. 500kg짜리가 발견된 적도 있다함. 주둥이 부분이 마치 코끼리의 코와 같다고 해서 속칭 상어(象鱼)로 불리는 빠이쒼(白鲟)은 쓰촨성의 루쪼우(泸州) 상류에서 산란하고, 치어들은 챵쟝(长江) 하구에까지 내려오면서 생장함. 챵쟝(长江)의 본류와 주변 호수가 서식지임.
다쉬쒼 (达氏鲟, 달씨심)	챵쟝(长江) 상류에 정착해 사는 민물고기로 다 자란 후의 체중은 30kg이상임.
얜쯔위 (胭脂鱼, 연지어)	챵쟝(长江) 중하류지역에 서식하며, 산란은 쓰촨성의 민쟝(岷江)으로까지 거슬러 올라가서 함. 성어체중은 30kg 이상임.

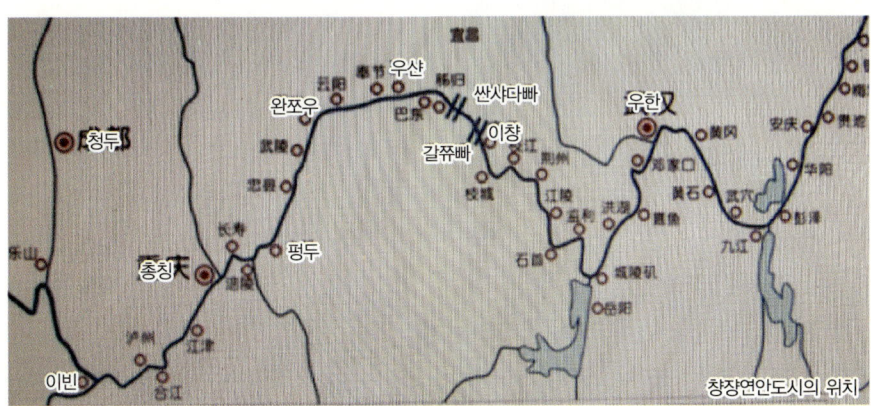

챵쟝연안도시의 위치

2. 챵쟝 물길의 지형

챵쟝(长江)이 칭짱고원(青藏高原)의 탕구라샨(唐古拉山)에서 발원하여 샹하이(上海) 앞바다로 흘러들기까지의 6,400km(경부고속도로의 15배)는 지형 상으로 크게 세 구간으로 나누어 볼 수 있다. 그 첫째가 챵쟝(长江)의 물길이 칭짱고원을 내려와 쓰촨분지에 이르는 3,500km의 구간이고, 둘째가 쓰촨분지의 남쪽을 통과하여 챵쟝(长江) 중하류평원(中下流平原)에 이르는 1,000km의 구간이며, 셋째가 강물이 그 중하류평원을 유유히 흐른 다음 바다로 들어가기까지의 1,800km 구간이다.

첫 번째 구간은 전체 강의 56%를 차지한다. 발원된 물이 투워투워허(沱

沱河)가 되어 동쪽으로 흐르다가 칭짱철로(青藏铁路)를 넘으면서 통티앤허(通天河, 통천하)로 이름이 바뀐다. 통티앤허가 동쪽으로 800여 km를 흘러 칭하이(青海)·쓰촨(四川)·시짱(西藏)의 세 성구(省区)가 맞닿는 위슈(玉树, 칭하이)에 이르러서는 진샤쟝(金沙江)이 된다. 이때까지는 물길이 고원의 등성이를 지나기 때문에 강물이 비교적 넓게 퍼져 흐른다.

이제까지의 그런 물길이 진샤쟝(金沙江)이 되고부터는 남북방향의 샤루리샨(沙鲁里山) 산맥에 막히면서 남쪽으로 방향을 틀며 계곡에 갇혀 흐르게 된다. 계곡에 갇혀 남쪽으로 흐르는 물은 시짱자치구(西藏自治区)와 쓰촨성(四川省) 간의 경계를 이루며 내려오다가 동서방향으로 가로막고 있는 헝두안샨(橫断山) 산맥을 헤집고 윈난성(云南省)의 리쟝(丽江)에 이른다. 이곳에서 챵쟝(长江)은 다시 동쪽으로 흘러 판쯔화(攀枝花)에 도달하며, 다시 동북방향으로 흘러 쓰촨분지의 서남쪽 구석에 있는 이빈(宜宾)에 닿는다. 진샤쟝(金沙江)은 평균해발높이가 4,200m인 위슈(玉树)에서 그 이름을 얻어 해발높이가 1000m인 이빈(宜宾)에서 그 이름을 내려놓기까지 2,300여km의 험한 산길을 흘러내려온 것이다.

두 번째 구간은 전체 강의 16%를 차지한다. 쓰촨성(四川省)의 이빈(宜宾)

투워투워허

통티앤허

진샤쟝

취탕샤

우샤

씨링샤

에서부터 챵쟝(长江)이라는 이름으로 흐르는 강물은 쓰촨분지(四川盆地)의 남쪽-남동쪽 변두리이자 윈꾸이고원(云贵高原)의 북쪽-북서쪽 언저리지역을 따라 흐르다가 싼샤(三峡)를 통해 쓰촨분지를 빠져 나간다. 싼샤(三峡, 세 곳의 험하고 좁은 골짜기)는 북쪽으로 있는 다빠샨(大巴山)과 남쪽으로 있는 우샨(巫山)·치야오샨(七曜山)이 마주하는 협곡이다. 이 지역에 취탕샤(瞿塘峡)·우샤(巫峡)·씨링샤(西陵峡)의 싼샤(三峡, 삼협)가 있다.

세 번째 구간은 전체 강의 28%를 차지한다. 싼샤(三峡)의 좁은 골짜기를 빠져나와 평야지에 갓 도착한 강물은 넓게 퍼지면서 동쪽의 샹하이(上海) 앞바다를 향해 유유히 흐르기 시작한다. 챵쟝(长江) 중하류의 시작인 것이다. 챵쟝(长江)의 중하류 물길을 따라 평야지가 펼쳐지는데, 이를 일러 챵쟝중하류평원(长江中下流平原)이라 한다.

여기서 잠깐 | 챵쟝중하류평원(长江中下流平原)

챵쟝중하류평원은 챵쟝의 중하류 물길을 따라 펼쳐져있는 들판으로 20여만km²(남한의 2배 이상)의 넓이이다. 대부분의 지역이 해발 50m 아래인 챵쟝중하류평원은 그 북쪽이 다비에샨(大别山, 安徽·河南·湖北의 경계지역에 소재)에 접하고, 그 남쪽은 강남구릉(江南丘陵)의 북쪽 언저리에 닿아있다. 챵쟝 중하류평원은 여러 작은 평원으로 갈린다. 후베이성(湖北省)의 쟝한평원(江汉平原), 후난성(湖南省)의 동팅후평원(洞庭湖平原), 쟝씨성(江西省)의 푸오양후평원(鄱阳湖平原), 안후이성(安徽省)의 챵쟝연안평원(长江沿岸平原)과 챠오후평원(巢湖平原), 쟝쑤(江苏)·쩌쟝(浙江)·샹하이(上海)의 세 성시(省市)에 걸쳐있는 챵쟝삼각주(长江三角洲)들이 그것이다.

챵쟝중하류평원과 강남구릉

> **여기서 잠깐** **강남구릉(江南丘陵)**
>
> "강남구릉"은 중국의 챵쟝(长江)이남, 난링(南岭)이북, 우이산(武夷山)이서, 쉐펑산(雪峰山)이동의 구릉지(丘陵地)를 모두 한데 묶어 부르는 이름이다. 이 지역은 37만㎢(남한의 3.7배)의 넓이로 쟝씨성(江西省)과 후난성(湖南省)의 대부분, 안후이성(安徽省)의 남부, 쟝쑤성(江苏省)의 서남부, 쪄쟝성(浙江省)의 서부변두리를 포괄한다.
>
> 낮은 산들과 구릉, 그리고 분지가 뒤섞여있는 강남구릉의 대체적인 해발높이는 200~600m범위이고, 분지와 구릉 주위로 해발 1,000~1,500m높이의 산들이 솟아있다. 쟝씨성(江西省) 동부의 화이위산(怀玉山)과 위산(雩山), 쟝씨성(江西省)과 후난성(湖南省) 사이의 무푸산(幕阜山)·지유링산(九岭山)·우공산(武功山), 그리고 후난성(湖南省) 서부의 우링산(武陵山)·쉐펑산(雪峰山) 등이 그들이다.
>
> 강남구릉에는 대표적으로 썅쟝(湘江)과 간쟝(赣江)이 흐른다. 썅쟝(湘江)은 광씨쫭족자치구(广西壮族自治区)의 동북부에서 발원, 후난성(湖南省)을 남쪽으로 들어와 성(省) 북부의 동팅후(洞庭湖)를 거쳐 챵쟝(长江)으로 들어가는 817㎞길이의 강으로 후난성(湖南省)에서 가장 길다. 간쟝(赣江)은 쟝씨성(江西省) 남부의 우이산(武夷山)에서 발원, 쟝씨성(江西省) 북부의 푸오양호(鄱阳湖)를 거쳐 챵쟝(长江)으로 흘러드는 758㎞길이의 강으로 쟝씨성(江西省)에서 가장 길다.

3. 문화와 유적

가. 문화

챵쟝(长江) 유역은 인류 거주의 역사가 아주 오래된 곳 중 하나로 꼽힌다. 안후이성(安徽省)을 흐르는 챵쟝(长江)의 북쪽 유역에서는 직립인(直立人)의 화석을 위시한 인류의 여러 유적과 유물이 발굴되고 있다.

중국의 정치역사가 주로 황허(黄河) 유역을 중심으로 하는 화북지역(华北地域)에서 전개됐지만, 중국의 역대 왕조들은 시종 챵쟝(长江) 유역의 경제적 가치에 관심을 가졌으며, 황허(黄河)와 챵쟝(长江)을 잇는 운하를 뚫어 챵쟝(长江) 유역에서 생산된 농산물을 화북지역으로 실어다가 식량으로 삼았다.

챵쟝(长江) 상류지역

챵쟝(长江) 상류지역에서 발굴된 유적지는 통계상으로 수십 곳이 된다.

서쪽으로는 쓰촨성의 간즈(甘孜)와 아빠(阿坝)지역으로부터 분포되기 시작, 동쪽으로는 야롱쟝(雅砻江)과 안닝허(安宁河)가 챵쟝(长江)과 합류하는 판쯔화(攀枝花)지역으로 이어지며, 더 동쪽으로 싼샤(三峡)지역에까지 광범위하게 퍼져있다.

그 중에서도 널리 알려진 것이 우샨현(巫山县, 무산현)의 따씨문화유적지

(大溪文化遺址)이다.

　1959년과 1975년의 두 차례에 걸쳐 모두 214기(基)의 무덤이 발굴된 바 있으며, 그 때 석부(石斧, 돌도끼)·석경(石鏡, 돌 거울)·석착(石鑿, 돌에 난 구멍)·망추(网坠, 고기그물의 추)·어구(鱼钩, 낚싯바늘) 등의 생산용구와 부(釜, 솥)·관(罐, 항아리)·완(碗, 주발) 등의 생활용구, 그리고 귀걸이 등의 장신구가 출토되었다.

　이들은 발전단계상으로 신석기시대의 중기와 말기에 걸친 것으로 보고

다씨 유적지

다씨 지리여건

다씨 발굴현장

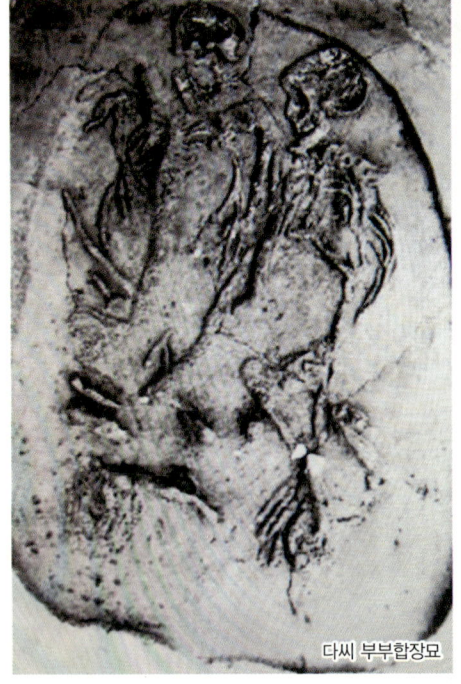
다씨 부부합장묘

다씨 출토물

있으며, 그 역사적 가치가 높은 것으로 평가되고 있다.

챵쟝(長江) 중류지역

후베이성(湖北省)의 중남부지역을 흐르는 챵쟝(長江)의 중류지역에는 신석기시대의 유적지가 밀도 높게 분포돼있다. 이 지역의 무덤과 퇴적지층에서는 작은 크기의 두께가 얇은 채색도기(彩色陶器)와 벼가 출토되고, 더불어 짐승과 물고기의 유해가 발굴된다. 이들 출토유물을 통해서 추론해보는 이 지역 고인류의 생활상을 취쟈링문화(屈家嶺文化)라고 한다.

쟝씨성(江西省) 완니앤현(万年县)의 씨앤런동(仙人洞)과 댜오통환(吊桶环)

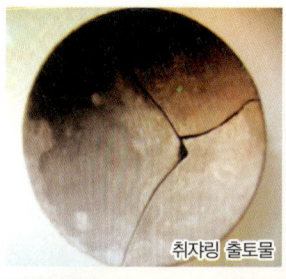
취쟈링 출토물

취쟈링 출토물

취쟈링 출토물

취쟈링 발굴현장

취쟈링

판롱청출토물

판롱청출토물

판롱청출토물

에서도 구석기시대 말기로부터 신석기시대로 넘어오는 시기의 유물이 다수 발견되었다. 특히 1990년대의 중미(中美) 공동발굴조사단이 1만 년 전의 벼 화석을 발굴함으로써 세계의 벼 재배 역사가 1만 년 전으로 거슬러 올라가게 되었다.

또한, 챵쟝 중류의 이름난 문화유적지로 후베이성(湖北省) 우한시(武汉市) 황피구(黃陂区)의 판롱청(盘龙城, 반룡성)이 있다. 지금으로부터 3,500년 전의 상(商, BC1675~BC1046)나라의

고성(古城) 터로 보고 있는 이곳에서는 노예사회의 계급계층을 추론해 볼 수 있는 유적과 유물들이 발굴되었고, 더불어 당시의 청동기 문화발전을 가능케 했던 구리광산이 확인됐다.

챵쟝(长江) 하류지역

챵쟝(长江) 하류의 신석기시대 문화로 허무두문화(河姆渡文化) · 마쟈방문화(马家浜文化) · 량쮸문화(良渚文化)를 꼽는다. 이들은 중국 강남문화의 근원이 되고 있는 것이다.

1973년에 쩌쟝성(浙江省) 닝부오시(宁波市)의 현급시(县级市)인 위야오(余姚)의 허무두진(河姆渡镇)에서 중국 최초로 신석기시대의 유물이 발굴되었다. 골기(骨器) · 도기(陶器) · 옥기(玉器) · 목기(木器) 등 다양한 재질의 생

발굴전 허무두

허무두 발굴현장

허무두인 생활상

출토물(벼알)

출토물(탄화쌀)

猪纹陶钵 출토물(돼지문양도기)

산용구·생활용품·장식공예품과 더불어 벼 재배 유물 및 동식물 유해 등 7,000건이 넘는 유물이 발굴되었다. 이러한 유물들을 활용하는 당시 사람들의 생활상을 유추해본 것이 허무두문화(河姆渡文化)인 것이다.

마쟈방(马家浜)은 쩌쟝성(浙江省) 쟈씽시(嘉兴市) 난후구(南湖区) 청난지에다오(城南街道)에 있는 한 촌(村)의 이름이다. 이곳에서도 BC3000년을 전후한 유적지와 유물이 발견됐다. 또한 쩌쟝성(浙江省) 항쪼우시(杭州)의 서북쪽 교외에 자리 잡고 있는 량쮸진(良渚镇)에서도 BC3300~BC2300년의 것으로 보이는 흑도(黑陶, 검은 도기)와 마광석기(磨光石器, 갈아서 반들반들하게 된 석기) 등이 발굴되었다.

마쟈방 생활상

마자방 출토물

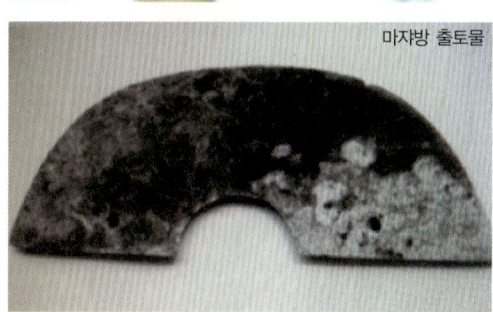
마쟈방 출토물

마쟈방 출토물

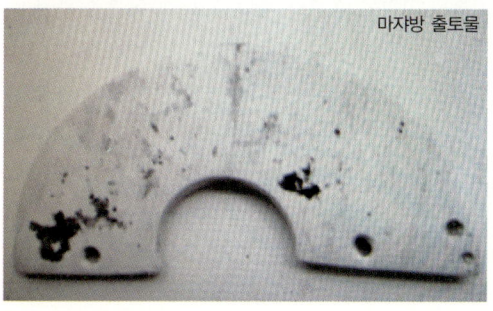
마쟈방 출토물

마쟈방 출토물

이들 허무두문화(河姆渡文化)·마쟈방문화(马家浜文化)·쮸문화(良渚文化)가 오늘날 강남문화의 근원이 되고 있는 것이다.

나. 적벽대전(赤壁大战)

적벽대전(赤壁大战, AD208)은 위(魏)·촉(蜀)·오(吳)의 3국이 후베이성(湖北省)의 쟈위현(嘉鱼县)을 흐르는 챵쟝(長江)에서 벌였던 싸움이다. 그 배경과 결과는 다음과 같다.

진(秦)나라의 시황제(始皇帝, BC221~BC210)가 중국을 통일하고, 그 뒤를 이은 2세황제(二世皇帝, BC221~BC210) 때 한(汉, BC206~AD220)나라의 리유방(刘邦, 유방)에게 망한다. 그 한(汉)나라가 다시 AD220년에 망하면서 그 영토는 차오차오(曹操, 조조)의 위(魏)나라, 리유뻬이(刘备, 유비)의 촉(蜀)나라, 쑨취앤(孙权, 손권)의 오(吳)나라 등 세 나라로 분점 되는데, 이때부터 AD280년까지의 60년간을 중국의 삼국시대라고 하는 것이다.

조조의 위나라는 화북(华北)의 넓은 평야와 강한 국력을 바탕으로 삼국을 통일하려 했고, 촉나라의 유비는 험한 지세와 강한 군사력으로 삼국을 통일하려 했으며, 손권의 오나라는 영토의 상당부분인 강과 호수를 기반으로 하는 수군(水軍)을 앞세워 삼국을 통일하려 했기에 60년간의 3국간 쟁투는 치열했다. 그 중의 하나가 적벽대전인 것이다.

적벽대전은 촉나라의 리유뻬이(치备)를 제거함과 아울러 쑨취앤(孙权)의 오나라를 정복하기 위해 남진하는 위(魏)나라의 차오차오(曹操) 군사와 이에 대적하는 촉·오(吴)연합군이 맞붙은 싸움이었으며, 촉(蜀)나라 쮸거량(诸葛亮)의 화공을 받아 차오차오(曹操)의 군사가 대패함으로써 위(魏)·촉(蜀)·오(吴)의 구도가 자리를 잡게 된다. 훗날, 삼국의 촉(蜀)나라와 오(吴)나라는 위(魏)나라에 망하고, 위(魏)나라는 다시 진(晋, AD265~420)나라에 통합된다.

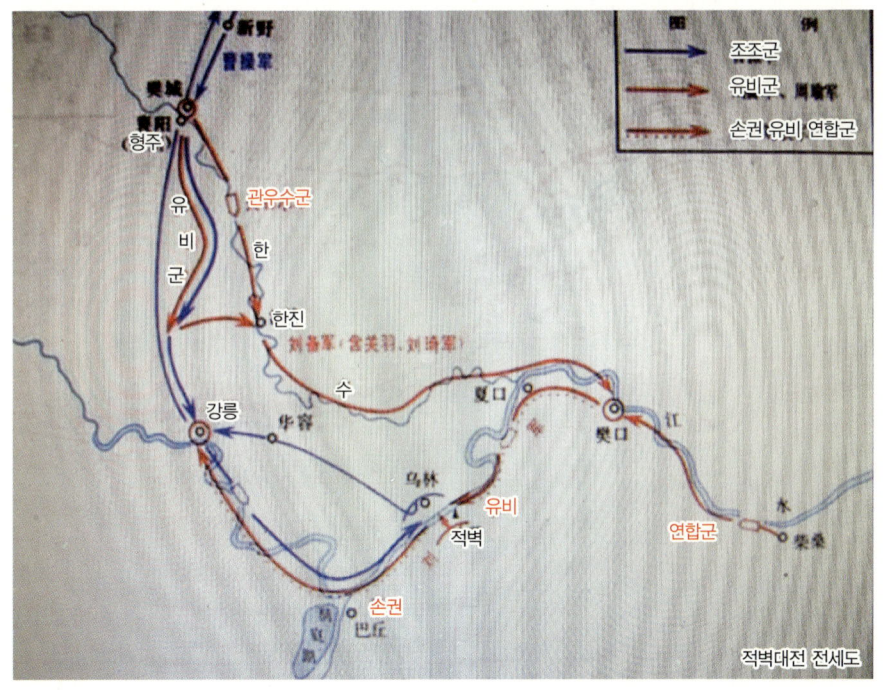

적벽대전 전세도

챵쟝(長江)을 무대로 하여 벌였던, 이들 삼국의 세 다툼 흔적이 지금은 인문경관의 명소가 되어 옛이야기를 전하고 있다.

제2장 싼샤 수상관광

싼샤(三峽)의 수상관광(水上观光)은 요우룬(游轮, 유륜) 또는 요우촨(游船, 유선)이라 불리는 배를 타고 챠오티앤먼(朝天门, 重庆)과 난진관(南津关, 宜昌) 사이의 챵쟝(长江) 666km를 물길 따라 관광하는 것이다. 물 흐름을 따라 총칭(重庆)에서 이챵(宜昌)으로 내려가며 하기도 하고, 이챵(宜昌)에서 물 흐름을 거슬러 총칭(重庆)으로 올라가며 하기도 한다. 관광선은 여러 회사에서 띄우고 있으며, 그 운행도 총칭(重庆)-이챵(宜昌) 전 구간에 걸치기도 하고, 세분된 구간만을 운행하기도 한다.

이 장(章)에 기술된 여정(旅程)의 상황은 2011년 6월22일 이챵(宜昌) - 총칭(重庆) 간을 운행하는 "우한양쯔강유선유한공사(武汉扬子江游船有限公司)"의 5,000톤급 "총통1호(总统一号, Pre- sident Cruise, 객실 99개)"에 승선하여 전개된 것이다.

1. 승선

싼샤관광에 관하여 사전에 정해진 것은 없었다. 그냥 챵쟝싼샤를 관광하기로 하고 2011년 6월21일 인천공항을 통해 출국, 당일 오후7시(현지시

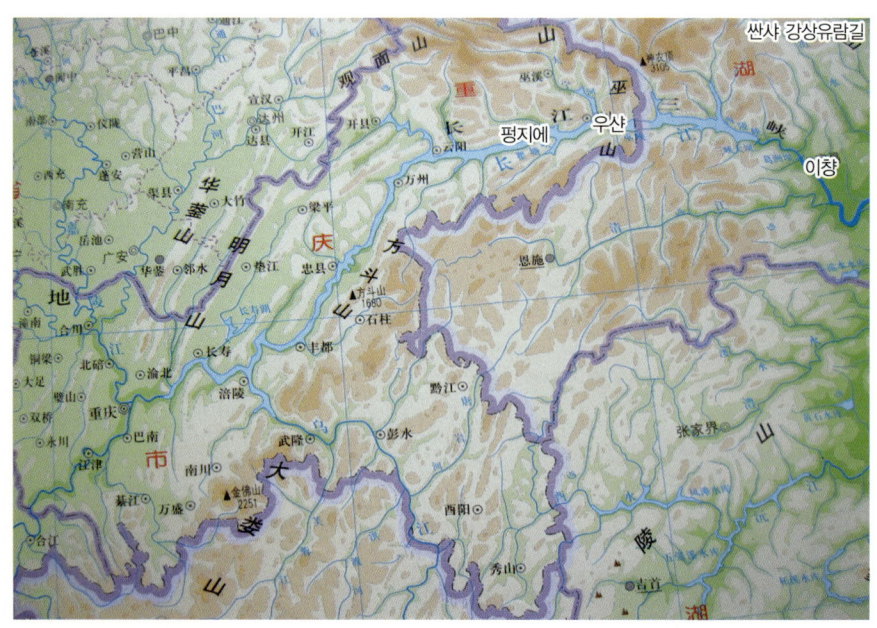

싼샤 강상유람길

총통1호 모습

간, 우리나라보다 1시간 늦음)에 쓰촨성의 청두(成都)공항에 도착했으며, 다음날 아침 비행기를 타고 한 시간가량을 날라 8시경에 이창(宜昌)에 내린 것이다. 그리고는 공항에서 시내로 들어가는 버스 안내양의 도움을 받아 "총통1호"에 연결된 것이다.

그 과정에서의 인상은 시골스러우면서도 조직적이었으며, 비용을 절감할 소지가 있음직하였다. 규모가 작은 공항은 썰렁했고, 공항버스는 시내 노선버스인 듯했으며, 40분가량을 지나는 노변 풍경은 낡아있었다. 시내 중

요우룬 정박부두 정문

요우룬 정박모습

심가 버스터미널에 도착하자 버스 안내양은 호텔 로비에 자리 잡고 있는 싼샤유람신청접수 코너로 안내해 주었다. 가격 면에서 200~300위안(환율 180원시 36,000~54,000원)정도 낮은 상품도 있었지만, 4박5일 승선에 2,250위안짜리로 끊은 것이 "총통 1호"였던 것이다.

배는 오후 2시부터 승선이 가능하다고 했다. 시간이 되자 그들은 택시로 20분 거리의 배가 정박해있는 부두까지 데려다가 승선을 시켜주었다. 나중에 확인한 바로는 선박회사의 공식적인 선표가격은 2,000위안이었던 바, 이런저런 편의제공 수가 250원이나 된다는 것은 비싸게 느껴졌다. 시내에서 20분정도 걸리는 거리의 부

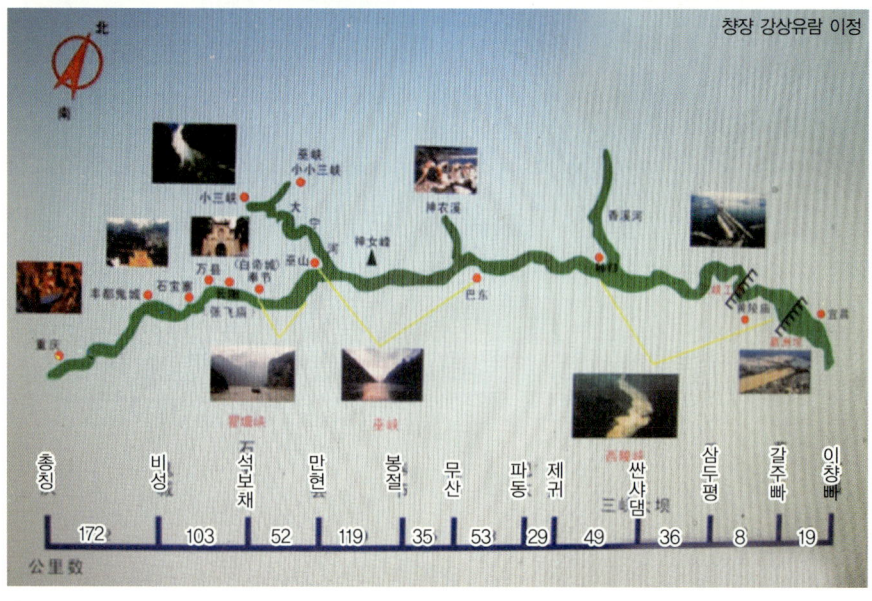

두까지 직접 택시를 타고 와서 승선했다면 비용을 줄일 수 있지 않았을까 하는 아쉬움이 드는 것이었다.

챵쟝싼샤(長江三峽) 수상관광의 이정과 경점은 그림에서 보는 바와 같고, 소요일정은 표에서 보는 바와 같이 상행(上行, 宜昌→重庆)의 경우 4박5일, 하행(下行, 重庆→宜昌)의 경우 3박4일이다.

2. 여정

(표) 챵쟝싼샤 여행일정

하행(총칭 → 이창)	일 정	상행(이창 → 총칭)
출항(22:00)	1일차	승선(19:00~24:00) 및 1박
펑두(丰都) 빠이디청(白帝城)	2일차	출항(07:00) 씨링샤(西陵峽) 싼샤다빠(三峽大土贝)
취탕샤(瞿塘峽) 우샤(巫峽) 션농씨(神农溪)	3일차	션농씨(神农溪) 우샤(巫峽) 취탕샤(瞿塘峽)
싼샤다빠(三峽大土贝) 씨링샤(西陵峽) 하선(13:00)	4일차	빠이디청(白帝城) 펑두(丰都)
	5일차	하선(09:00)

3. 관광

싼샤(三峽, 삼협) 관광의 중심대상은 씨링샤(西陵峽)·우샤(巫峽)·취탕샤(瞿塘峽)의 세 협곡이 연출해내는 자연 경관을 감상하는 것이다. 그리고 여기에 협곡 외(外) 지역인 바동(巴东)의 션농씨(神农溪)와 펑두(丰都)의 귀성(鬼城)처럼 풍광이 수려하거나, 인문적 특색이 별스러운 곳이 부가 된다.

씨링샤(西陵峽)

난진관(南津关)-황링먀오(黄陵庙)

아침 식사 중에 뱃고동이 울리더니 이내 밖의 경치가 움직이기 시작한다. 서둘러 식사를 끝내고 갑판에 오르는데, 어느새 난진관(南津关, 남진관)이 저만큼 뒤로 보인다. 난진관(南津关)은 싼샤(三峽)를 흐르는 챵쟝(长江)의 동쪽 출구이며, 지금까지 싼샤 계곡에 갇혀 사납게 흐르던 물이 이곳을 벗어나면 챵쟝(长江)의 중류가 되면서 물길은 넓고 순해지는 것이다.

난진관은 그 북쪽으로 일찍이 류베이(刘备, 유비)가 손권(孙权)의 오(吳)나라와 대치하면서 영토를 지키던 씨아

난진관 근경

난진관 원경

라오씨(下牢溪) 계곡이 있는데, 난진관은 그 계곡의 남쪽에 있는 나루터라 하여 난진관(南津関)이라는 이름이 붙은 것이라고 한다.

난진관(南津関)은 챵쟝싼샤(长江三峡)를 거슬러 올라가며 유람을 할 때, 그 시발점이 되는 곳이다.

여기서 잠깐 씨링샤(西陵峽)

씨링샤(西陵峽)는 동쪽의 난진관(南津関)에서부터 서쪽의 썅씨(香溪)까지의 76km협곡이다. 이챵(宜昌)의 옛 이름이 이링(夷陵)이었고, 이링(夷陵)의 서쪽으로 있는 협곡(峡谷)이라하여 씨링샤(西陵峽)라 불리게 된 것이라고 한다.

씨링샤(西陵峽)는 4개 구간으로 나뉜다. 동쪽으로부터 짚어 씨링샤하단관구(西陵峽下段宽谷)·묘남관구(庙南宽谷)·씨링샤상단관구(西陵峽上段宽谷)·썅씨관구(香溪宽谷)로 지칭되며, 유역에는 바똥(巴东)·쯔꾸이(秭归)·이챵(宜昌)의 세 도시가 자리를 잡고 있다.

씨링샤(西陵峽)의 주요 경점으로는 싼요우동(三游洞)·덩잉샤(灯影峡)·황니유샤(黄牛峡)·황링먀오(黄陵庙)·싼샤다빠(三峡大坝)·콩링탄(空岭滩)·우간마폐협(牛肝马肺峡)·칭탄(青滩)·병서보검협(兵书宝剑峡)·썅씨(香溪) 등이 있다.

씨링샤 공중사진

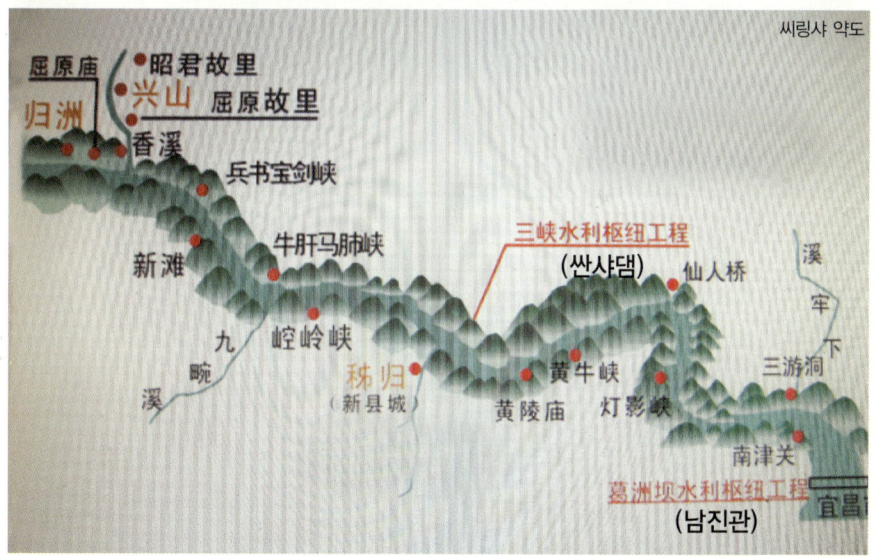

씨링샤 약도

씨링샤(西陵峽)의 물은 이런 게 강(江)이지 싶게 폭이 넓고 푸르며, 엷은 안개 속으로 들락거리는 강 양쪽의 높은 산들이 맑고 장엄하다.

또한 지나가는 배들과 강기슭의 사람 사는 모습이 정겹다.

아침 7시에 난진관(南津関)을 출발, 싼샤다빠(三峽大垻)에 이른 것은 12시 경이었다.

씨링샤 산수풍광

씨링샤 산수풍광

씨링샤 산수풍광

씨링샤 수상풍광

다섯 시간정도 씨링샤(西陵峽)를 거슬러 올라왔고, 그 사이에 싼요우동(三游洞)·덩잉샤(灯影峽)·황니유샤(黃牛峽)·황링먀오(黃陵庙)를 본 것이다.

씨링샤 수상풍광

씨링샤 수상풍광

씨링샤 강변풍광

씨링샤 강변풍광

씨링샤 강변풍광

창장 수상경찰

갑판의 유람객

항로부표

① 싼요우동(三游洞, 삼유동)

싼요우동(三游洞)은 난진관(南津关)으로부터 상류 7km의 거리에 있는 동굴이다.

씨링샨(西陵山)의 깎아지른 북쪽 절벽에 나있으며, 폭 23m에 높이 9m의 동굴 안에는 깊이 30m정도 폭의 넓은 공간이 있다.

복지동천(福地洞天)이라 불리는 이곳에 당(唐, AD618~907)나라의 시인 백거이(白居易)·백행간(白行简)·원진(元稹) 등 세 사람이 아주 자연스럽게 나란히 서서 담소하는 조각상이 자리잡고 있다. 이들이 이곳을 유람하면서 시를 지었는데, 각자 대표적인 시 한 수씩을 골라 벽에 새기고, 그 머리에 백거이(白居易)가 머리말격인 《삼유동서(三游洞序)》를 써서 새겼다. 역사에서는 이를 일러 "전삼유(前三游)"라고 한다.

또한 훗날 송(宋, 1206~1368)나라 때, 소씨(苏氏) 가문의 삼학사(三学士)로 불리는 소식(苏轼, 소동파)·소순

삼유동 석상

삼유동

(苏洵, 소동파의 부친)·소철(苏辙, 소동파의 아우) 등 세 사람이 이곳에 유람하면서 시를 짓고, 그것을 벽에 새겨놓았는데, 사람들은 이를 일러 "후삼유(后三游)"라고 한다. 이런 연유들로 해서 이곳이 "삼유동(三游洞)"으로 불리게 된 것이라고 한다.

② 덩잉샤(灯影峡)

덩잉샤(灯影峡)는 난진관(南津关)으

덩잉샤 풍광

로부터 상류 10km 거리에 있는 협곡이다. 석회암(石灰岩) 층의 수직절리(垂直节理)와 깎아지른 절벽들이 예사롭지가 않다.

기이하게 생긴 산봉우리들이 즐비하며, 그 중에는 마치 손오공(孙悟空)·저팔계(猪八戒)·사화상(沙和尚)·현장법사(玄奘法师) 일행이 불경을 구하러 서역에 가는 형상과 같다는 "사도4인(师徒四人)"의 바위들도 있다.

덩잉샤

사도4인

③ 황니유샤(黄牛峡)와 황링먀오(黄陵庙)

황니유샤(黄牛峡, 황우협)는 난진관으로부터 40㎞정도 떨어져 있다. 물길이 휘돌고 빠른데다가 암초들이 많아 황니유탄(黄牛滩, 황우탄)이라고도 한다.

황니유샤(黄牛峡)협곡을 올라가다 보면 왼쪽으로 황링먀오(黄陵庙)가 다가온다. 옛 이름이 황니유먀오(黄牛庙, 황우묘)인 황링먀오(黄牛庙)는 춘추전국(春秋战国)시대 때 따위(大禹, 대우)를 도와 챵쟝(长江)의 물길을 뚫은 황니유(黄牛, 황우)의 공덕을 기려 지은 것이다.

훗날 동한(东汉 AD25~ 220) 말년에 쮸거량(诸葛亮)이 중건했으며, 현재 산문(山门)·우왕전(禹王殿)·무후사

홍수흔적

황니유샤

황링먀오

(武侯祠) 등의 건물이 남아있다.

우왕전(禹王殿)의 녹나무 기둥에는 1870년에 있었던 대홍수의 흔적이 남아있다.

황니유샤에 황니유얜(黃牛岩)이라 불리는 바위가 있는데, 다음과 같은 이야기가 전해온다.

우샨신녀(巫山神女) 야오지(瑤姬)는 못된 짓을 일삼는 챵쟝(长江)의 12마리 요사스러운 야오롱(妖龙)을 자신의 금비녀로 찔러죽였는데, 그 피로 챵쟝(长江)의 물이 3년 넘게 붉어있었고, 죽임을 당한 야오롱(妖龙)들의 뼈는 용골석(龙骨石) 돌이 되어 씨링샤(西陵峽) 입구에 쌓였다. 이로 말미암아 물길이 막혀 강물은 한없이 불어났고, 강 위쪽으로는 마른 땅이 없을 정도였다.

황허(黃河)에서 치수사업에 열중하고 있던 따위(大禹)가 그 소식을 듣고 함께 일하던 장정들을 데리고 밤을 밝혀 이곳으로 왔다. 용골석은 일반 돌에 비해 몇 배나 단단했고, 괭이질을 해도 불꽃이 튀고 흰 자국만 날 뿐 패여 들어가지 않았다. 사정이 이렇다보니 따위(大禹)의 손과 발은 상처로 성한 데가 없었고, 집에 한 번 못간 채 그렇게 지내기를 9년이 지났다. 이를 지켜보고 있던 천상의 별자리신이 따위를 돕고자 엄청나게 큰 황니유(黃牛, 황우)로 변하여 지상으로 내려왔다.

별자리신의 변신인 황소는 온몸의 힘을 뿔에 모아 용골석 하나하나를 쪼개고 옮겨 쌓아가며 물길을 뚫어나갔다. 이때 옮겨쌓은 돌무더기가 오늘날 징먼(荊门)의 12자리 산봉우리들 이고, 그때 흘러내린 토사가 퍼지고 쌓여 이루어진 것이 량후평원(兩湖平原)인 것이다.

이렇듯 황니유(黃牛)가 따위(大禹)를 도와 챵쟝(长江)의 물을 다스리자 4면8방의 백성들이 모여와 그 고마움을 표했는데, 이때 황니유(黃牛)는 머리를 들어 하늘을 보더니 네 발을 굴러 뛰어올라 고산수림(高山樹林) 속으로 사라졌다. 따위(大禹)가 쫓아 올라가 보니 절벽 위에 돌로 변한 황니유(黃牛)가 걸쳐있었다. 이에 사람들은 그 산을 일러 황니유샨(黃牛山)이라 하고, 그 바위를 황니유얜(黃牛岩)이라고 불렀다.

황니유상

황니유암

따위상

싼샤다빠(三峽大坝)

황링먀오(黃陵庙)를 지나면서 저만치에 챵쟝(长江)을 가로지르고 있는 싼샤챵쟝대교(三峽长江大桥) 다리가 보인다. 싼샤다빠(三峽大坝, 싼샤댐) 가까이에 온 것이다. 배가 싼도우핑(三斗坪) 부두에 접안되고, 하선한 사람들은 싼샤댐 관람구에서 운행되는 셔틀버스에 올라 30분정도 달린 다음 탄즈링(坛子岭, 단자령)에 내린다. 탄즈링은 해발 263m로 싼샤댐 일대에서 가장 높은 지대이고, 따라서 싼샤댐 관경대(观景台)가 이곳에 조성돼있다.

싼샤댐 관광은 챵쟝싼샤댐 전시실에서 댐에 관한 이해를 넓힌 다음, 챵쟝을 가로막고 있는 댐의 위용을 구경하고, 갑문을 보며, 탄즈링(坛子岭)에 조성돼있는 조형물들을 감상하는 것이다. 조형물로서는 관경대(观景台)·

싼도우핑 선착장의 총통1호

샨샤댐

샨샤댐과 탄즈링 풍광

샨샤모형도

싼샤다빠기석(三峽大垻基石)·강저기석(江底奇石)·탄즈링부조(坛子岭浮雕) 등이 있다.

증산·생태환경보호·관광산업활성화 등의 성과가 거양되고 있는 것으로 설명되어 있다.

① 싼샤댐

싼샤댐은 강을 가로막고 있는 댐의 길이가 2,310m이고, 그 높이가 181m이며, 댐 아래와 위의 수위차가 113m이다. 싼샤댐이 건설됨으로써 홍수방지·용수확보·항운효율증진·전력

② 갑문(闸门)

탄즈링(坛子岭)의 왼쪽기슭으로 양선5단(两缮五段)의 갑문이 설치돼있다. 댐의 안과 밖으로 배를 올리고 내리는 이들 갑문을 통해 1만 톤급의 배가 싼샤를 지나다니는 것이다.

싼샤댐 갑문

싼샤댐 갑문

관경대와 4면체조형물

③ 관경대(观景台)

관경대(观景台)는 탄즈링의 가장 높은 곳에 위로 좁아지는 원통형으로 조성돼 있으며, 그 위에 올라 주변을 둘러보게 된다.

관경대 벽채에는 사람과 물을 주제로 한 대형 부조(浮雕, 모양이 들어나게 새긴 조각)가 새겨져 있는데, 그 내용은 파문화(巴文化)의 두텁고 풍부한 바탕 위에 중화민족이 이제까지 쌓아온 치수문화(治水文化)의 공적을 조화시킨 것이라고 한다.

관경대의 부조 맞은편으로는 콘크리트로 된 4면체의 조형물이 놓여있는데, 이는 다소 과장된 수법이기는 하지만 챵쟝(长江)의 도도한 물길을 막아 댐을 완성하기까지의 험난했던 과정을 추상적으로 나타낸 것이라고 한다.

④ 싼샤다빠기석(三峽大坝基石)

싼샤다빠기석(三峽大坝基石)은 댐을 쌓을 때 챵쟝(長江)의 강바닥에서 떼어낸 천연화강암이다.

그 돌 위에 글을 새겨 설명하기를 천연화강암은 재질이 균일하고, 단단하며, 투수성(透水性)이 거의 없기 때문에 댐을 쌓기에는 아주 이상적인 기반이지만 설계한 대로 재단하기가 매우 어려운데, 이러한 천연화강암이 싼샤댐의 아래쪽과 위쪽으로 31km에 걸쳐있다 했으며, 이러한 여건을 감안할 때 싼샤댐은 매우 험난한 공정의 결실이며, 매우 견고한 댐이라고 하였다.

싼샤강저기석

20여 톤 무게의 이 바위는 다양한 크기의 구멍이 불규칙하게 자리를 잡고 있는데, 이는 오랜 세월에 걸쳐 물에 침식되면서 만들어진 것이라고 한다.

⑤ 강저기석(江底奇石)

강저기석(江底奇石)은 싼샤댐을 쌓은 직후인 1997년에 챵쟝(長江) 바닥에서 발견된 것으로 챵쟝 하상(河床)의 지질 변천과정을 보여준다.

⑥ 탄즈링부조(坛子岺浮雕)

탄즈링부조군(坛子岭浮雕群)은 친링(秦陵)의 홍색사암(红色砂岩)을 바탕으로 하여 새겨져있다. 중심의 조각은 우람한 장정 셋이 손을 맞잡고 물속에서 돌고 있는 모습으로 돼있는데, 이는 인력(人力)과 자연의 수력(水力)이

싼샤다빠기석

탄즈링 부조

서로 어우러져 있음을 표현한 것이라고 한다. 또한 중심조각의 양 옆으로 등장하고 있는 호랑이와 봉황은 초(楚)나라 사람들과 파(巴)나라 사람들의 토템이다. 전체적으로 이 부조에는 천(天)·지(地)·인(人) 합일의 조화 속에 고대 치수전설의 주인공인 따위(大禹)의 정신이 싼샤다빠(三峽大坝)에까지 이어지고 있음을 그 내용으로 하고 있다고 한다.

싼샤다빠(三峽大坝) - 바뚱(巴东)

싼샤다빠 관람을 마치고, 싼도우핑(三斗坪) 부두에 정박해있는 배에 다시 승선하니 오후 4시다. 배는 서서히 움직여 갑문을 향했고, 다섯 단계를 지나 싼샤댐 안의 물 위에 떴다. 배는 제 길을 가기 시작한다. 배 안에서는 담수진주(淡水珍珠) 전시행사에 이어 저녁식사가 제공되고, 얼마간 시간이 흐른 뒤에 관광객 환영무도회가 열렸다. 밤 열두시가 되니 공용장소의 전등이 꺼지고 이제까지 소란하던 배 안의 분위기도 가라앉기 시작한다.

새벽에 깨어 보니 밤새 어렴풋이 느꼈던 배의 움직임이 없다. 싼샤댐으로부터는 물길 78km를 거슬러 올라와 충칭시(重庆市) 경계를 코앞에 두고 있는 바뚱(巴东)의 한 부두에 정박해 있었던 것이다. 밤새 씨링샤(西陵峽) 구간의 콩링탄(崆岭滩)·우간마패협(牛肝马肺峡)·칭탄(青滩)·병서보검협(兵书宝剑峡)·썅씨(香溪)를 지났고, 씨링샤(西陵峽) 구간을 벗어나서는 쯔꾸이(秭归)·취위옌투워(屈原沱)·씨에탄(泄滩)을 지났으며, 신농씨(神农溪) 계곡을 앞에 두고 있었다.

① 우간마폐협과 콩링탄

우간마폐협(牛肝马肺峡)은 깎아지른 절벽이 서로 마주하고 있는 4.5km길이의 협곡이다.

괴상한 모양의 암벽이 연이은 가운데, 특히 북쪽의 절벽에는 주황색 암석 두 개가 늘어진 모양을 하고 있는

우간마폐협의 절벽

데, 그 하나는 소의 간 같고, 다른 하나는 말의 폐 같다 해서 그 이름이 비롯됐다.

콩링탄(崆岭滩)은 우간마폐협의 협곡입구에 있는 작은 마을이다. 마을 앞 강물 속에는 200여m길이의 "다쮸(大珠)"와 더불어 "토우쮸(头珠)" "얼쮸(二珠)" "싼쮸(三珠)"로 불리는 암초들이 솟아있어 배의 통항(通航)이 매우 어려운 곳으로 되어 있다.

② 병서보검협과 칭탄

병서보검협(兵书宝剑峡)은 그 생긴 모양새에서 그런 이름이 비롯되었다. 전해오기로는 3국시대 쮸거량(诸葛亮)

병서가 든 현관

보검바위

의 병서(兵书)가 이곳 북쪽절벽 갈라진 틈의 현관(悬棺)에 들어있다고 하며, 그 아래로 "보검(宝剑)" 형태의 바위가 있는데, 어디까지나 보는 이의 주관적인 것이지 사실상으로는 절벽의 돌조각이 떨어져 내리면서 돌출된 바위일 뿐이다.

병서보검협 아래쪽 4.5km되는 곳에 칭탄(青滩)이란 이름의, 120m길이 여울목이 있다.

③ 썅씨

썅씨(香溪)는 다빠샨(大巴山)의 동남쪽 지맥(支脉)인 우샨산맥(巫山山脉)의 50여km 계곡이다. 계곡 양쪽의 깎아지른 절벽 사이를 맑은 물이 낙차가 크게 흐르는데, 그 풍광이 절경인 것으로 회자된다.

이곳에 한(汉 BC206 ~AD220)나라의 9대 임금 원제(元帝, BC49~BC33)의 정비(正妃) 왕쨔오쮠(王昭君, 왕소군)이 태어나 자란 마을이 있다고 해서 쨔오쮠씨(昭君溪, 소군계)라고도 한다.

④ 쯔꾸이와 취위옌투워

쯔꾸이(秭归)는 후베이성(湖北省)의 서부에 위치한 현(县)으로 2,427km²(제주도의 1.3배)의 면적에 인구는 42만명이다.

취위옌(屈原, 굴원)은 전국시대(战国

취위엔투워

时代, BC475~BC221) 초(楚, ?~BC223)나라의 문학가이자 정치가였다. 국사에 관하여 애국충정으로 임금에게 간한 사안이 있었는데, 간신들에 의해 모함을 받게 되자 귀양지인 후난성(湖南省) 챵샤(长沙)의 멱라수(汨罗水)에 빠져죽는다. 그 날이 음력으로 5월 5일이고, 단오절의 기원이 된다.

취위엔투워(屈原沱)는 쯔꾸이현(秭归县)의 현성에서 1km 되는 강기슭에 있다. "투워(沱)"는 배를 댈 수 있는 포구를 의미하며, 그곳에 취위엔(屈原)의 사당이 있다.

전해오기로는 취위엔의 고향이 쯔(秭)이고, 취위엔이 물에 빠져 죽은 다음 그의 여동생 꿈에 나타나 고향으로 돌아오고 싶다 해서 이리로 옮긴 것이라 하며, 이러한 배경에서 지명도 쯔꾸이(秭归)로 바뀌었다고 한다. 쯔꾸이현(秭归县)의 서북쪽 언저리에 씨에탄향(泄滩乡)이 있다.

바뚱(巴东) - 션농씨(神农溪)

바뚱(巴东)은 후베이성(湖北省) 온쉬투쟈족자치주(恩施土家族自治州)의 한 현(县)이다. 3,219km²(제주도의 1.8배)의 면적에 49만 명의 인구가 거주한다. 갑판에 올라보니 바뚱(巴东)을 흐르는 챵쟝 강변 산비탈 위의 현성이 습기 머금은 강바람을 타고 산뜻한 모습으로 다가온다. 신농씨(神农溪) 관광을 위해 하선하니 아침식사를 서두르라고 한다. 신농씨(神农溪)관광은 두 차례의, 순차적인 보다 작은 배로 옮겨 타기를 하며 세 시간 가량 소요되었다.

션농씨(神农溪)는 바뚱(巴东)의 챵쟝(长江) 북쪽으로 나있는 계곡으로 화중

바똥 현성

제일봉(华中第一峰)이라는 션농쟈(神农架)의 남쪽기슭으로부터 시작된다. 션농씨(神农溪)는 황학루공원(黃鶴楼公园, 武汉)·싼샤다빠관광구(三峡大土贝旅游区, 宜昌)·싼샤런쟈경구(三峡人家景区, 宜昌)·우땅샨경구(武当山景区, 十堰)와 더불어 후베이성(湖北省)이 자랑하는 5개소의 국가5A급 관광지이다.

여기서 잠깐   션농쟈(神农架)

션농쟈(神农架)는 전체면적 3,253㎢ (제주도의 1.8배)넓이의 신지이며, 중국에 하나밖에 없는 독립 행정구역으로서의 임구(林⺁)이다. 상주인구는 8만 명이다.

션농쟈(神农架)는 다빠샨(大巴山)의 동쪽 끝단으로서 동북쪽으로 낮아지며, 평균해발높이는 1,700m이고, 해발 3,000m이상의 산봉우리만도 6자리가 있다.

최고봉은 션농딩(神农顶)으로 해발 3,106m이다. 션농쟈(神农架)는 싼샤지구 최대의 천연녹색지대로서 션농쟈자연보호구(神农架自然保护区)와 션농쟈풍경구(神农架风景区)로 지정돼 있다.

션농쟈(神农架)는 원시자연생태가 그대로 유지되고 있는 지역으로 각종 희귀동물들이 서식하고 있는 가운데, 1900년대 중반에 설인(雪人) 또는 야인(野人)이라 불리는 기이동물이 발견되어 탐사반이 가동된 적이 있다.

탐사결과 그들의 족적과 분변 등은 채집할 수 있었으나 실체를 확인하지는 못한 것으로 돼있다.

션농쟈 풍광

전체길이 60km의 션농씨(神农溪)는 협곡 양쪽기슭의 풍광이 기이하고 아름다우며, 협곡 중에는 개활지가 있는가 하면 어느 곳은 협곡 사이가 7m밖에 되지 않는다. 수면과의 상대고도차가 수백m인 협곡사이를 빠져나갈 때는 앞이 꼭 막혀있는 듯하다.

션농씨(神農溪)는 3구간의 풍경이 서로 다른 협곡으로 이루어져있다. 위쪽으로부터 미앤쮸샤(棉竹峡, 면죽협)·잉우샤(鹦鹉峡, 앵무협)·롱창동샤(龙昌洞峡, 용창동협)로 각각 호칭된다.

미앤쮸샤에는 오를 수 없을 것 같은 절벽에 용동(溶洞)들이 널려있고, 거대한 석종유(石钟乳)가 높이 걸려있다. 협곡에는 4km거리에 크고 작은 여울목 30여 곳이 있는 곳도 있어 젊은이들이 리프팅을 즐기기도 한다.

잉우샤는 션농씨의 3개 협곡 중에 경색이 가장 빼어난 곳이기도 하다. 일 년 내내 꽃들이 이어피고 있어 "년화탄(年花滩)"이라고도 불린다. 롱창동샤는 협곡의 폭이 채 20m도 안 되는 사이를 5km넘게 빠져나가게 되는데, 이곳에서 암관(岩棺)과 고잔도(古栈道) 등의 인문경관을 목격할 수 있다.

션농씨(神农溪)에 다음과 같은 이야기가 전해온다.

원시인들이 산짐승이나 날짐승의 털도 뽑지 않고 피도 씻지 않은 채 그대로 먹던, 아주 먼 옛날에 이 지역에 돌림병이 창궐하여 신음소리가 그치지 않았고, 배곯아 죽는 원시인들이 천지에 널렸다.

이 불쌍한 존재들을 구하고자 염제(炎帝)인 션농쉬(神农氏, 신농씨)가 이 험한 고산지대에 내려와 온갖 초목을 살펴 맛을 보고, 먹을 수 있는 초목과 약초를 골라 이들의 병을 치료해주는 한편, 허기를 달래게 하였다.

사태가 어느 정도 가라앉자 션농쉬(神农氏)는 이들이 살아가는데 요긴하게 쓰일 약초와 먹을거리용 초목을 재배하는 한편, 이들에게 살기 좋은 환경을 만들어주고자 구름 위로 솟아 오른 절벽 위의 너른 땅에 삼림을 조성하기로 하였다. 비록 션농쉬(神农氏)가 어느 정도의 신통력이 있다고는 하지만 그 절벽을 그냥 오르내릴 수는 없는 노릇이어서 그는 36쟈(架, 틀)의 하늘사다리를 만들어 걸고 오르내렸다. 그의 계획대로 절벽 위에 울창한 삼림이 조성됐는데, 훗날 사람들은 그의 공적을 기려 이곳을 션농쟈(神农架)라 불렀다.

절벽 위의 맨땅을 삼림으로 바꾸어 놓은 션농쉬(神农氏)는 창쟝(长江)과 동팅후(洞庭湖)를 거쳐 썅쟝(湘江)까지 들려볼 생각에 산을 내려가기로 하였다. 막상 길을 나섰지만 뱀이 기어가듯 구불구불 흐르는 계곡수가 앞을 가로막는데, 불행하게도 그는 헤엄을 칠 줄 몰랐다. 어찌 할 바를 몰라 망연자실하고 있는 중에 계곡 위쪽에서 뗏목이 떠내려 왔다. 션농쉬(神農氏)는 매우 기뻐하며 뗏목을 탔고, 그는 뗏목에 실려 수월하게 계곡을 빠져나와 챵쟝(長江)에 이르렀다. 훗날 사람들은 션농쉬(神農氏)가 뗏목을 타고 흘러내려온 이 계곡을 션농씨(神農溪)라고 하였다.

션농씨 표지석

미앤쮸샤 풍광

롱창동샤 풍광

임우샤 풍광

우샤(巫峽)

우샤 모습

션농씨(神農溪) 관광을 마치고 돌아오니 점심식사가 기다리고 있다. 테이블이 지정돼있고, 앉는 사람들도 정해져있다 보니 어느새 상대방을 배려하는 정서가 눈에 띈다. 음식을 서로 권하며 식사를 하는 사이에 창밖 가까이에 암석절벽이 지나간다. 배가 우샤(峽)에 진입했다는 안내와 우샤에 관한 해설이 방송된다.

갑판 위에 오르니 눈이 바빠진다. 뒤쪽으로는 어느새 바똥(巴东)의 챵쟝

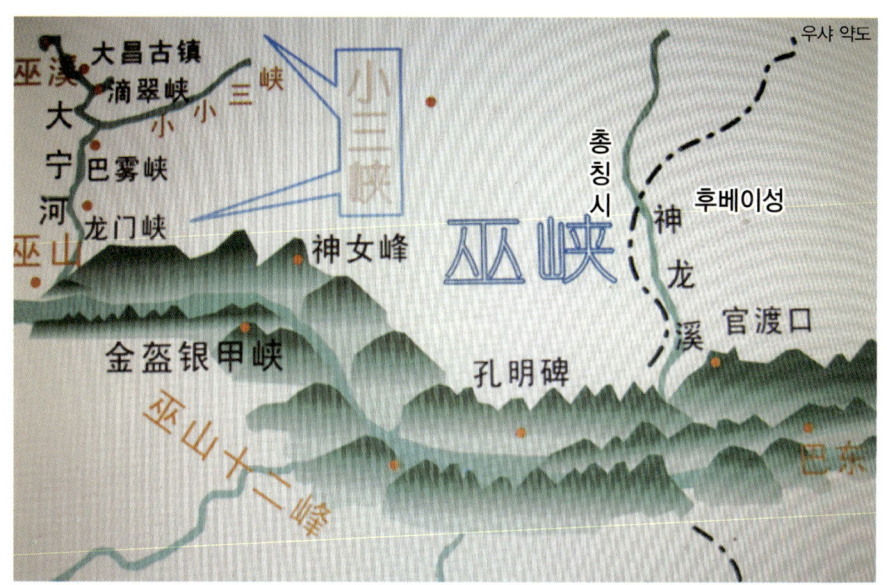

우샤 약도

대교(长江大桥)가 가마득하고, 앞으로는 협곡이 닫혔는가 싶으면 열리는데 옆으로는 가까이에 깎아지른 절벽들이 우아하게 지나간다. 관두코우(官渡口)로부터 다닝허(大宁河) 하구까지의 46km 우샤(巫峽) 협곡이 그렇게 지나가는 사이에 콩밍뻬이(孔明碑, 공명비)·션뉘펑(神女峰, 신녀봉)·금회은갑협(金盔银甲峽) 등의 경점을 본 것이다.

① 관두코우

관두코우(官渡口)는 행정구역상으로

관두코우 풍광

후베이성(湖北省) 언쉬투쟈족먀오족자치주(恩施土家族苗族自治州) 바뚱현(巴东县)의 관두코우쩐(官渡口镇)이다. 336km²(제주도의 1/5)의 면적에 상주인구 5만6,000명인 관두코우는 쓰촨분지의 입구라는 의미로 루촨엔호우(入川咽喉, 입천인후)라고도 불린다.

② 콩밍뻬이(孔明碑)

우샤(巫峽)의 열두 봉우리중 하나인 지씨앤펑(集仙峰, 집선봉)의 아래 물가 절벽에 비석 모양의 편편하고 매끄러운 돌 판이 있다. 콩밍뻬이(孔明碑, 공명비)라 하며, 다음과 같은 이야기가 전해온다.

쮸거량(诸葛亮) 공명(孔明)이 군사를 이끌고 촉(蜀)의 땅으로 들어오는 길에 우샤(巫峽)의 지씨앤펑(集仙峰) 물가를 지나다가 매끄러운 돌 판을 보고, 그곳에 자신이 역점을 두어 주장하는 《롱쫑뚜이(隆中对, 융중대)》를 새겨 넣었다. 롱쫑뚜이(隆中对)의 요지는 손권의 오(吴)나라와 연합하여 조조의 위(魏)나라를 물리친다는 것이었다.

훗날, 오촉(吴蜀) 간의 싸움에서 동오(东吴)의 장수 루쉰(陆逊)이 쮸거량의 군사를 꺾고, 패퇴하는 쮸거량의 뒤를 쫒아오다가 지씨앤펑의 물가에서 롱쫑뚜이를 읽는다. 그리고 그것이 쮸거량의 것이라는 것을 알고는 크게 감동하여 되돌아갔다.

콩밍뻬이

집선봉

빼어난 명산 봉우리들이 우뚝 솟아있으니, 이들이 무산십이봉이다"라는 의미이다. 전해오기로는 이 글자들은 쮸거량이 쓴 것이고, 그래서 "공명비(孔明碑)"라고 부르는 것이며, 우샤에서는 이름난 고적(古址)으로 회자된다.

싼샤공정(三峽工程)에 따른 수몰선(水沒线) 아래에 위치하기 때문에 다른 곳으로 이전할 계획이라고 한다.

사실상으로는 쮸거량이 거기에 글을 새겼다는 증거도 없고, 거기에 새겨진 글들이 쮸거량의 롱쫑뚜이(隆中对)라는 확증도 없다.

장구한 세월이 흐르는 동안 암석이 풍화되어 알아볼 수 있는 글자는 "중암첩장무협(重岩叠嶂巫峽), 명봉용수(名峰聳秀), 무산십이봉(巫山十二峰)"의 15자 뿐이다. "깎아지른 바위산들이 첩첩이 병풍처럼 둘러선 이곳 무협에,

③ **신녀봉**

신녀봉(神女峰)은 우샤12봉(巫峽十二

신녀봉

신녀암

峰) 중의 하나이다. 신녀봉에 다음과 같은 이야기가 전해온다.

신녀봉(神女峰, 션뉘펑)은 망하봉(望霞峰, 왕씨아펑)이라고도 한다. 우샨(巫山)을 흐르는 창쟝의 북쪽 기슭에 구름을 뚫고 우뚝 서 있는 모습이 마치 몸매가 아름다운 소녀 같다고 해서 신녀봉(神女峰)이고, 아침의 찬란한 노을을 맨 먼저 보는 것도, 그리고 저녁의 흐트러진 노을을 맨 마지막까지 보는 것도 신녀봉(神女峰)이라고 해서 망하봉(望霞峰)인 것이다.

옛날부터 전해오는 이야기로는 천상의 여황제 왕무냥냥(王姆娘娘)에게 야오지(瑤姬)라는 이름의 귀여운 딸이 있었다. 야오지(瑤姬)는 어려서부터 성격이 활달하고 마음이 착해 남의 어려운 일을 즐거운 마음으로 도와주곤 하였다. 어머니의 사랑을 받으며 그렇게 지내던 야오지(瑤姬)에게 어느 때부턴가 단조로운 천상궁궐의 생활에서 벗어나 하계의 인간 세상에 내려가 자유자재한 생활을 해보고 싶은 생각이 들었다.

야오지(瑤姬)는 8월 보름날, 모친 왕무냥냥이 목욕하는 틈을 타 살그머니 천궁을 빠져나와 구름을 타고 사방을 날아다니면서 인간세계를 구경하였다. 나무가 울창한 산골짜기들이 첩첩이 이어지고, 대강대하(大江大河)에서는 물이 넘쳐흐르며, 논밭전지가 아름답게 펼쳐진 가운데 인가에서는 밥 짓는 연기가 모락모락 피어오르고 있었다. 그리고 남자가 농사짓고 여자가 베를 짜는 인간세상의 평범하고 속된 생활이 부럽기조차 하였다.

그렇게 구경을 하고 다니던 중에 창쟝(長江) 연안의 우샨(巫山)에 이르렀는데, 따위(大禹)가 첩첩산중에서 치수에 열중하고 있는 모습이 눈에 들어왔다. 구름자락 끝에 서서 자세히 내려다보니 12마리의 교룡이 온갖 나쁜 짓을 일삼으면서 따위의 치수 일을 방해하고 있었다. 이를 본 야오지(瑤姬)는 크게 노하여 교룡들의 서식지를 향해 손을 내밀고 주문을 외우니 천둥번개와 더불어 천지가 요동을 치고, 운무가 하늘을 가렸다.

운무가 걷히고 나니 새로운 풍경이 들어나는데, 교룡이 살던 곳은 흔적도 없이 사라지고, 교룡 12마리는 거대한 바위산이 되어 창쟝(長江) 물길 위에 놓여 있었다. 야오지(瑤姬)는 물길을 막고 있는 12돌산을 손가락으로 가볍게 톡톡 쳐서 이리저리 비쳐놓으니 물길이 트이고 우샨12봉(巫峽十二峰)이 생겨난 것이다.

교룡이 퇴치되고 나서 그들에 의한 못된 짓은 사라졌지만, 물살이 거세어 재난이 끊이지를 않았다. 따위는 이러한 재난을 극복하고자 백성들을 이끌고 치수에 열중하는데, 따위의 그러한 열정에 감동한 야오지(瑤姬)는 천기(天机)로 되어있는 치수천수(治水天书) 책을 따위에게 준다. 오늘날 페이펑(飞凤) 봉우리 위에 한 자리 평평한 평대(平台)가 있는데, 이곳이 당시에 야오지(瑤姬)가 따위에게 치수천수(治水天书)를 주었다는 "수서대(授书台)"인 것이다.

따위는 치수천수(治水天书)의 기술을 익히고 적용하여 싼샤의 물길을 성공적으로 안정시켰는데, 얼마 안가서 황허(黃河)가 범람하자 그 물을 다스리라는 명을 받고 그리로 가게 되었다. 야오지(瑤姬)는 따위가 황허로 떠나가자 아직도 물살이 거센 챵쟝의 물이 다시 뒤집히지 않을까 걱정이 되어 차마 천궁으로 돌아가지 못하고 그곳에 늘러앉아 오가는 배의 항로를 봐주고 농사일에 적당하게 비도 내려주고 하였다.

야오지(瑤姬)가 늘러앉아 산이 되고 나서 그 봉우리 위에는 항상 푸르른 연무가 감돌고, 운무가 휘날리는 등 신비로운 분위기가 감돌고 있는데, 그래서 사람들은 이 산을 일컬어 신녀봉(神女峰)이라 불러오고 있다.

④ 금회은갑협

금회은갑협(金盔 银甲峽)의 "회(盔)"는 투구를, "갑(甲)"은 갑옷을 의미한다. 금회은갑협은 우샤(巫峽) 협곡의 한 짧은 구간이다. 우샨(巫山) 현성으로부터 아래쪽으로 10km쯤의 거리에 있으며, 완만하게 굽은 물가의 암벽을 끼고 있다. 회백색을 띠고 있는, 전형적인 수성암(水成岩) 지각으로 주름이 잡혀있는데, 그 모양새가 흡사 고대의 무사가 황금투구를 쓰고, 은빛갑옷을 걸친 것 같다 하여 그 이름이 비롯되었다.

금회은갑협을 멀리서 바라보면 산 중턱에 입구높이 2m 크기의 동굴이 보인다. 라오슈동(老鼠洞)이다. 다음과 같은 이야기가 전해온다.

따위(大禹)가 동양(东阳)의 남강(南江) 홍수를 다스리고, 빠미앤샨(八面山)에 올라 위샨(玉山)을 바라보니 그곳에 홍수재난이 심각하였다. 따위는 서둘러 치수인부들을 데리고 위샨(玉山)으로 왔다.

위샨(玉山)에 터를 잡고 있는 쥐의 요정 라오슈징(老鼠精)은 평소에 사람들의 양도를 축낸 죄가 있는지라 치수의 대가이자 못된 요괴들을 물리친 따위(大禹)에게 겁을 먹고 부들부들 떨면서 그의 앞에 부복하여 처분을 기다리고 있었다. 따위(大禹)는 당장의 홍수치수가 급선무인지라 라오슈징(老鼠精)에게 이르기를 그간의 죄를 씻을 수 있도록 홍수치수에 공을 세우라고 하였다.

따위(大禹)는 우선 커다란 바위위에 18개의 가마솥을 걸고 치수인부들로 하여금 식사준비를 하도록 하고, 라오슈징을 앞세워 산에 올라 지형수세(地形水勢)를 살피는데, 천길바위산이 물길을 막고 있는데다가 그 너머 골짜기도 또 산이 가로막고 있어 두 산에 동굴을 파지 않으면 물길을 낼 수가 없는 지경이었다. 하지만 연이은 치수사업에 따위(大禹)도, 치수인부들도 탈진해있는 터라 그는 걱정이 태산 같았다.

이를 알아차린 라오슈징(老鼠精)은 공을 세워 속죄하겠다는 일념으로 산 중턱에 굴을 파 들어가기 시작했고, 그 산 너머에 사는 사람들이 동굴을 통해 쏟아져 나가는 물에 휩쓸리지 않도록 대피시키는 등 애를 쓴 공으로 무사히 위산의 홍수가 치수되었다. 금회은갑협(金盔銀甲峽)의 라오슈동(老鼠洞)은 그때 라오슈징(老鼠精)이 판 동굴인 것이다.

취탕샤(瞿塘峽)

취탕샤

관두코우(官渡口)를 오후 1시에 떠난 배가 우샤(巫峽)를 지나 취탕샤(瞿塘峽)의 빠이디청(白帝城)에 도착하니 오후 4시경이다. 씨링샤(西陵峽)를 들어섰을 때만큼의 흥분은 사라지고, 다소간의 지루함이 생겨날 즈음에 취탕샤(瞿塘峽)에 들어온 것이다. 행정상으로는 펑지에현(奉节县)에 속한다. 취탕샤(瞿

취탕샤 약도

쿠이쪼우고성 전면

쿠이쪼우고성 후면

塘峽는 8km길이의 협곡으로 씨링샤(西陵峽, 76km)나 우샤(巫峽, 46km)에 비해 비교가 안될 만큼 짧지만, 풍광이 매우 웅장하다. 주요 경점으로는 빠이디청(白帝城)·멍량티(孟良梯)·쿠이먼(夔门)·빠쩐투(八阵图) 등이 있다.

쿠이쪼우성표지석

빠이디청(白帝城, 백제성)

배가 옛 꾸이쪼우성 성루가 올려다 보이는 부둣가에 닿자 빠이디청 관람을 희망하는 승객들이 하선, 비탈길 계단을 타고 올라가 빠이디청 관람구 셔틀버스에 승차한다. 10여 분을 달려 빠이디청 입구에서 하차, 주어진 시간

빠이디청 근경

빠이디청 원경

동안 개별 관람하기로 하고 헤어진다.
　빠이디청(白帝城)은 서한(西汉, BC206~AD25) 말 공쑨슈(公孙述, 공손술)가 세운 성(城)으로 취탕샤(瞿塘峡) 서쪽 입구 북안(北岸)에 자리 잡고 있다.
　빠이디청은 싼샤(三峡)의 이름난 관광지이며, 취탕샤의 쿠이먼(夔门)을 한눈에 내려다 볼 수 있는 최적지이다.
이백(李白)·두보(杜甫)·백거이(白居易)·류우석(刘禹锡)·소식(苏轼) 등 중국 역대의 저명한 시인들이 이곳에 와 많은 시를 써서 남겼기에 사람들은 빠이디청을 시성(诗城)이라고도 한다. 빠이디청의 내력은 다음과 같다.

　서한 말년에 왕망(王莽, AD9~23)이 왕위에 있으면서 그의 수하 대장군인 공쑨슈(公孙述)로 하여금 쓰촨지방을 다스리도록 하였다. 공쑨슈는 물산이 풍부한 천부지국(天府之国) 쓰촨에서 세를 키우다가 야심이 발동, 언젠가는 자신이 왕위에 오르겠다고 벼르던 중에 이곳의 지세가 비범함을 알아차리고 난공이수(难攻易守)의 성(城)을 쌓았다. 그리고 쯔양청(子阳城, 자양성)이라 이름 붙였다.

　쯔양청 안에 백학정(白鹤井)이라는 작은 우물이 있었는데, 우물 속에서 낮밤 없이 한 줄기 흰 안개가 뿜어져 나와 용트림하듯 퍼지는 것이었다. 이를 본 공쑨슈는 이 우물을 "백룡출정(白龙出井)"이라 이름 짓고, 술수를 부려 공쑨슈가 임금이 될 징조라는 소문을 퍼뜨렸다. 백성들의 분위기가 그리 쏠리자 공쑨슈는 자신을 "빠이디(白帝)"라 칭하고, 쯔양청(子阳城)을 빠이디청(白帝城)으로 개명하였으며, 삼

백룡출정

백학정

면이 산으로 둘러싸여있는 뒷산을 "빠이디샨(白帝山)"이라고 하였다.

　AD36년, 공쑨슈가 리유씨유(刘秀)와 천하를 놓고 싸우다가 패하는데, 그 전란으로 온 지역이 황폐해졌으나 빠이디청(白帝城)만은 온전하였다. 이에 이곳의 백성들은 공쑨슈에 대한 고마움을 표하고자 빠이디청(白帝城)을 빠이디먀오(白帝庙) 사당으로 삼아 그의 조각상을 만들어 세움과 아울러 해마다 그를 위한 제사를 지내주었다.

　삼국시대(三国时代, 220~280) 말, 리유뻬이(刘备, 유비)가 동오(东吴)와의 전쟁에서 패하여 이곳 빠이디청(白帝城)으로 피해있게 되었는데, 뭇 신하들을 볼 면목이 없었다. 그래서 그는 빠이디청(白帝城) 안에 용안궁(永安宫, 영안궁)을 짓고 칩거했으며, 오래지 않아 화병으로 죽었다. 죽음을 앞두고 리유뻬이는 쮸거량(诸葛亮)에게 자신의 아들 리유챤(刘禅)을 군신관계로 받들고 보살펴 줄 것을 부탁하는데, 역사에서는 이를 "유비탁고(刘备托孤)"라고 한다.

　명(明, 1368~1644)나라 때 이르러 공쑨슈의 조각상이 리유뻬이의 조각상으로 대체되고, 더불어 관위(関羽, 관우)·쨩페이(张飞, 장비)·쮸거량(诸葛亮, 제갈량)의 조각상도 진설된다. 이로써 공쑨슈의 사당은 촉한(蜀汉)의 군신(君臣) 사당으로 바뀌게 되는데, 그러나 그 이름만은 빠이디먀오(白帝庙) 그대로 이어지고 있다.

　빠이디청(白帝城)에는 명량전(明良殿)·무후사(武侯祠)·관경정(观景亭)·망강루(望江楼) 등 명(明, 1368~1644)·청(清, 1616~1911) 시대의 건물이 자리 잡고 있다. 싼샤공정(三峡工程)이 마무리 되고, 물이 갇히면서 취탕샤(瞿塘峡)의 수위도 올라갔는데, 그 영향으로 과거에는 3면이 강이던 빠이디청(白帝城)이 지금은 4면 모두가 강으로 에워싸여 있다. 인간선경의 경색이 따로 없다는 평이다.

　빠이디청의 주요 경점으로는 진열실(阵列室)·탁고당(托孤堂)·명량전(明良殿)·무후사(武侯祠)·관성정(观星亭)·비림(碑林) 등이 있다.

① 진열실(阵列室)

　취탕샤(瞿塘峡)의 절벽에 매달려 있던 현관(悬棺) 속의 문물과 수(隋, 581~618)·당(唐, 618~907) 이래의 서화비각(书画碑刻) 13점 및 역대문물 1,000여 점, 그리고 고금의 명필과 서화 110여 점이 진열되어 있다.

② 탁고당(托孤堂)

　리유뻬이가 쮸거량에게 자신의 아

탁고당

무후사

들 리유찬(刘禅)을 군신관계로 대하고, 보살펴 줄 것을 부탁하는 장면이 재현되어 있다.

③ 명량전(明良殿)

명(明)나라의 12대 황제 가정(嘉正, 1521~1566)년간에 세워진, 크고 높은 전당이다. 당초의 명량전에는 이곳 백성들이 빚어 만든 공쑨슈(孔孫述)의 조각상이 있었으나, 새로운 건물이 세워지면서 촉한의 군신(群臣) 조각상으로 대체됐다.

⑤ 관성정(观星亭)

무후사의 앞쪽으로 있다. 12개의 6각 기둥과 날아오를 것 같은 처마가 비범하다. 전해오기로는 쮸거량이 전장에 나갈 때면 이곳에 올라 별자리를 보고 용병전략을 세웠다고 한다. 정각 위에는 종(钟)이 높게 걸려있고, 정각 안에는 돌 탁자가 놓여있으며, 삐쭉 솟아오른 돌에는 두보(杜甫)의 시 《추흥팔수(秋兴八首)》가 독특정세(独特精细)하게 새겨져 있다.

명량전

관성정

④ 무후사(武侯祠)

명량전 서쪽으로 있다. 쮸거량과 그 후손의 조각상이 들어있다.

⑥ 비림(碑林)

명량전과 무후사 양쪽으로 나뉘어 있다. 수(隋)로부터 청(淸)나라에 이르기까지의 70여개 비각(碑刻)이 서있으며, 이들 비각의 전서(篆书)·예서(隶书)·해서(楷书)·행서(行书)·초서(草书) 등의 서체는 중국 서예예술의 정품으로 알려져 있다.

바림

멍량티(孟良梯)

멍량티는 취탕샤(瞿塘峡)의 남쪽기슭 바위절벽 위에 뚫어놓은 네모 형 돌구멍이다. 구멍들이 위를 향해 "갈지(之)"자를 그리며 올라가는 모양이 마치 사다리 같다.

다음과 같은 이야기가 전해온다.

> 송(宋, AD960~1279)나라의 명장 양지예(杨继业)가 천군(千军)을 거느리고 옌먼관(雁门关)에 이르러 거란(契丹)의 군사를 궤멸시킨다. 그 후로 거란의 군사들은 양지예(杨继业)의 이름 석 자만 들어도 혼비백산하였다. 사정이 이렇다보니 거란에서는 밀정을 보내 간신 판런메이(潘仁美)를 매수한다.
>
> 북송(北宋)의 2대 임금 태종(太宗, 976~997) 3년에 판런메이(潘仁美)와 양지예(杨继业)는 정(正)과 부(副)의 장수가 되어 거란정벌에 나서는데, 판런메이(潘仁美)는 양지예(杨继业)가 적진 깊숙이 들어간 틈을 타 무기와 식량의 공급을 끊어버린다. 어쩔 수 없이 양지예(杨继业)는 거란의 포로가 되었고, 먹기를 거부하여 자결하였다.
>
> 판런메이(潘仁美)는 죽은 양지예의 시신까지 이리저리 빼돌려 취탕샤(瞿塘峡)의 빠이옌샨(白燕山)에 묻어버리려 했는데, 양지예(杨继业)의 가신(家臣) 멍량(孟良)이 이를 알아채고 그의 시신을 되찾아 고향인 타이위엔(太原)으로 옮겨가려 하였다. 그렇게 하기 위해 멍량(孟良)은 취탕샤(瞿塘峡)입구의 절벽에 구멍을 뚫어 타고 올라가는데, 산 중턱에 이르렀을 때, 닭 우는 소리가 들렸다. 멍량(孟良)은 곧 날이 밝을 것으로 생각하고 부랴부랴 내려왔는데, 어찌된 영문인지 날은 좀처럼 밝지를 않았다. 이를 이상히 여긴 멍량(孟良)이 그 내막을 이리저리 알아본 결과 판런메이(潘仁美)가 한 승려로 하여금 시신을 지키도록 했고, 그 승려는 멍량(孟良)이 돌구멍을 뚫는 기미를 알아차리고 닭 우는 소리를 냈던 것이다. 멍량(孟良)은 자신의 계획을 망친 그 승려를 잡아 절벽에 거꾸로 매달았다.

멍량티

빠이옌샨(白燕山) 맞은편 치쟈샨(赤甲山) 강변의 황갈색 암벽에는 5m쯤의 입구에 깊이가 수십m인 동굴들이 여럿 있다.

그 동굴 안에 펑썅(风箱, 풀무)모양의 장방형 물건이 들어 있는데, 그래서 이 구간을 펑썅샤(风箱峡, 풍상협)라고도 한다.

이 물건에 대해 루반(鲁班)의 풀무라 하기도 하고, 고대의 병서가 들어있던 상자라고도 하지만, 고고학에서의 판단은 쓰촨분지(四川盆地)의 동부에서 후베이(湖北)의 서부지역에 걸쳐 살았던 고대 바런(巴人)의 암혈(岩穴) 속 현관(悬棺)으로 되어있다.

현관 곳에서는 동검(东剑)을 비롯한 많은 부장품들이 나온 바 있다.

펑썅샤

루반(鲁班)은 전국시대(战国时代代, BC475~ BC221) 때의 이름난 발명가이자 토목대가였다.

쿠이먼(夔门)

쿠이먼(夔门)은 취탕샤(瞿塘峡)의 또 다른 이름이다. 쿠이먼(夔门)은 챵쟝싼샤(长江三峡)의 서쪽 입구에 있는 빠이디청(白帝城)으로부터 동쪽의 우샨현(巫山县) 따씨젼(大溪镇)에 이르기까지 8km길이다. 챵쟝3협을 통틀어 가장 좁고, 가장 짧다. 쿠이먼(夔门)은 중국 인민폐의 10위안(元) 권의 후면 도안으로도 인용되고 있다.

10위안권 지폐도형

펑두꾸이청(丰都鬼城, 풍도귀성)

빠이디청(白帝城) 관광을 마치고 배로 돌아오니 오후 6시가 넘는다. 7시 저녁식사 후에 챵쟝 연안 소수민족의 가무들이 소개되는 연회가 열렸고, 자정이 되자 소등과 더불어 배 안이 조용해진다. 후베이성(湖北省)의 이챵(宜昌)을 떠나 챵쟝(长江)을 거슬러 서진(西进)하는 배는 취탕샤(瞿塘峡)를 끝으로 싼샤(三峡)를 벗어나 암흑속의 철썩거리는 물소리와 더불어 총칭(重庆)을 향해간다.

그렇게 밤새 274km를 거슬러 올라온 배가 곧 펑두(丰都) 부두에 닿는다고 한다. 아직도 잠이 덜 깬 배안의 분위기다. 7시에 시작된 아침식사가 아직 마무리되기 전인데, 배 안이 분주

쿠이먼

정박중인 배

풍경구 분포

해진다. 펑두귀성(丰都鬼城) 관광을 위해 조(組) 편성을 하고, 해당 조의 관광안내원을 확인하라는 주문이다.

부두에서 귀성(鬼城)으로 오르는 계단 길은 꽤나 가파르다. 관광객을 맞는 노점상들 사이를 얼마간 지나 귀성 산문까지 올라가는 관광차량을 탔다. 10분가량 꼬불꼬불 굽은 길을 잘도 달린다. 규모가 큰 관광지답게 산문과 여러 안내 설비가 잘 갖춰져 있다.

펑두귀성(丰都鬼城)은 중국의 귀신문화를 집대성 해 놓은 곳으로 유도(幽都) 또는 중국신곡지향(中國神曲之乡)이라고도 부른다. 귀성(鬼城)은 왼쪽으로 있는 명산(名山)과 오른쪽의 쐉꾸이샨(双桂山)으로 나뉘어 자리 잡고 있다. 더불어 천당선경(天堂仙景)의 옥황대제(玉皇大帝)도 이목을 끈다.

펑두귀성 산문

명산 관광약도

쐉꾸이샨 관광약도

명산(名山)

명산(名山) 쪽으로는 산비탈을 따라 헝하츠(哼哈祠)-보은전(报恩殿)-재신전(财神殿)-나이허챠오(奈河桥)-성진돈(星辰礅)-옥황전(玉皇殿)-백자전(百子殿)-귀문관(鬼门关)-황천루(黃泉路)-천자전(天子殿)-망향대(望乡台)-오운루(五云楼)로 이어진다.

헝하츠 사당

① 헝하츠(哼哈祠)

헝하(哼哈)에서의 "헝(哼)"은 입을 다물고 내는 콧소리이고, "하(哈)"는 입을 벌리고 숨을 내뿜을 때 내는 소리를 의미한다. 헝하츠(哼哈祠) 사당에는 헝(哼)과 하(哈)의 두 장수가 존치돼있다.

다음과 같은 이야기가 전해온다.

헝(哼) 장수는 그 이름이 쩡룬(正伦)으로 상(商, BC1675~BC1046)나라 말(末)의 인물이다. 도액진인(度厄真人)을 스승으로 삼아 학문이 끝 갈 데까지 이르렀으며, 스승으로부터 콧바람 일으키는 도술을 배워 여러 전장에서 적을 물리치는데 요긴하게 사용하였다. 훗날 상(商)나라를 멸하는 주(周, BC1046~BC221)나라의 태조(太祖) 무왕(武王)에게 잡혀 그의 휘하 장수가 되며, 독량상장(督粮上将)이라는 높은 직위에까지 오른다.

하(哈) 장수는 그 이름이 천치(陈奇)이며, 그 역시 상(商)나라 말의 인물이다. 그는 한 도인(道人)에게서 뱃속으로부터 냄새가 고약한 광풍을 뿜어내는 도술을 배워 여러 전장에서 승리를 한다.

주(周)나라의 무왕에게로 간 헝(哼) 장수와 상(商)나라 주왕(纣王)의 하(哈) 장수가 맞붙는 싸움이 벌어졌다. 두 장수는 "헝(哼)"소리와 "하(哈)"소리를 질러가며 격렬하게 싸웠으나 승부가 나지 않았다. 훗날 상(商)나라를 멸한 주(周) 나라의 무왕은 헝(哼)과 하(哈) 두 장수의 실력을 높이 평가하고, 그 두 장수로 하여금 이곳 펑두귀성(丰都鬼城)의 산문을 지키고 법보(法宝)를 보호하도록 하였다. 그 때 지어진 사당이 헝하츠(哼哈祠)인 것이다.

② 보은전(报恩殿)

중화민국(中华民国, 1912~1949)년간에 지어지고, 중화인민공화국(中华人民共和国)이 성립된 이후인 1984년에 중건된 건물이다. 71평의 터에 세워진 보은전(宝恩殿)에는 석가모니의 10대 제자 중 하나인 보은보살(宝恩菩萨) 목련(目莲)의 조각상이 존치되어 있다. 목련(目莲)에게는 다음과 같은 이야기가 전해온다.

보은전

옛날, 인도의 마게타국(摩歇陀国)에 국상(国相)이라 불리는 부자가 살았다. 그의 부인은 이름이 청제(青提)였다. 국상(国相)은 출가한 스님을 매우 존경하여 후하게 대접했으나, 청제(青提)는 그 반대였다.

국상(国相)과 청제(青提) 부부는 느지막하게 아들 하나를 얻어 목련(目莲)이라 이름 지었다. 목련(目莲)이 태어난 지 이레 만에 아버지 국상(国相)이 타계하였다. 목련(目莲)은 자라면서 그 들어나는 품성이 아버지를 닮아갔고, 불(佛)·법(法)·승(僧)의 삼보(三宝)를 귀히 여겼다.

목련(目莲)은 장성하여 부친의 가업을 잇고자 외지에 나가 장사를 하기로 결심하였다. 그는 집을 떠나기 전에 모친에게 청하기를 자신은 외지에 나가 재물을 구해올 터인즉 모친은 집에서 착한 일 많이 하여 덕을 쌓고, 출가스님을 잘 대해주라고 하였다. 청제는 아들에게 염려 말라고 하였다. 하지만, 아들이 떠나고 나서는 자식의 청 따위에는 아랑곳하지 않고, 자기 천성대로 출가스님에게 욕을 하고 박대하였다.

아들이 돌아와 보니 자기 모친의 출가스님에 대한 모욕과 박대가 도를 지나쳐 마을 사람들의 눈총이 곱지를 않았다. 그는 모친에게 출가스님을 박대한 연유를 따져 물자 모친은 말하기를 맹세컨대 그런 일은 없었으며, 만약 그랬다면 7일 이내에 죽게 될 것이라고 하였다. 청제(青提)는 결코 출가스님을 박대한 일이 없노라고 장담은 했지만, 한 짓이 있는지라 채 이레가 되기 전에 고약한 병으로 죽었다.

청제(青提)가 죽고나서 목련(目莲)은 벌어온 재물을 모두 이웃에게 나누어 주고,

자신은 죽을 때까지 고행의 수행 길을 이어갔다. 그가 득도하여 극락에 이르러보니 부친 국상(国相)은 부귀영화를 누리고 있는데, 모친의 모습은 보이지를 않았다. 석가모니에게 그 연유를 물어본즉 청제(青提)는 불문(佛門)을 모독하여 18층 아래 지옥에서 아귀()가 되어 그 죄 값을 치루고 있다고 하였다. 그러면서 덧붙이기를 모친을 제도(済度)하고자 한다면 음력 7월 보름날 온갖 맛있는 음식을 장만하여 10만 명의 스님에게 공양을 하라고 하였다. 목련은 그렇게 하여 모친 청제(青提)를 18층 아래 지옥으로부터 건져는 냈지만, 청제(青提)의 죄가 워낙 엄중했던지라 다시 인간으로 태어나지 못하고 왕사성(王舍城)의 거리를 헤매는 한 마리 개로 태어날 수밖에 없었다. 보은전의 목련이 앉아있는 연화대(蓮花台) 아래에 개 한 마리가 있는데, 이는 그러한 이야기를 가시화한 것이고, 이를 통해 불문에 대한 모독을 경계하는 것이다. 또한 7월 보름에 불문 수도자에게 음식공양을 하여 조상들의 극락왕생을 축원하는 우란분회(盂兰盆会)의 기원(起源)은 목련의 그러한 전설을 배경으로 하고 있다.

③ 재신전(财神殿)

재신전(财神殿)에는 문재신(文财神)인 비간(比干)과 무재신(武财神)인 쨔오공밍(赵公明)이 존치돼있다.

다음과 같은 이야기가 전해온다.

재신전

비간(比干)은 상(商, BC1675~1046)나라 주왕(紂王)의 숙부이다. 정직하고 충성스러운 비간(比干)은 주왕(紂王)이 그의 비(妃) 쑤다지(苏妲己, 소달기)에게 푹 빠져 조정의 기강을 어지럽히고, 온종일 색에 빠져 지낼 뿐만 아니라 폭정을 일삼으매 죽기를 각오하고 여러 차례 어진 임금이 될 것을 간하였다. 그러나 주왕(紂王)은 숙부의 그러한 말을 듣기는커녕 본시 여우의 화신인 쑤다지(苏妲己)를 충동하여 비간(比干)에게 위해를 가하곤 하였다.

어느 날, 쑤다지(苏妲己)는 미간에 근심을 한껏 담고 주왕(紂王)에게 말하기를 명치가 아픈 병에 걸렸는데, 비간(比干)의 염통을 먹어야 나을 수 있겠다고 하였다. 마침 비간(比干)이 또 자신의 행실을 책하려 하자 주왕은 노하여 말하기를 사람의 염통에는 구멍이 7개라 하던데, 비간(比干)의 염통에는 구멍이 몇 개나 되기에 그리 끈질긴지 보아야 하겠다며 형리(刑吏)로 하여금 그의 가슴을 가르고 염통을 꺼내라고 하였다.

비간은 염통을 빼앗긴 몸이었지만, 자세를 흐트러뜨리지 않고, 말에 올라 집으로 돌아오다가 거리에서 공심채(空心菜, 나팔꽃나물) 나물장사 여인을 만나 묻기를 염통이 없는 공심채 나물이 살 수 있다면 염통이 없는 사람도 살 수 있지 아니 하겠는가 했더니, 그 여인은 고개조차 들지 않고 죽는다고 했다. 그 말에 그만 낙담한 비간(比干)은 그 자리에서 낙마하여 죽었다.

비간(比干)은 살아서도 사심이 없고, 매사 공무처리에 공정하다하여 "무심승상(无心丞相)"으로 불려왔는데, 죽을 때는 염통이 없는 "무심승상(无心丞相)"이 되어 있었던 것이다. 사람들은 그가 죽은 다음 재신묘(財神庙) 사당을 지어 그를 문재신(文財神)으로 추앙하였다.

한편, 무재신(武財神)은 쨔오공밍(赵公明)이다. 쨔오공밍(赵公明)은 도교(道教)의 허구적인 인물이다. 그는 진시황(秦始皇)의 폭정이 못마땅해 산중에 은거하여 지내다가 도교선인 쨩다오링(张道陵)을 따라 수도, 선인(仙人)이 되며, 백성들의 매매행위가 공정하게 이루어지도록 보살피고 감시하는 역할을 맡아하는데, 그래서 사람들은 그를 무재신(武財神)으로 받들게 되었다.

④ 랴오양전(寥阳殿)과 나이허챠오(奈河桥)

랴오양전(寥阳殿)은 명(明)나라 태조(太祖, 1368~1398) 주원장의 11번째 아들 주춘(朱椿)을 존치하고, 향을 사르는 곳이다. 주원장은 1390년에 그를 촉왕(蜀王)으로 봉하며, 그가 이 지역을 빠른 속도로 안정시키자 그를 매우 총애하였으며, 그의 사후에 명복을 빌고자 랴오량전(寥阳殿)을 지은 것이다.

랴오양전(寥阳殿) 앞에 부속 건조물로 나이허챠오(奈河桥) 다리가 있다. 다리 상판이 셋인 이 다리는 명(明)나라 3대 임금 영락(永乐, 1402~1424)년간에 만들어졌다. 다리의 세 상판 중 가운데 것이 이승과 저승의 경계에

라오양전과 나이허챠오

있다는 나이허챠오(奈河桥)이고, 그 오른쪽 것이 재부교(财富桥)이며, 그 왼쪽 것이 건강교(健康桥)이다.

나이허챠오(奈河桥)의 "나이허(奈河)"는 "나이허(奈何)"를 연상하게 되는데, 이때의 "나이허(奈何)"는 그 말뜻이 "어찌하오리까?"이다. 민간전설에 나오는 이 나이허챠오(奈河桥)는 사람이 죽은 후, 그 혼(魂)이 저승으로 가기 위해 반드시 건너야만 하는 다리로, 착했던 사람의 혼(魂)은 부처의 보살핌으로 그 다리를 잘 건너게 되지만 악했던 사람의 혼(魂)은 다리 아래의, 징그럽고 험하게 생긴 뱀과 각종 벌레들이 우글거리는 혈하지(血河池)로 떨어져 물리고 뜯기며 죄 값을 치르게 된다는 것이다. 이 다리 앞에 선 죽은 자의 혼백이 건너자니 겁이 나고, 그렇다고 안 건널 수도 없어 내뱉는 말이 "나이허(奈何)"라는 것이다.

펑두(丰都)의 종교습속을 조사, 기록한 바에 의하면 나이허챠오(奈河桥) 다리는 3층으로 되어 있다. 선한 자의 혼은 맨 위층의 다리를 건너고, 선하지도 못하고 악하지도 않은 자의 혼은 중간층의 다리를 건너며, 악한 자의 혼은 맨 아래층의 다리를 건너게 되는데, 아래층의 다리는 혈하지(血河池)에 바짝 닿아있어 이 아래층의 다리를 건너는 혼의 대부분은 핏물 속의 징그럽게 생긴 벌레들에게 물리고, 뱀에게 휘감겨 혈하지(血河池)로 떨어지게 돼 있다.

이러한 전설을 믿는 사람들은 죽어서 혼이 이 다리를 건널 때 미끄러지지 않도록 미리 연습을 하기도 하고, 혈하지(血河池) 속의 뱀과 벌레들에게 돈과 떡을 넣어주며 사후의 자신을 잘 봐주도록 빌기도 한다. 사정이 이렇다 보니 재물을 탐하는 승려들이 다리 상

유선정화비

되어있으며, 심신철(心神铁)의 무게는 400kg이다.

관광객들이 힘을 다해 심신철(心神铁)을 들어 철령근(铁灵根) 위에 올려 놓아보려고 하지만 뜻대로 되지를 않는다. 한바탕 그렇게 왁자지껄 한 뒤에 야무지게 생긴 청년이 등장하여 시범을 보이는데, 홈을 따라 심신철(心神铁)을 돌리면서 철령근(铁灵根) 중심봉의 빗면을 따라 끌어 올린다. 급경사지를 오를 때 "갈지(之)"자를 그리며 올라가는 원리가 아닐까 하는 생각이 문득 든다.

판에 기름 등을 칠하여 사람들로 하여금 미끄러져 겁을 먹게 하고, 이를 빌미로 돈을 뜯어내기도 하였다.

랴오양전(寥阳殿) 앞에는 "착함이 없으면 온화하지 못하다."라는 의미의 "유선정화(唯善呈和)" 넉 자를 합성한 글자가 새겨진 돌 판이 서있다.

⑤ 성진돈(星辰磙)

랴오양전(寥阳殿) 옆으로 성진각(星辰阁)이 있고, 그 정각의 바닥에 성진돈(星辰磙)이 있다. 당(唐, 618~907)나라의 명장 웨이치징더(尉迟敬德, 위지경덕)가 심신을 단련하고 무예를 연마하던 것으로 밥솥모양의 심신철(心神铁)과 바닥에 홈이 있어 심신철을 잡아 돌릴 수 있는 철령근(铁灵根)의 두 부분으로 이루어져 있다. 모두 쇠로

성진각

성진돈

⑥ 옥황전(玉皇殿)

랴옹양전(寥阳殿)에서 왼쪽으로 33판의 돌계단이 놓여있다.

3m길이의 통석을 매끄럽게 다듬어 쌓아 올라간 이 계단을 옛사람들은 하늘로 오르는 사다리라 하여 "등천제(登天梯)"라 하였다.

서른세 계단을 오르고 나면, 웅장한 모습의 돌로 된 산문 앞이다. 옥황상제가 산다는 옥황전의 남천문(南天门)이다. 남천문 윗면에는 다음과 같은 글귀가 씌어 있다.

수운보가계승(谁云步可阶升),
구름계단을 걸어올라 이곳에 이른 자 누구인가?

입차문편제궐(入此门便帝阙).
이 문 안이 바로 옥황상제의 궁궐이다.

앙견무궁주극(仰见无穷主极),
위를 우러러 끝이 안 보이는 곳,

국기소즉시천구(局其所即是天枢)
그곳이 바로 하늘나라인 것이다.

옥황전 남천문

1722)가 옥황전으로 바꾼 것이다. 전반적으로 웅장해 보이는 대전의 중앙에 옥황상제가 존치되고, 그 좌우 및 후면에 관련 인물들이 자리를 잡고 있는데, 그 모습들이 생동감 있어 보인다. 옥황전은 향을 사르는 사람들로 늘 붐빈다.

옥황전(玉皇殿)은 본래 그 이름이 능소궁(凌宵宫, 링샤오궁)이었는데, 청(青)나라의 4대 황제 강희(康熙, 1661~

⑦ 백자전(百子殿)

백자전(百子殿)은 관세음보살을 존치한 전각이다.

백자전 현판

있는 문수보살(文殊菩萨)이, 그리고 오른쪽으로는 흰 코끼리를 타고 있는 보현보살(普贤菩萨)이 함께 있다.

관세음보살의 뒤쪽 벽면에는 당승(唐僧)이 불경을 구하러 서역(西域)에를 갔다가 겪는 여든한 차례의 역경이 그려져 있다. 문 옆으로는 호법신인 웨이투워(韦陀)와 더불어 불교에서 등장하는 "어망(语忘)"과 경덕(敬德)" 등 세 인물의 조각상이 있다.

"어망경덕(语忘敬德)"은 불교에 등장하는 말로 다음과 같은 의미를 지니고

전각 안의 중앙에는 관세음보살이 존치돼있고, 왼쪽으로는 사자를 타고 있으며, 백자전(百子殿)이란 말도 그 말뜻을 배경으로 하고 있다.

> 보우백가부녀생아육녀순리안전(保佑百家妇女生儿育女顺利安全),
> 모든 부녀자들이 아이를 낳아 기르는데 탈이 없게 해주고,
>
> 보우백가자녀건강성장(保佑百家子女健康成长).
> 모든 아이들이 튼튼하게 잘 자라도록 보살펴 준다.

⑧ 귀왕(鬼王)

백자전(百子殿)을 지나 귀문관(鬼门关)으로 올라가는 비탈길 양쪽으로는 중국의 귀성(鬼城)에 어울리게 여러 귀신들이 조각으로 현신해 있다.

중국 사람들의 상상 속을 들여다보는 것 같아 흥미롭기도 하다.

다음과 같은 귀신들이 있다.

(표) 중국의 귀신

종 류	속 성
 창귀(倀鬼) 호랑이에게 잡혀 먹힌 자의 영혼이 호랑이의 앞잡이가 되어 못된 짓을 하는 것처럼 나쁜 놈에게 당한 후 그 나쁜 놈의 앞잡이가 되어 못된 짓을 하는 귀신임.	 도기귀(淘氣鬼) 성가시게 말썽을 일으키는 장난꾸러기 귀신임.
 주해귀(駐海鬼) 물에 빠져죽은 귀신임. 한이 많음. 남의 권세를 빌어 외롭고 쓸쓸하며 병약한 사람을 억압착취하고, 속이며, 협박함.	 식육귀(食肉鬼) 마을과 마을을 오가는 길목에서 행인들에게 해를 입히는 악귀임. 매우 탐욕스러워 살은 물론 연골까지 먹어 치우면서도 만족하지 못함.
 영귀(灵鬼) 수도자(修道者)가 득도하지 못하고 죽은 귀신임. 음신(阴神) 또는 귀선(鬼仙) 이라고도 함.	 욕색귀(欲色鬼) 음탕한 여자가 죽어서 된 귀신임.
 식만귀(食鬘鬼) 생전에 "화만(华鬘)"을 뜯어 자신을 장식한 죄 값으로 기갈(饥渴)이 들어도 생화(生花)만 먹을 수밖에 없는 귀신. "화만(华鬘)"은 생화를 꿰어 만든 불상(佛像) 장식물임. 사슴새끼에게 젖을 물리고 있는 모양인데, 중국문화에서의 사슴은 남성의 욕정을 상징함.	 천안귀(千眼鬼) 천하만사의 소식통 귀신임.
 질행귀(疾行鬼) 온갖 병을 옮기는 귀신임.	 야차귀(夜叉鬼) 지옥의 악명 높은 귀신으로 불교전설에서는 사람까지 잡아먹음.

(표) 중국의 귀신

종 류	속 성
 주귀(酒鬼) 술에 절어 죽은 귀신임.	 염라집장귀(阎罗执杖鬼) 염라대왕의 명을 받아 죄인에게 벌을 집행하는 귀신임.
수문귀(守门鬼) 공기를 마시고 사는 귀신임. 공기 중에 섞인 냄새를 맡아 불순한 기미를 판별하는 특기가 있어 염라대왕이 수문귀로 삼음.	재귀(财鬼) 재물을 탐하는 귀신임.

⑨ 귀문관(鬼门关)

귀문관

중국 귀왕(鬼王)들의 모습을 그 이름에 맞춰 공감하며 걷는 사이에 어느덧 귀문관(鬼门关)에 이른다.

귀문관은 저승으로 들어갈 때 반드시 거쳐야 하는 관문이다. 이곳으로 오는 혼(魂)은 누구를 막론하고 "루인(路引)"이라 불리는 통행증을 지참했는지 검사를 받는다. 루인(路引)은 염라대왕이 발급한다.

⑩ 황천로(黄泉路)

귀문관에 들어서면 왼쪽으로 "황천로(黄泉路)" 석 자가 새겨져있는 문이 있다. 문 양쪽 기둥에는 다음과 같은 글귀가 대련(对联)으로 새겨져 있다.

> 행선적덕황천로상심부경(行善积德黄泉路上心不惊),
> 착한 일을 하여 덕을 쌓으면 황천길이 떨리지 않을 것이고,
>
> 조얼작악형률면전불이궈(造孽作恶刑律面前不易过).
> 나쁜 짓을 많이 하여 형벌을 면전에 두고 있는 자는 지나가기가 어려울 것이다.

황천로

로가 있다. 전설 중의 망향대에서는 이 세상 어느 곳이라도 한 눈에 볼 수 있다고 한다.

사람이 죽으면, 하루 동안은 인간의 음식을 먹지 않고, 둘째 날에 이승과 저승의 경계를 지나며, 3일째에 황천길을 걷다가 망향대를 지나는데, 이때 망향대에 올라 마지막으로 살던 곳을 돌아보며 슬피 울면서 마지막 이별을 고한다고 한다.

⑪ 망향대(望乡台)

황천로를 다 올라가면서 왼쪽으로 20여m 높이의 망향대가 있다. 1985년에 세운 것이다.

본래의 것은 명산의 절벽 가까이에 있는 바위 위에 있었다고 한다. 지금 그곳에는 자그마한 전각과 큼직한 향

망향대

천자전

⑫ 천자전(天子殿)

천자전(天子殿)은 저승인 음조지부(阴曹地府)의 최고 통치자인 염라대왕이 기거하는 곳이자 귀성(鬼城)의 최고 기관이며, 이곳 최대의 고건축군(古建筑群)으로 평두 명산(名山)의 등성이에 동향(东向)으로 앉아있다.

천자전(天子殿)이 맨 처음 지어진 것은 서진(西晋, AD265~317) 때로 건축전(乾竺殿)이라 불렸다.

이후 당(唐, 618~907)나라 때의 건선도관(建仙道观), 송(宋, 960~1279)나라 때의 백학관(白鹤观), 명(明, 1368~1644)나라 때의 염왕전(阎王殿)을 거쳐 청(清)나라 4대 황제 강희(康熙, 1661~1722)년간에 천자전(天子殿)으로 이름이 바뀌었다. 명(明)나라 때 소실된 것을 그가 중건하고 새 이름을 부여한 것이다.

천자전(天子殿)은 780평의 부지에 건물 면적 730평이며, 패방(牌坊)·산문(山门)·전당(殿堂)·2선루(二仙楼)의 네 부분으로 되어 있다.

천자전(天子殿) 앞에는 "고죄석(考罪石)"이 있다.

패방(牌坊)은 높이 10.5m의 목조구조물로 정면에 "천자전(天子殿)" 석 자가 횡으로 씌어있고, 그 뒷면에는 "유도(幽都)"라 적혀있다. 천자전(天子殿)에는 백무상(白无常)과 흑무상(黑无常)의 두 조각상이 있다. 흰 부채를 들고 만면에 미소를 띤 백무상(白无常)은 착한 일을 많이 하여 덕을 쌓은 망혼을 맞으며, 쇠사슬을 들고 험한 얼굴을 하고 있는 흑무상(黑无常)은 살아생전에 나쁜 짓을 많이

백무상과 흑무상

한 망혼을 체포한다.

천자전(天子殿)의 좌우 낭방(廊房)에는 동지옥(东地狱)과 서지옥(西地狱) 등 18층지옥(十八层地狱)이 설치돼있고, 각 지옥의 위쪽으로는 법을 집행하는 여러 왕들이, 그리고 그 아래쪽으로는 죄지은 망혼들의 각종 형벌을 받는 모습들이 빚어져있다.

천자전(天子殿) 앞의 고죄석(考罪石)은 네모난 돌함 속에 반쯤 박혀있는 둥근 돌이다.
전해오기로는 저승으로 들어가기 전에 마지막으로 죄의 유무를 점검받는 곳이다.

망혼이 이곳에 도달하면 양쪽 팔을 벌리고 한쪽 발로 고죄석(考罪石)에 올라선 다음, 가슴을 펴고 머리를 들어 앞에 보이는 "신목여전(神目如电)"의 네 글자를 바라보는 것이다. 그리하면, 마치 X-선으로 가슴을 촬영하듯 신의 눈이 전광석화와 같이 죄의 유무를 판독해 내는 것이며, 그 결과 착한 일을 해서 덕을 많이 쌓은 행선적덕자(行善积德者)는 이곳을 무사히 통과하지만, 나쁜 짓을 밥 먹듯이 한 조얼작악자(造孽作恶者)는 18층지옥(十八层地狱)으로 보내져 벌을 받는 것이다.

⑬ 오운루(五云楼)

고죄석 넘기

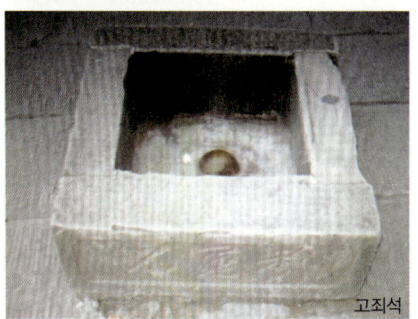

고죄석

오운루

오운루(五云楼)는 명산 정상에 있는 7층 누각이다. 귀성(鬼城)을 비롯한 주변 경관이 한 눈에 내려다보인다.

솽꾸이샨(双桂山)

솽꾸이샨(双桂山) 방면으로는 크게 신궁(神宫)과 대웅보전(大雄宝殿)의 두 갈래로 나뉜다.

신궁쪽으로는 음사가(阴司街)-신궁대문(神宫大门)-제조단(祭组坛)으로

귀성전경

귀국신궁

음사신도

이어지고, 대웅보전(大雄宝殿) 쪽으로는 하룡각(河龙阁)-오백나한(五百罗汉)-대웅보전(大雄宝殿)-미륵불(弥勒佛)-공묘(公庙)로 이어진다.

음사가(阴司街)는 4,500여 평의 면적에 펼쳐진 펑두귀성의 변화가 격이다.

음사패방

천당선경의 옥황대제

유명세계 음조지부의 정치 경제 문화의 중심지이며, 길이 200m에 폭이 24m인 거리에 잇대어있는 건물들은 청(淸, 1616~1911)나라 식이다.

천당선경(天堂仙境)

천당선경(天堂仙境)은 선녀산(仙女山)의 87㎢ 산자락에 가꿔져있다.

여러 건물을 앞히면서 구현해 놓은 옥황대제(玉皇大帝)의 자태가 매우 인상적이다.

제3장 마무리

오전의 3시간에 걸친 펑두귀성(丰都鬼城)의 관광을 마치고 배로 돌아오니 점심시간이다. 귀성을 구경한 여운이 식탁에 깔린다. 점심 식사 후 낮잠에 빠져들었는지 배 안이 조용하다. 여승무원들이 손수 놓은 중국 전통자수 전시회가 열리고 있다는 안내방송이 되풀이 돼도 전시장은 한가하기만 하다. 여승무원들 보기가 안쓰럽다.

저녁 식사는 선장의 환송만찬이라고 한다. 7시까지 정장차림으로 참석해달라고 한다. 저녁식사가 끝나고 나니 사진을 찾는 사람들로 창구가 혼잡해진다. 사진촬영을 사전에 주문한 사

총칭의 새벽풍광

람들도 있고, 전속 기사들이 촬영한 영상들이 배안의 여러 곳에 설치된 모니터를 통해 소개될 때 마음에 드는 사진을 찾으려는 사람들도 있다.

밤이 깊어지면서 배의 엔진소리가 크고 탁하게 들린다. 물결을 거슬러 올라가는 것이 힘에 겨운 것인가 하는 생각이 든다.

물길 따라 하류의 이챵(宜昌)으로 내려가는 것에 비해 물길을 거슬러 총칭(重庆)으로 올라오는 것이 하루정도 더 걸리는 데는 다 그만한 이유가 있겠다는 생각이 든다.

주위가 아직 어슴푸레한데 창밖에 보이는 풍경이 도시 한가운데이다. 총칭(重庆)의 도심지 부두인 위쭁구(渝中区)의 챠오티엔먼(朝天门)에 도착하고 있는 것이다.

다시 싼샤(三峡)에 올 기회가 있다면, 그때는 여객선을 이용, 중간 중간에 내려서 둘러보는, 그런 여행을 해보고 싶다는 생각이 든다.

챵쟝(長江)의 총칭(重慶)-이챵(宜昌) 구간을 운행하는 여객선의 운임은 다음 표와 같다.

(표) 챵쟝여객선 운임표(巫山기점, 단위: 元, 2012년 4월 현재)

행선지	1등실	2등실	3등실
총칭(重庆)	683	390	210
푸링(涪陵)	558	320	180
펑두(丰都)	503	290	163
쫑(忠)	423	245	140
씨투워(西沱)	373	220	126
완쪼우(万州)	306	178	113
윈양(云阳)	265	150	93
펑지에(奉节)	110	70	48
우샨(巫山)	—	—	—
바뚱(巴东)	138	93	75
쯔꾸이(秭归)	213	135	85
이챵(宜昌)	325	218	133

부록 2

총칭시(重庆市) 전철 및 버스 노선

 전철

1. 노선도

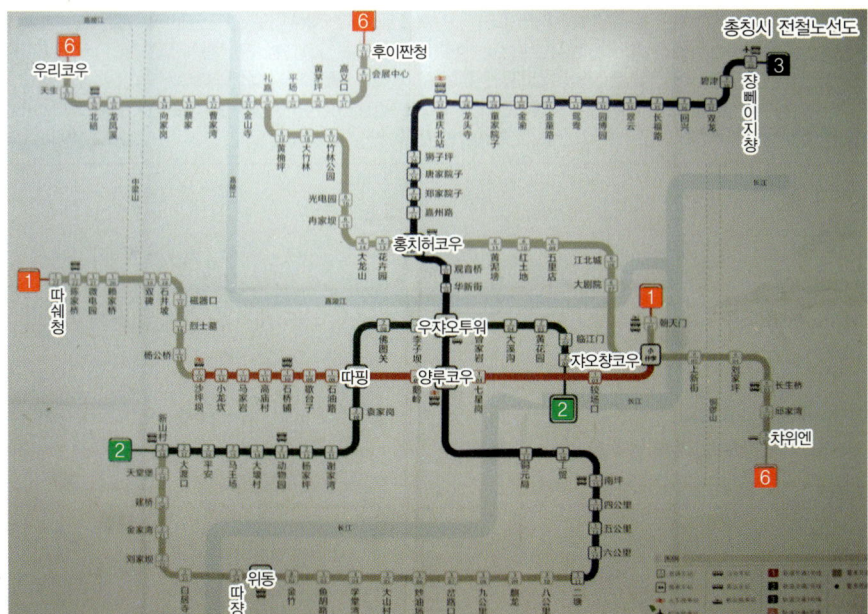

2. 노선 내역(2012. 4월 현재)

(표) 챵쟝여객선 운임표

노 선	
1호선 (渝中-沙坪坝)	챠오티앤먼(朝天门)-샤오쉬즈(小什字)-쟈오챵코우(较场口)-치씽강(七星岗)-량루코우(两路口)-으어링(鹅岭)-따핑(大坪)-쉬로우루(石油路)-씨에타이즈(歇台子)-쉬챠오푸(石桥铺)-까오먀오춘(高庙村)-마쟈옌(马家岩)-샤오룽칸(小龙坎)-샤핑빠(沙坪坝)-양공챠오(杨公桥)-리에쉬무(烈士墓)-츠치코우(磁器口)-쉬징푸오(石井坡)-솽뻬이(双碑)-라이쟈챠오(赖家桥)-웨이디앤위엔(微电园)-천쟈챠오(陈家桥)-따쉐청(大学城)
2호선 (渝中-大渡口)	쟈오챵코우(较场口)-린쟝먼(临江门)-황화위엔(黄花园)-따씨코우(大溪口)-청쟈옌(曾家岩)-니유쟈오투워(牛角沱)-리즈빠(李子坝)-포오투관(佛图关)-따핑(大坪)-위엔쟈강(袁家岗)-씨에쟈완(谢家湾)-양쟈핑(杨家坪)-동우위엔(动物园)-따옌춘(大堰村)-마왕챵(马王场)-핑안(平安)-다두코우(大渡口)-신샨춘(新山村)-티앤탕바오(天堂堡)-지앤챠오(建桥)-진쟈완(金家湾)-리유쟈빠(刘家坝)-빠이쥐스(白居寺)-따쟝(大江)
3호선 (巴南-南岸-江北-渝北)	위동(鱼洞)-진쮸(金竹)-위후루(鱼胡路)-쉐탕완(学堂湾)-따샨춘(大山村)-챠오요우챵(炒油场)-챠루코우(岔路口)-지유공리(九公里)-치롱(麒龙)-빠공리(八公里)-얼탕(二塘)-리유공리(六公里)-우공리(五公里)-쓰공리(四公里)-난핑(南坪)-공먀오(工贸)-통위엔쥐(铜元局)-량루코우(两路口)-니유쟈오투워(牛角沱)-화신지에(华新街)-관인챠오(观音桥)-홍치허코우(红旗河沟)-쟈쪼우루(嘉州路)-쟈위엔즈(嘉家院子)-탕쟈위엔즈(唐家院子)-쉬즈핑(狮子坪)-총칭베이쨘(重庆北站)-롱토우스(龙头寺)-통쟈위엔즈(童家院子)-진위(金渝)-진통루(金童路)-위엔양(鸳鸯)-위엔부오위엔(园博园)-추이윈(翠云)-챵푸루(长福路)-후이씽(回兴)-솽롱(双龙)-비진(碧津)-쟝뻬이지챵(江北机场)
6호선 (南岸-渝中-江北-北碚)	챠위엔(茶园)-치유쟈완(邱家湾)-챵셩챠오(长生桥)-리유쟈핑(刘家坪)-샹씬지에(上新街)-샤오쉬즈(小什字)-따쥐위엔(大剧院)-쟝뻬이청(江北城)-우리디앤(五里店)-홍투디(红土地)-황니방(黄泥磅)-홍치허코우(红旗河沟)-화후이위엔(花卉园)-따롱샨(大龙山)-란쟈빠(苘家坝)-광디앤위엔(光电院)-쮸린공위엔(竹林公院)-황줴핑(黄桷坪)-리쟈(礼嘉)-진샨스(金山寺)-차오쟈완(曹家湾)-차이쟈(蔡家)-쌍쟈강(向家岗)-롱펑씨(龙凤溪)-뻬이뻬이(北碚)-티앤셩(天生)-우루코우(五路口)/핑챵(平场)-황먀오핑(黄茅坪)-까오이코우(高义口)-후이쨘쭝신(会展中心)-후이쨘청(会展城)

 시내버스

중국의 시내버스는 공공치쳐(公共汽车) 또는 공쟈오쳐(公交车)라 하고, 차고지를 "쭝쨘(总站)"이라 한다. 공쟈오쳐쭝쨘(公交车总站)이라 하면 공용차고지(共用车库地)를 의미한다.

총칭시(重庆市)에는 지역별로 공쟈오쳐쭝쨘(公交车总站)이 여러 곳에 있다. 그 중에서 대표적 거점지역인 롱토우스(龙头寺)와 차이위엔빠(菜园坝) 두 곳의 공쟈오쳐쫑짠(公交车总站)을 기점으로 하여 운행되는 시내버스 노선을 정리해보면 다음과 같다.

롱토우스쫑짠은 총칭베이짠(重庆北站) 기차역에, 그리고 차이위엔빠쫑짠은 총칭짠(重庆站) 기차역에 인접해 있다.

1. 롱토우스공쟈오쳐쫑짠(龙头寺公交车总站) 버스노선

노선	행선지	경유지
119	人和	南坪-工贸-会展中心-石板坡-双溪沟-桥头-大湾-五里店-渝能大道-龙塔花园-重庆北站-红唐路-市公安局-老干中心-人和
166	沙坪坝	重庆北站-市公安局-龙湖-西苑-消防队伍-新城丽都-南桥寺-盘溪-肿瘤医院-汉渝路-沙坪坝火车站-天马路-沙坪府-西南医院-凤天路
245	沙坪坝	新溉路-新牌坊-龙湖-北环-余松路-金果园-盘溪-大石坝九村-石门肿瘤医院-汉渝路-站西路
558	北碚	新溉路站-龙湖西苑-北碚-双柏树-斑竹村-西南大学南门-一区门诊-北碚
0800	沙坪坝	天宫殿-渝鲁大道-五里店-火丁饰城-大兴村-建新东路-农贸市场-红旗河-松树桥-航天大-大庆村-大石坝-肿瘤医院-汉渝路-沙坪坝火车站-板市市场-聚芳园-白马函-石铺铺-长途汽车站-陈家坪-冠生园-石坪桥-杨家坪-前进路-西郊
0491	朝天门	鲁能新城-五里店-茶园-土垭口-大兴村-十八中-中医院-小苑-观音桥-新街-上清寺-两路口-观音岩-七星岗-较场口-新华路-重庆饭店-朝天门
BRT쾌속	大渡口	龙头寺-天宫殿-市公安局-新牌坊-龙湖-电子校-黄桷坪-香皂-李家坪-虎头岩-六店子-联芳园-柏林-石新路-巴国城-绿云石都-晋愉绿岛-春晖路-香港城
879	南桥寺	天宫殿-渝鲁大道-五里店-火丁城-茶融景城-大兴村-建新东路-农贸市场-红旗河沟-松树桥-花园新村-龙山中学-金岛医院-化渝严-新城丽都-五洲新村-武江东路-南桥寺
869	大竹林	长途汽车站-中央美地-人和-汪家桥-中华坊-商新园-软件园-川议严-沙堡-渝江严-竹林学校-慈竹苑-斑竹路-康庄美地-金竹苑
202	双碑	龙头寺-红唐路-黄泥磅-皇冠花园-红旗河沟-花卉园-建material市场-大庆府-大石贝-石门肿瘤医院-沙坪坝-南开中学-欣阳广长-重大-七中-劳动路-三陵大厦-瓷器口-黄桷坪-童家桥-石井坡-特钢医院-莲光校-特钢花园-双碑
217	西彭	天宫大道-红唐路-龙头寺-无专严-黄泥磅-红旗河沟长途汽车站-松树桥-建材市场-大庆府-石门肿瘤医院-沙坪坝-陈家湾-建专-白市驿-颐园-石板镇政府-石板车站-华福园口-陶家车站-宝华-帽合-西彭
611	南泉	新溉路-龙头寺-天专严-黄泥磅-红旗河沟-大庙-小苑站-新华街-牛角沱-菜园坝火车站-北桥斗-会展中心-南坪-珊瑚-南坪路-四公里-五公里-渝能国际-六公里-七公里-家具市场-八公里-岔路口-民主新村-炒油场-小泉-南泉
601	解放碑	新溉路-龙头寺-无专严-黄泥磅-红旗河沟-大庙-小苑站-新华街-上清寺-两路口-观音岩-七星岗-临江门-解放碑

노선	행선지	경유지
622	渝北空港	比华利花园-人和车管所-汽博中心-金山大厦-绿地翠谷-湖云街-小小鸟-长福路口-兴科四路-兴科三路-兴科二路-工业园区-伴山名都-奇绿名居-三峡联大-绿梦严广场-双龙湖-民俗文化村-碧津公园-规划局-晚晴园-实验小学-开元-双凤桥-红树林-渝北中学-渝北空港
168	南坪	天宫大道-新溉路-红唐路-龙头寺-无专严-新源兴-洋河路-海伴公园-农贸市场-家乐福-华唐路-上清寺-牛角沱-菜园坝-北桥头-会展中心-长江村-南坪车站
138	南方花园	天宫大道-新溉路-鲁能新城-五里店-茶园-大兴村-建新东路-中医院-建新西路-新华街-上清寺-两路口-国际村-鹅岭-肖家湾-大坪-石油路-河运校-歇台子-科四路-会展中心-陈家坪-南方花园
821	阳家山	新溉路-市公安局-新牌楼-松牌楼-检查院-渝通-红旗河沟-松树桥-航天大学-大庆府-大石坝-肿瘤医院-重大正门-沙中路-半月楼-杨公桥-烈士墓-西政-川外-杨家山
820	上江城	天宫殿-渝鲁大道-五里店-灯饰城-茶园融景城-大兴村-建新东路-农贸市场-小苑-虫㮾-香皂严-李家坪-草坪-重医-袁家岗-华亿-谢家湾-杨家坪-直港大道-上江城
354	南坪中学	天宫大道-新溉路-龙头寺-无专严-红土地-大桥北-弹子石-十一中-大石坝-东海长州-鞋业城-五院-觉林寺-下浩-房管所-上新街-港口医院-海棠溪-海棠晓月-福利社-南坪-万寿路-南岸区府-金山路口-金山路-南坪中学
303	鱼洞	鲁能星城-十一中-大石坝-东海长州-鞋业城-五院-觉林寺-下浩-天门-房管所-上新街-港口医院-海棠溪-罗家山-四海路站-朝阳严-四公里-渝能国际-八公里-李坝路口-九公里-㲌路口-民主新村-炒油场-区法院-龙洲大道-龙洲公园-城南未来-颜龙山水-明华龙洲-气象局-箭河路-江洲路-区老干局
288	电子校	新溉路-新牌坊-龙湖-北碚站-红星美凯龙-西永-微电园-团结村-惠普-冯玉祥故居-消防队-大学城南路-科技学院-虎溪-熙街-师范大学-电子校
818	大渡口	天宫大道-新溉路-市公安局-新牌坊-加州花园-大庙-建新西路-华新街西警-上清寺-两路口-国际村-鹅岭-肖家湾-大坪-马家堡-袁家岗-大公馆-石坪桥商场-荒沟-水碾-马王场-朵力名都-建设村-新山村-区府广场-阳光花园-沃尔玛-湖榕路-锦霞街-香港村-旅游学校-锦天康都
419	大㮾	民政局-市公安局-工业园区-黄泥磅-天专严-红土地-大湾-桥头站-双溪区-北桥头-水果市场-皮革市场-黄沙溪-苗圃-袁家岗-谢家湾-杨家坪-前进路-西部-九龙坡区府-毛线沟-丁家㘭口-渝钢村-渝新园-跃进路-大㮾
323	大佛寺	天宫大道-新溉路-红唐路-市公安局-黄龙路-皇冠中学-黄泥磅-无专严-红土地-大湾-桥头站-双溪区-北桥头-会展中心-南坪车路-福利社-海棠晓月-海棠溪-港口医院-上新街-房管所-天门-下浩-觉林寺-五院-鞋业城-东海长洲-大石坝(南岸)-十一中-弹子石-武警医院-王家沱-弯角沱-大佛寺
439	菜园坝	天宫殿-鲁能星城-大湾-桥头-双溪区-菜园坝
421	杨家坪	保利香宾-新溉路-无专严-黄泥磅-皇冠花园-红土地-大湾-桥头-黄花园-大溪沟-大礼堂-上清寺-两路口-国际村-鹅岭-肖家湾-大坪-石油路-河运校-歇台子-科路口-科园四路-科陈路-冠生园-石坪桥-杨家坪

노선	행선지	경유지
141	朝天门	天宫大道-新溉路-渝鲁大道-五里店-五江路-桥头-一号桥-临江门-地王广场-新华路
105	新华路	天宫大道-红唐路-龙头寺-长安大道-黄泥磅-无专严-红土地-大湾-桥头-石板坡-中药市场-储奇门-望龙门-朝天门
841	工业园区	新溉路-龙头寺-无专严-红土地-大湾-黄花园桥头-双溪沟-长江大桥北桥头-会展中心-南坪北路-万寿路-二小区-南坪南路-四公里-五公里-渝能国际-六公里-七公里-八公里-车管所-车管所-九公里-岔路口-土地桥-清华中学-红光花溪隧道-巨星花园-先锋村-花溪工业园-川渝 精工-村委会-建设工业园区
270	沙坪土贝	龙头寺-无专严-花市-阳光城-海闲-红旗河沟-松树桥-建材市场-大石贝-肿瘤医院-汉渝路-三峡广场-小龙坎-石碾-天星桥-西南医院-凤鸣山
885	鱼嘴东路	天宫大道-渝鲁大道-廊桥水岸-水口-毕家湾-女职中-和韵家园-鱼嘴东路

2. 차이위엔빠공쟈오쳐쫑짠(菜园坝公交车总站) 버스노선

노선	행선지	경유지
207	月光小区	菜园土贝-水果市场-黄沙溪-袁家岗-谢家湾-杨家坪-九龙园府-毛线沟李子林-文体路-月光小区
210	白公馆	菜园土贝-牛角沱-李家土贝-华村-红岩村-土湾-小龙坎-沙坪土贝-师院-杨公桥-烈士墓-川外-白公馆
325	华岩寺	南坪-四小区-菜园土贝-黄沙溪-苗圃-袁家岗-石坪桥-巴山-车管所-华岩寺
347	老严	菜园土贝-苏家土贝-长江村-金台-女子医院-福利社-海棠晓月-上新街-黄角垭-邮电大学-文峰公社-老严
439	龙头寺	菜园土贝-北桥头-双溪沟-桥头-大湾-鲁能星城-天宫殿-龙头寺
419	重庆北站	大堰-跃进路-毛线沟-九龙坡区府-杨家坪-谢家湾-袁家岗-黄沙溪-水果市场-菜园土贝-桥头-大湾-无专严-黄泥磅-工业园-公安局-重庆北站
503	北碚	朝天门-菜园土贝-瓷器口-双碑-井口-同兴-跳蹬-三溪口-施家梁-朝阳桥-北碚
606	棕榈泉	菜园土贝-上清寺-观音桥-阳光城-海闲-加州-新牌坊-锦绣山庄-人和小学-人和场口-人和医院-龙寿路-棕榈泉
610	远翅塑料	菜园土贝-上清寺-观音桥-加州-回兴工业园区-一碗水-支路-四号桥-渝行商场-空港广场-瑞丰花园-长空路口-长安五严-远翅塑料
618	鸳鸯	菜园土贝-上清寺-观音桥-加州花园-新牌坊-九建-出口加工区-汽博中心-金山大厦-鸳鸯新村-鸳鸯
619	渝北空港	菜园土贝-上清寺-观音桥-加州花园-汽博中心-农业园区-川外双语校-西政-在水一方-水木清华-海联学院-兴科二路-工业园区-职教中心-渝北空港新城

시외버스

시외버스는 챵투치쳐(长途汽车)라 하고, 시외버스 터미널은 챵투치쳐짠(长途汽车站)이다. 일상적인 대화에서는 치쳐짠(汽车站), 커윈짠(客运站), 치쳐쫑짠(汽车总站), 커윈쫑짠(客运总站) 등으로 부른다.

난핑 치쳐짠

총칭(重庆)에도 다른 지역에서와 같이 치쳐짠(汽车站)이 여러 곳에 있다. 총칭직할시(重庆直辖市)의 중심부라 할 위쫑구(渝中区)에 챠오티앤먼치쳐짠(朝天门汽车站)·총칭치쳐짠(重庆汽车站)·챵투치쳐짠(长途汽车站) 등 세 곳이 있고, 북쪽으로는 위윈치쳐짠(渝运汽车站, 渝北区)과 롱토우스치쳐짠(龙头寺汽车站, 江北区)이 있으며, 서쪽으로는 샤핑빠치쳐짠(沙坪坝汽车站, 沙坪坝区)이 있다. 그리고 남쪽으로는 다두코우치쳐짠(大渡口汽车站, 大渡口区)·양쟈핑치쳐짠(杨家坪汽车站, 九龙坡区)·난핑치쳐짠(南坪汽车站, 南岸区) 등이 있다.

각 터미널에서는 총칭직할시(重庆直辖市) 관내뿐만 아니라 관외의 여러 지역으로도 나간다. 중국인터넷에서 위의 치쳐짠(汽车站)을 검색하면 원하는 행선지로의 발차 유무를 확인할 수 있다. 이들 시외버스터미널들은 전철로 이동이 가능한데, 이 중에서 노선과 출차회수가 많은 곳은 롱토우스(龙头寺)·챠오티앤먼(朝天门)·총칭(重庆)·난핑(南坪) 등 네 곳의 터미널이다.

롱토우스 치쳐짠

부록 3

주요 볼거리 목록

(가)
건괵영웅묘(巾国英雄墓)	187
고검명산(古剑名山)	105
공탄고진(龚滩古镇)	199, 206
관두샤(官渡峡)	195
관두코우(官渡口)	267
금회은갑협(金盔 银甲峡)	271

(나)
남산공원(南山公园)	26
남호공원(南湖公园)	33
내하교(奈何桥)	179
니에와이진열관(聂帅陈列馆)	85

(다)
다닝허(大宁河)	130
다라오쨔이(打绕寨)	218
다빠샨(大巴山)	128
담장협(潭漳峡)	140
댜오위청(钓鱼城)	71
덩잉샤(灯影峡)	251
도화원(桃花源)	199
동온천(东温泉)	32

따무화구(大木花谷) 62
따워푸(大窝铺) 86
따위옌동(大圆洞) 87
따쭈쉬커(大足石刻) 93
따챵구쩐(大昌古镇) 167
따홍하이(大洪海) 80
따홍후(大洪湖) 58
뚜이안8경(对岸八景) 206

(라)
라이탄구쩐(涞滩古镇)	73
란윈티앤풍경구(兰云天风景区)	30
란펑삼림공원(岚峰森林公园)	103
롱뚜워샨(龙多山)	75
롱샨쨔이(龙山寨)	58
롱슈이후(龙水湖)	91
롱탄고진(龙滩古镇)	199
롱토우샨(龙头山)	199
루워샨삼림공원(罗山森林公园)	57
루콩구쩐(路空古镇)	102
리위탸오롱먼(鲤鱼跳龙门)	211
리쯔샤(荔枝峡)	203

(마)

만왕동(蛮王洞)	204
먀오왕무(苗王墓)	215
먀오취앤(妙泉)	215
멍량티(孟良梯)	252
메이쟝춘(梅江村)	216
메이챵펑(梅嫦峰)	204
명산(名山)	256
명산풍경구(名山风景区)	175
무어웨이산(摩围山)	190

(바)

바오딩산석각(宝顶山摩崖造像)	93
바위엔산(巴岳山)	90
병서보검협(兵书宝剑峡)	261
빠얼가이(巴尔盖)	200
빠이디청(白帝城)	150
빠이디청(白帝城)	248
빠이리화랑(百里画廊)	201
빠이쇼우우(摆手舞)	213
빠이지샤(白芨峡)	202
빠이타풍경구(白塔风景区)	57
빠이타핑삼림공원(白塔坪森林公园)	30
빠이허량(白鹤梁)	60
빠이허린(白鹤林)	215
뻬이원취앤(北温泉)	35
뻬이차오롱동(碑槽溶洞)	87

(사)

석보채(石宝寨)	135
석천고묘채(石泉古苗寨)	200
선녀산(仙女山)	69
설보산(雪宝山)	123
설옥동(雪玉洞)	178
션꾸이사(神龟峡)	196
션농씨(神农溪)	262
션농쟈(神农架)	263
션롱구경구(神龙谷景区)	193
소삼협(小三峡)	158
소소삼협(小小三峡)	165
쌍꾸이산(双桂山)	176, 295
쉬디(石堤)	217
쉬먼다포어(石门大佛)	87

슈이부오동(水波洞)	75
슈이코우스(水口寺)	82
신녀봉(神女峰)	269
신전초원(神田草原)	125
싼다오과이고가(三道拐古街)	57
싼샤다빠(三峡大坝)	256
싼요우동(三游洞)	250
샤오난하이(小南海)	197
샤오홍하이(小洪海)	80
썅씨(香溪)	235
쑨옌대협곡(笋岩大峡谷)	200
쓰미앤샨(四面山)	79
씨링샤(西陵峡)	246
씨아쟈위엔즈(夏家院子)	208
씨투워(西沱)	186

(아)

아이허경구(阿依河景区)	189
안즈먀오쨔이(鞍子苗寨)	192
예런동(野人洞)	218
완성석림(万盛石林)	106
왕쌍타이(望乡台)	81
용척석(龙脊石)	146
용항(龙缸)	142
우간마폐협(牛肝马肺峡)	260
우딩랑챠오(无锭廊桥)	205
우샤(武峡)	155
우샤(巫峡)	266
우쟝화랑(乌江画廊)	200
위동(渔洞)	217
위옌양로우(鸳鸯楼)	209
윈먼산(云门山)	74
유섬계량(渝陕界梁)	127
이커슈관경대(一棵栗树观景台)	28
인민대례당(人民大礼堂)	24
인탸오링(阴条岭)	131

(자)

장환후묘(张桓侯庙)	144
쟈링쟝소삼협(嘉陵江小三峡)	35
정천불자(顶天佛字)	53
쥐런티(巨人梯)	210
지앤팅(鉴亭)	53

진다오샤(金刀峡)	37	쿠이먼(夔门)	280
진로우(锦娄)	207	쿠이쪼우성(夔州城)	273
진윈샨(缙云山)	34		
진포어샨(金佛山)	110	**(타)**	
쩐쮸탄(珍珠滩)	84	타오포어단샤(桃坡丹霞)	200
쪼우위위엔(周易园)	61	탄즈링(坛子岭)	259
쫑링수이쿠(钟灵水库)	218	탄코우패방(滩口牌坊)	36
쫑샨구쩐(中山古镇)	85	텅롱동(腾龙洞)	199
쫑화롱온천(中华龙温泉)	49	통난따포어(潼南大佛)	51
쯔꾸이(秭归)	261	통다오두옌공원(通道独岩公园)	31
쯔뉘로우(织女楼)	209	통량롱덩(铜梁龙灯)	49
		투디옌(土地岩)	83
(차)		투샨스(涂山寺)	27
창푸가이(苍蒲盖)	199	투투워즈샤(土坨子峡)	202
챠샨쮸하이(茶山竹海)	89	티앤타이스(天台寺)	57
챠오위엔관(朝源观)	84		
챠오쫑챠오(桥中桥)	212	**(파)**	
챠오티앤먼(朝天门)	24	패도유지(陪都遗址)	28
챠오핑샨(樵坪山)	33	펑두꾸이청(丰都鬼城)	280
챵러팅(长乐亭)	52	펑샨유락공원(凤山游乐公园)	57
챵쇼우후(长寿湖)	57	펑황샨(凤凰山)	217
천갱지봉(天坑地缝)	153	페이롱먀오(飞龙庙)	82
천당선경(天堂仙景)	297	푸롱동경구(芙蓉洞景区)	64
천생3교(天生三桥)	67	푸롱쟝경구(芙蓉江景区)	66
철봉산(铁峰山)	141	푸씨동(伏羲洞)	199
청룡폭포(青龙瀑布)	139	푸쮸취앤(浮珠泉)	217
천두씨유구거(陈独秀故居)	86	푸피샤(斧劈峡)	203
촨쮸먀오(川主庙)	211	피앤옌구쩐(偏岩古镇)	38
총칭씨앤화강(重庆鲜花巷)	91		
취위엔투워(屈原沱)	261	**(하)**	
취탕샤(瞿塘峡)	149	해조음(海潮音)	54
취탕샤(瞿塘峡)	246	허씨아8경(河下八景)	206
츠치코우(磁器口)	41	허완구쨔이(河湾古寨)	200
치앤다오(纤道)	205	홍치빼(红池土贝)	132
치앤예챠오챵(千野草场)	185	화덩쨔이(花灯寨)	218
치칭타이(七情台)	52	화선협(花仙峡)	122
칭롱후(青龙湖)	46	황니유샤(黄牛峡)	253
칭탄(青滩)	261	황링먀오(黄陵庙)	253
		황슈이공원(黄水公园)	183
(카)		황안빼(黄安坝)	129
커쨔이챠오(客寨桥)	218	황안석인만(黄安石人湾)	126
콩링탄(崆岭滩)	261	흑산곡(黑山谷)	109
콩밍뻬이(孔明碑)	268		

중국고유명사의 표기규준

1. 전제 : 한어병음방안(汉语拼音方案)에 기초를 둠

"한어병음방안"은 라틴어의 자모(字母)를 이용하여 현대 중국어 보통화(普通话)의 음성을 표기하는 방식으로, 중국정부가 1958년에 공포한 것이다. 현재 중국은 표준말이라 할 보통화(普通话)의 보급에 있어서나 사전에서의 발음표기에 있어서 "한어병음방안"을 채택하고 있으며, 세계 여러 나라들도 중국의 인명 지명 등을 표기할 때 "한어병음방안"을 기초로 하고 있다.

2. 표기규준

중국어의 음절은 성모(声母)와 운모(韵母)가 결합하여 이루어진다. 예컨데, "北"의 음절은 "bei"인데, 여기서 b가 성모이고, ei가 운모이다. 성모는 음절의 처음에 나오는 자음을 가리키고, 운모는 음절에서 성모 뒤의 부분을 말한다. 성모와 운모가 결합되어 구성되는 음절의 한국어 표기방법을 다음과 같이 한다.

가) 첫 소리가 입술을 맞대어 내는 소리인 경우

성모	운 모									
	a	o	e	ai	ei	ao	ou	an	en	ang
b	바	보		바이	베이	바오		반	번	방
p	파	포		파이	페이	파오	포우	판	펀	팡
m	마	모	머	마이	메이	마오	모우	만	먼	망
f	파	포			페이	파오	포우	판	펀	팡

○ p와 f가 같은 모양으로 표기되었으나 영문자의 발음차이와 같음.
○ "bo"를 "보"로 표기하였으나 실제의 발음은 어감상으로 "브오"로 발음되는 느낌이 있음.
○ b는 때로는 "ㅃ"으로 발음되기도 하는데, 그런 경우 발음을 따라가는 것으로 함.
○ 표기예 : 北의 중국어 병음 발음은 "bei", 한국어 표기는 "베이"
　　　　　白의 중국어 병음 발음은 "bai", 한국어 표기는 "빠이"

나) 첫 소리가 혀끝과 윗니 뒤쪽이 맞닿아 나는 소리인 경우

성모	운 모									
	a	o	e	ai	ei	ao	ou	an	en	ang
d	다		더	다이	데이	다오	도우	단	던	당
t	타		터	타이		타오	토우	탄		탕
n	나		너	나이	네이	나오	노우	난	넌	낭
l	라		러	라이	레이	라오	로우	란		랑

○ "de"의 경우 "드어"의 어감이 있음.
○ 표기예 : 南의 병음 발음은 "nan", 한국어 표기는 "난"
　　　　　头의 병음 발음은 "tou", 한국어 표기는 "토우"
　　　　　德의 병음 발음은 "de", 한국어 표기는 "더"
○ d는 때로는 "ㄸ"으로 발음되기도 하는데, 그런 경우 발음을 따라가는 것으로 함.

다) 첫 음이 인후의 여닫음으로 나는 소리인 경우

성모	운 모									
	a	o	e	ai	ei	ao	ou	an	en	ang
g	가		거	가이	게이	가오	고우	간	건	강
k	카		커	카이	케이	카오	코우	칸	컨	캉
h	하		허	하이	헤이	하오	호우	한	헌	항

○ g는 때로는 "ㄲ"으로 발음되기도 하는데, 그런 경우 발음을 따라가는 것으로 함.
○ 표기예 : 高의 병음발음은 "gao", 한국어 표기는 "까오"
　　　　　口의 병음발음은 "kou", 한국어 표기는 "코우"

라) 첫 음이 입술을 양옆으로 잡아당긴 상태에서 혀끝과 윗니뒤쪽이 맞닿아 나는 소리인 경우
○ 표기예 : 西의 병음발음은 "xi", 한국어 표기는 "시"
　　　　　钱의 병음발음은 "qian", 한국어 표기는 "치앤"
　　　　　熊의 병음발음은 "xiong", 한국어표기는 "숑"
○ 예컨대, 香(xiong)과 上(shang)에서 둘을 모두 "샹"으로 표기할 경우 구분이 안되므로 "xiong"은 쌍(씨앙)으로 표기함.

성모	운모								
	i	ia	ie	iao	iu	ian	in	iang	ing	iong
j	지	쟈	지에	쟈오	지유	지앤	진	쟝	징	죵
q	치	챠	치에	챠오	치유	치앤	친	챵	칭	총
x	시	샤	시에	샤오	시유	시앤	신	샹	싱	숑

마) 혀의 형태에 따라 어감이 달라지는 소리의 경우

성모	운모										
	a	e	-i	ai	ei	ao	ou	an	en	ang	eng	ong
z	짜	쩌	쯔	짜이	쩨이	짜오	쪼우	짠	쩐	짱	쩡	쫑
c	차	처	츠	차이		차오	초우	찬	천	창	청	총
s	사	서	스	사이		사오	소우	산	선	상	성	송
zh	쨔	쪄	쯔		쩨이	쨔오	쪼우	쨘	쩐	쨩	쩡	쫑
ch	챠	쳐	츠	챠이		챠오	쵸우	챤	쳔	챵	쳥	총
sh	샤	셔	스	샤이	셰이	샤오	쇼우	샨	션	샹	셩	
r		러	르			라오	로우	란	런	랑	렁	롱

○ z c s 는 혀가 윗니뒷면에 닿으면서 단모음으로 발음되나 zh ch sh 는 말아 올린 혀가 입천장에 닿으면서 복모음으로 발음됨. r 역시 zh 등과 같이 혀를 말아 올리는 형태는 같으나 그 발음은 단모음으로 됨.
○ "정주(郑州)"의 병음은 "zhengzhou"이다. 위의 규준대로라면, 우리말 표기로는 "쩡쪼우"이다. 그런데 이를 "정저우"로 표기하는 경우가 있다. 이와 같이 표기하는 경우 쓰기에 간편함이 있기는 하나 이는 "한어병음방안"의 발음과는 동떨어지므로 이 책에서는 본래의 발음에 충실하게 하기로 한다. 또한 한글표기를 단순화 하기 위하여 "쩡쪼우"로 쓰는 경우가 있는데, 이는 병음 "zengzou"와 발음상으로 혼돈되므로

취하지 않기로 한다.
- "上海"의 병음은 "shanghai"이고, 위의 규준에 따른 우리말 표기는 "샹하이"이다. 그런데 이를 "상하이"로 표기하는 경우가 있다. 이 역시 "한어병음방안"의 발음과는 동떨어지므로 이 책에서는 본래의 발음에 충실하게 하기로 한다.
- s는 때로는 "ㅆ"으로 발음되기도 하는데, 그런 경우 발음을 따라가는 것으로 함.
- 표기예 : 四川의 병음표기는 "sichuan", 한국어 표기는 "쓰촨"

바) 기타

성모	운 모										
	u	ua	uo	uai	-ui	uan	un	uang	u	ue	uan	un
d	두		두어		두이	두안	둔					
t	투		투어		투이	투안	툰					
n	누		누어			누안			뉘	눼		
l	루		루어			루안	룬		뤼	뤠		
z	쭈		쭈어		쭈이	쭈안	쭌					
c	추		추어		추이	추안	춘					
s	수		수어		수이	수안	순					
zh	쭈	쫘	쭈어	쫘이	쭈이	쭈안	쭌	쫘앙				
ch	추	촤	추어	촤이	추이	추안	춘	촹				
sh	수	솨	수어	솨이	수이	수안	순	솽				
r	루	롸	루어		루이	루안	룬					
g	구	과	구어	과이	구이	관	군	광				
k	쿠	콰	쿠어	콰이	쿠이	콴	쿤	쾅				
h	후	화	후어	화이	후이	환	훈	황				
j									쥐	쮀	쥐앤	쥔
q									취	췌	취앤	췬
x									쉬	쉐	쉬앤	쉰

3. 적용의 한계

- "xiang"과 "xi"의 경우 "썅"과 "샹", "씨"와 "시"로 그 표기가 다를 때가 있는데, 이는 어감에서 비롯되는 것임.
- "zhe"과 "ze"의 경우 그 발음표기는 전자는 "ㅉ+ㅓ"로 복모음이고 후자는 "ㅉ+ㅓ"로 단모음이나 관련 프로그램 사정상 둘 모두를 단모음 "쩌"로 표기함.

짱워 중경시관광명소

인쇄 | 2012년 6월 5일
발행 | 2012년 6월 5일

지은이 | 이수헌
발행인 | 이수헌
아트디렉터 | 전진완
본문디자인 | 유현정
진행에디터 | 서동수
펴낸곳 | 도서출판 중우
주소 | 경기도 안양시 만안구 안양6동 427-7번지
전화 | 031-449-7127, 010-5453-0051
팩스 | 031-442-7127
E-mail | shlixx@hanmail.net
찍은곳 | 부광아트(02-2264-4111)
등록 | 2006년 4월 28일 제384-2006-000026호

ISBN 978-89-958156-7-0